KRISHNANANDA, AMANA
A tu per tu con la paura

Vincere le proprie paure
per imparare ad amare

Nuova edizione aggiornata e ampliata

Traduzione di Simonetta Lochi

Titolo dell'opera originale
FACE TO FACE WITH FEAR
Transforming Fear Into Love
Copyright © Thomas Trobe e Gitte Demant Trobe
Copyright © per l'edizione italiana 2009
Urra – Apogeo Srl

Traduzione dall'inglese di
SIMONETTA LOCHI

© Giangiacomo Feltrinelli Editore Milano
Prima edizione nell'"Universale Economica" – ORIENTE aprile 2006
Nuova edizione (aggiornata e ampliata) settembre 2010
Nona edizione ottobre 2017
Su licenza Urra – Apogeo Srl

Stampa Nuovo Istituto Italiano d'Arti Grafiche - BG

ISBN 978-88-07-88272-2

www.feltrinellieditore.it
Libri in uscita, interviste, reading,
commenti e percorsi di lettura.
Aggiornamenti quotidiani

A tu per tu con la paura

Introduzione

Esiste un'idea generale piuttosto diffusa riguardo alla paura, che la vede come un qualcosa di negativo, da evitare o superare. O almeno questo è stato il mio punto di vista per anni. Ma, con il passare del tempo, mi sono reso conto che affrontando le mie paure avevo anche iniziato un percorso di meditazione nel profondo di me stesso. Questo libro narra di quel percorso, un processo di risanamento, che si fonda sull'imparare ad avvicinarsi alle proprie paure con amore e compassione. Si rifà a un mio personale processo interiore, ma anche al materiale che la mia compagna Amana e io utilizziamo durante i nostri seminari in giro per il mondo. Abbiamo imparato che molto di ciò che ci trattiene dal vivere una vita appagante risiede nella paura, che non esploriamo e con la quale non ci integriamo. Maggiore è la capacità di accettare le nostre paure e di lavorarci sino in fondo e meglio siamo in grado di vivere le nostre vite nel modo più gratificante e completo possibile. Ma, a un livello ancora più profondo, affrontare e abbracciare le nostre paure ci apre un passaggio verso il divino, verso una profonda connessione con l'esistenza. Ci dischiude alla nostra vulnerabilità.

Se do uno sguardo ai principali eventi della mia vita, ho l'impressione che spesso abbiano avuto a che fare con la paura, in un modo o nell'altro – la paura della perdita, della punizione, delle critiche e del giudizio, del rifiuto, della solitudine e dell'abbandono, la paura legata alla sopravvivenza, la paura di esporsi e dell'umiliazione, del successo o del fallimento, dell'intimità, del confronto e della rabbia o di perdere il controllo. E ogni volta che sono riuscito a vincere una paura significativa e ho potuto rilassarmi al riguardo, ciò ha contrassegnato una nuova fase nella scoperta di me stesso e un nuovo livello di profondità.

Un mio amico e maestro era solito dire che possiamo scegliere di vivere nella giungla o nel giardino.

Nella giungla, siamo sopraffatti e viviamo assecondando valori di lotta, competizione, successo o fallimento, immagine e rendimento, troviamo persone che vivono secondo una gerarchia basata sul successo, sul fascino e sul potere e la sensazione predominante è quella di scarsità e paura. Nella giungla, ci viene insegnato a spingerci oltre la paura e questo atteggiamento ci forza a compensare la nostra vulnerabilità e paura, o a soccombere.

Nel giardino, il mondo è un posto dove c'è spazio e modo di esprimersi per chiunque. Nel giardino accettiamo qualsiasi spazio nel quale ci ritroviamo. È un mondo nel quale i valori più alti sono l'accettazione di ciò che siamo, e il supportarci l'un l'altro per imparare ad amare noi stessi, la scoperta e l'accrescimento dei nostri valori e doti personali senza alcuna comparazione. È un mondo dove si impara a vedere gli altri non come una minaccia, ma come una risorsa. Forse, in fondo al cuore, preferiremmo vivere nel giardino, ma le nostre menti e il nostro comportamento possono rimanere imprigionati nella giungla. È necessario un piccolo slancio di consapevolezza per cambiare il punto di vista.

Molti di noi, forse la maggior parte, sono stati allevati in un'atmosfera da giungla – in un'atmosfera di pressione, tensione e confronto, dove sono stati giudicati e valutati in base al rendimento e all'apparenza piuttosto che all'essere. Questo tipo di condizionamento è profondamente radicato nelle società nelle quali cresciamo e viene trasmesso inconsapevolmente e automaticamente da una generazione all'altra. Quando veniamo allevati in un contesto di questo tipo finiamo con il portarci appresso, nella testa e nel corpo, un pesante carico di paura e vergogna. Il senso del Sé viene danneggiato e perdiamo il nostro innato senso di fiducia e apertura mentale.

Vivere nella dimensione della "giungla" è doloroso. Quando torno indietro con la memoria ad alcune delle cose che ho fatto (e pensato) come risultato dell'espressione di questo tipo di dimensione, risulta difficile perdonare me stesso. Mi sono messo in competizione con dei colleghi e ho persino desiderato che perdessero. Sono stato impaziente con amici, amanti e clienti e qualche volta li ho persino maltrattati con i miei giudizi e la mia impazienza. Sono stato disonesto e irresponsabile; ho tradito persone con il mio narcisismo e non sono stato presente quando hanno avuto bisogno di me. Ho fatto pressione su me stesso in modo spietato, mi sono attenuto a standard impossibili, sono stato duro con me stesso quando non sono stato in grado di essere all'altezza delle mie aspettative. Questo tipo di comportamento arriva direttamente dal condizionamento avuto nella giungla. Non è una giustificazione, ma una spiegazione. Il condizionamento della giungla crea un nucleo di paura e da questa paura, senza alcuna consapevolezza d'amore, ci esprimiamo di conseguenza mettendo in atto ogni genere di comportamento distruttivo – nei confronti di noi stessi e degli altri.

Mi sono reso conto anni fa, grazie a un lavoro fatto su me stesso e con altre persone, che alla base della disfunzione, del sabotaggio e di tutti i comportamenti che ho menzionato prima c'è la paura. La paura è un tema centrale, forse *il* tema centrale con il quale abbiamo a che fare nella vita. Possiamo avvicinarci alla comprensione della nostra paura imparando a capire ciò che temiamo – cose come l'invasione, l'insensibilità, l'abuso, l'umiliazione, l'abbandono, il rifiuto, la solitudine, l'isolamento o l'annichilimento. Ma a un livello più profondo, arriviamo a conoscere la nostra paura attraverso la sensazione che proviamo nel corpo e sentendo come ciò determina i nostri pensieri e le nostre azioni.

Quando è negata e non riconosciuta, viene cacciata negli scantinati della coscienza, da dove esercita un'influenza potente e spesso invalidante sulle nostre vite. Nonostante i tentativi di nasconderla con ogni sorta di compensazione e assuefazione, finché rimane una forza nascosta può causare ansia cronica, sabotare la nostra creatività e renderci rigidi, sospettosi e ossessionati dalle sicurezze. Peggio ancora, può annientare i nostri sforzi nel trovare l'amore. È la paura che ci trattiene nella giungla e lontano dal giardino. Sono le paure che ci impediscono di riconoscere le nostre doti essenziali e di aprirci a ciò che la vita ha da offrire.

La paura influenza e spesso domina tutti gli aspetti della nostra vita – il modo in cui parliamo, lavoriamo, mangiamo, ci poniamo in relazione, creiamo e non facciamo niente di tutto ciò proprio a causa della paura stessa. Influisce sul modo in cui respiriamo. È un fattore onnipresente che tentiamo di ignorare, sopraffare o allontanare. A un certo punto, sulla strada della mia esplorazione personale, ho scoperto quanto profonde fossero le mie paure, quanto lo fossero sempre state. Sapevo di averne molte, ma il mio atteggiamento era quello di considerarle un qualcosa da superare, in caso contrario avrebbero posto dei limiti alla mia vita e fatto di me un codardo. A quanto ricordo, presi la decisione di non permettere alle mie paure di impadronirsi di me. Ho usato la mia determinazione e la mia forza di volontà per spingermi oltre le paure. Ricordo persino che anni fa, mentre imparavo ad arrampicarmi su roccia, nel mezzo di una scalata a più di cento metri da terra, ho gridato a squarciagola: "'Fanculo montagna! Non l'avrai vinta tu!'".

Niente di tutto questo mi stava aiutando ad approfondire l'intimità con me stesso. Stavo scappando dalle mie paure. E l'evitarle mi stava strappando via dalla mia vulnerabilità e profondità. Questo strappo divenne evidente nelle mie relazioni. Le mie amanti erano la proiezione della mia vulnerabilità e io per questo le accusavo, in un modo o nell'altro, di essere troppo "bisognose" o troppo piene di paure. Non ero in contatto con me stesso, ma ero convinto che se mai mi fossi fermato a esaminare le mie paure, queste avrebbero semplicemente preso il sopravvento. In breve, sviluppai uno stile di vita costruito su una compensazione creativa per tutte le mie paure. A scuola lavoravo sodo, mi tenevo occupato facendo un sacco di cose, mettevo alla prova me stesso con attività rischiose ed evitavo l'intimità. Davo il massimo, correvo da una attività all'altra, avevo successo, piacevo, ero sempre in cerca di approvazione e di riconoscimenti, tutto per evitare di sentire la paura e il vuoto interiore.

Naturalmente, allora non sapevo che stavo correndo a vuoto per sfuggire alla paura. Ero solo convinto che quel modo di vivere fosse parte della vita. Non mi resi conto che esisteva un altro modo di vivere, se non molto più tardi. Fintanto che rimanevo intrappolato in tutta questa compensazione delle paure, non riuscivo ad accorgermi che quello era un modo di vivere profondamente impresso nella cultura occidentale – e così ben radicato da sembrare quasi impensabile tirarsene fuori. Mi ci vollero anni e anni di ricerca spirituale prima di rendermi conto di quanto profondamente intrappolato fossi, in preda a un inconscio stato di "anestesia" emozionale, necessario per far fronte alla vita di tutti i giorni, che mi aveva portato a sfuggire alla paura per proteggere quel bambino interiore terrorizzato dal fallimento e dal rifiuto. Anche l'astrarmi e l'isolarmi abitualmente erano una copertura per le mie paure – le paure di un bambino che la maggior parte del tempo era in stato di shock.

Quando la paura non è riconosciuta e non è affrontata,

porta gli amanti a litigare, a divenire co-dipendenti e alla fine a separarsi. Invalida la nostra capacità di entrare in intimità, perché non ci concentriamo più su noi stessi, ma sull'altro, o su ciò che l'altra persona fa o non fa, oppure su tutti i vari modi in cui non ci sta dando quello che vogliamo. Non lavorare sulla paura invalida anche la creatività e devasta l'autostima. Ci sforziamo al massimo, giudichiamo e critichiamo noi stessi e gli altri, facciamo confronti continuamente, tentiamo di migliorare la nostra immagine, e finiamo con il perdere noi stessi nella ricerca di approvazione, di rispetto e di riconoscimento. Oltretutto, il non aver riconosciuto la paura né l'averla affrontata ci induce inconsciamente a comportarci male, e ciò risulta doloroso e autodistruttivo, ma anche dannoso per le relazioni che abbiamo con le persone che ci sono care.

La paura non elaborata è anche causa di separazione, perché ci permette di rimanere nella convinzione che il mondo sia un posto freddo e menefreghista. Se non riusciamo a rimediare a questa sfiducia, ciò ci farà sentire distanti, separati dal mondo e questa separazione comprometterà la nostra capacità di ricevere amore.

Ora so che esiste un altro modo per approcciare la paura. Ho studiato e sto ancora imparando molto sui traumi e la loro influenza sul sistema nervoso. Mi prendo il tempo per riconoscere nel corpo le sensazioni di paura quando queste vengono provocate e mi accorgo di come la paura influenzi i miei pensieri e comportamenti. In questo libro propongo un metodo di risanamento che permette di passare dalla consapevolezza da "giungla" a quella da "giardino", un metodo che sia Amana sia io usiamo nel nostro lavoro e che utilizzo di continuo nella mia vita. Questo metodo comporta l'imparare ad accettare e a capire la paura attraverso la manifestazione di quest'ultima nella nostra vita di oggi, ma guardando anche al suo sviluppo nel tempo, come risultato di esperienze avute nell'infanzia. Implica inoltre sviluppare la capacità di avvertire veramente in che modo la paura si manifesta attraverso il corpo e imparare ad accorgersi di come e quando il nostro processo mentale viene pilotato da essa.

Il metodo che insegniamo non consiste soltanto nell'imparare a "sentire" la paura, ma anche nell'imparare a sviluppare energia nel corpo in modo tale da recuperare quell'energia vitale che abbiamo perso a causa di un trauma e di un condizionamento negativo. Comprende imparare a rendere più forte il corpo e ad acquisire fiducia in esso. Per essere in grado di acquisire energia e forza è necessario includere nella nostra vita un certo livello di rischio, che ci aiuterà ad acquistare sicurezza, fiducia in noi stessi e autostima. Gli ambiti di rischio si differenziano da persona a persona. Parte del processo di risanamento sta nel capire quando rischiare in ogni momento specifico della nostra vita. Devono anche essere tali da mettere alla prova le nostre paure, ma allo stesso tempo da non lasciare che sensazioni di fallimento e di impotenza ci schiaccino.

In questo libro, a volte, parlo di alcune esperienze dolorose della mia infanzia, non per addossare colpe ai miei genitori né a qualcun altro, ma semplicemente per condividere alcune esperienze che mi hanno ferito. In realtà, non appena ho finito di scrivere, ho sentito una profonda gratitudine per tutti i doni e per l'ispirazione che mi hanno dato i miei genitori. Ma come capita a tutti i genitori, l'inconsapevolezza che proveniva dalle loro stesse ferite non sanate mi ha lasciato addosso ferite di conseguenza che ho dovuto riaprire per essere in grado di farle guarire. Se condivido queste mie esperienze personali è anche per sottolineare l'origine del condizionamento negativo che tutti noi abbiamo ricevuto. Il processo che ho seguito è stato un viaggio – prima per uscire dalla negazione di aver avuto una "buona" infanzia, poi per entrare nella rabbia e nell'angoscia per il dolore che ho dovuto sopportare e, per ultimo, per arrivare al modo in cui ho usato tutte queste esperienze per imparare a vivere sempre di più nella consapevolezza da "giardino". La paura e il dolore sono dei grandi maestri se siamo in grado di imparare ad averci a che fare.

Mi capita anche di condividere a tratti nel libro l'ispirazione che ho ricevuto dal mio maestro spirituale, il quale mi ha trasmesso, fra le altre cose, il dono della meditazione e della celebrazione della vita. L'espressione "la grande storia d'amore" è stata usata nella tradizione zen per descrivere quel processo che insegna a fidarsi di un maestro spirituale come di un mezzo per imparare a fidarsi della vita. Devo riconoscere che questo ha rappresentato la gran parte del viaggio attraverso le paure. Durante la lettura, vi fornirò esempi che provengono dal mio lavoro con la gente, vi proporrò esercizi e meditazioni guidate, così che possiate integrare il mio contributo con le vostre esperienze di vita. Le questioni con le quali ho a che fare io influenzano profondamente ognuno di noi e, sebbene siamo tutti individui differenti, siamo accomunati da alcuni temi di fondo. E forse, alla fine, cerchiamo tutti la stessa cosa: la capacità di accettare e amare noi stessi e di condividere questo amore con un'altra persona.

Quando iniziai il mio tirocinio in psichiatria, uno dei primi giorni in ospedale, notai una donna che strisciava sul pavimento della corsia. Lessi il nome sulla sua cartella, la raggiunsi e le chiesi: "Mary, che stai facendo?". Lei sollevò la testa per guardarmi e mi rispose molto sinceramente e onestamente: "Faccio quello che posso". Non potei aggiungere altro, Mary quel giorno mi diede una grande lezione.

Capitolo 1

Lo schema
Panoramica

> Il centro della tua vita, il tuo essere, è la tua connessione con il cosmo. Da questa porta, puoi entrare nel cosmo e divenire un tutt'uno con l'esistenza. Ma anche stando nel centro... troverai grande splendore e mistero. Questo viene chiamato il Buddha, colui che è stato risvegliato. In questo momento tutti voi siete dei Buddha. Potete anche dimenticarlo, ma non importa. Prima o poi ve ne ricorderete di nuovo.
>
> Osho, *Zen, The Mystery and Poetry of the Beyond*

Comincio questo capitolo con l'illustrarvi uno schema: l'immagine energetica del nostro essere così come molti di noi la viviamo regolarmente. Esso ci mostra anche le nostre ferite ed è una mappa per la nostra guarigione. Utilizziamo questo schema nel nostro lavoro come se fosse un'ancora per il viaggio di ritorno verso la consapevolezza da "giardino". Il viaggio che andiamo a intraprendere è fondamentalmente un ritorno a uno spazio interiore nel quale ci siamo persi, e lo schema descrive questo processo. Sarà necessario includere del materiale psicologico e spirituale, che tratterò nel modo più semplice e diretto possibile, per potervi illustrare al meglio questo schema.

Immaginate di trovarvi al centro di un cerchio piuttosto grande, suddiviso in tre anelli: uno esterno, uno intermedio e uno centrale. Questi anelli vengono irradiati da voi. Il più esterno è quello che chiamiamo strato protettivo. Il secondo anello rappresenta lo strato della nostra vulnerabilità ferita, un luogo dove proviamo paura e vergogna. E infine il centro, il nucleo dell'essere, dove risiede la nostra essenza, uno spazio nel quale fluiamo insieme all'esistenza stessa. Nel centro, siamo perfettamente a nostro agio con la vita, apprezziamo i nostri doni e la nostra unicità senza più sentire il bisogno di gran-

Lo schema

di sforzi. Lo scopo del nostro viaggio è riscoprire la natura della nostra essenza e nel contempo sviluppare una compassione profonda e una comprensione delle nostre ferite, nonché della protezione che adottiamo. Adesso esploreremo ognuno di questi strati in dettaglio.

Il centro – essenza e nucleo dell'essere

Quando siamo al centro, ci sentiamo un tutt'uno con noi stessi, con la vita e con l'esistenza. Proviamo amore, fiducia, vitalità, gioia, innocenza, eccitazione, calma e rilassamento. Questo spazio risulta piuttosto familiare alle tradizioni spirituali nelle quali si insegna la pratica della meditazione come percorso verso la trasformazione. È uno spazio di accettazione della vita, di compassione, dove lasciare andare tutto e rilassarsi, dove trovare fiducia e non affaticarsi. Quando siamo nel centro, la nostra energia vitale e vitalità defluiscono naturalmente da questo spazio interiore in modo spontaneo, attraverso creatività, sessualità, emozioni profonde, asserzione, danza, giocosità, sport, o in qualsiasi altro modo in cui l'energia trova il modo di circolare.

Nasciamo nel centro. Arriviamo a questo mondo in uno stato di pura innocenza e fiducia, naturalmente predisposti all'amore e pieni di vitalità. Non abbiamo alcuna protezione perché non abbiamo ancora sentito il bisogno di crearcene una – siamo nudi e assolutamente vulnerabili. Non possediamo un'identità, né un nome, né tanto meno un indirizzo, siamo soltanto noi stessi. Ma perdiamo questa innocenza e fiducia originaria per colpa di traumi di vario genere e ciò causa la formazione degli altri due strati. Non è da considerarsi esattamente una sfortuna perdere questo stato, perché in fondo ci viene data la possibilità di sostituire un'innocenza e una fiducia inconscia con un'altrettanta innocenza e fiducia conscia. È solo un po' triste non poterla ritrovare di nuovo.

Ci sono momenti in cui molti di noi hanno la possibilità di rivivere il centro in un modo o nell'altro. Magari, durante un esercizio di meditazione, possiamo provare momenti di interezza, calma e profondo rilassamento; magari facendo l'amore, possiamo avvertire un senso di intensa fusione e interezza non solo con la persona che amiamo, ma con la vita stessa. Possiamo percepire questo spazio di vitalità, centratura e flusso nella creatività, nelle arti marziali, nella danza, nell'atletica (ciò che gli atleti ben allenati chiamano "la zona") e persino durante un periodo di intenso dolore, quando abbiamo avuto modo di guardarci dentro nel profondo. Ma, di solito, questi sono solo dei brevi scorci. Il processo di ritorno al centro, verso quel punto che diviene veramente una casa e una dimora familiare, implica imparare a conoscere gli altri due strati e a integrarli nella nostra vita.

Lo strato intermedio – la vulnerabilità ferita

Da bambini, molti di noi hanno subìto un trauma di qualche genere, che si tratti di rifiuto, di repressione delle energie vitali, di insensibilità, di mancanza di affetto, di tensione o di abuso, di confronto, di pressione, di critiche o di giudizi. Forse il più grande sfregio di tutti è quello di non venire assecondati e supportati nel diventare la persona che siamo in realtà, ma di venir condizionati a diventare la persona che gli altri (i genitori, gli insegnanti, la società in generale) si aspettano e pretendono da noi. A causa di questi sfregi, la nostra innocenza, vitalità, amorevolezza e fiducia cominciano a ripiegarsi su se stesse. L'innocenza diventa sospetto, la fiducia diviene diffidenza, la spontaneità si trasforma in scoraggiamento e insicurezza, la vitalità può divenire depressione e mancanza di energia, la naturale asserzione muta in belligeranza o incapacità a difendersi, l'entusiasmo si trasforma in preoccupazione, il flusso cambia in pressione. La lista potrebbe andare avanti. Noi diveniamo semplicemente delle persone ferite.

Queste ferite ci vengono inflitte in vari momenti nel corso dell'esistenza, subito appena nati o durante la nostra vita di tutti i giorni. Accade a ognuno di noi in maniera diversa e in dosi differenti. E naturalmente ne siamo influenzati in modi diversi. Ma è comunque importante riconoscere che accade a tutti. Solo pochissimi di noi (ne ho incontrato solo uno nella mia vita per il quale questo processo non si è verificato) hanno già da bambini le risorse interiori per difendersi in modo efficace contro l'abuso, l'insensibilità e il condizionamento negativo, mantenendo nel contempo un forte e centrato senso del Sé.

La vulnerabilità nel suo stato naturale è tenera, ricettiva, espansiva e lascia una sensazione di beatitudine. Ma senza fiducia, interiore ed esteriore, la vulnerabilità viene contaminata dalla paura, dalla solitudine e dalla vergogna, come capita quando si è feriti. Questo strato intermedio è diventato un luogo di paura, di isolamento e di vergogna. Negli anni, la società e la religione hanno tentato, con un certo successo, di conformare l'individualità, reprimendo lo stato naturale della persona, la sua sessualità e la sua autenticità. Questo accade perché l'individualità è una forte minaccia che desta un gran timore in coloro che esercitano un potere sul bambino. La paura e la colpa sono universalmente utilizzate per soffocare le energie vitali nel bambino e per indurci a dimenticare la nostra vera natura. I nostri genitori, gli insegnanti e le figure religiose (a secondo della nostra personale esperienza) sono stati inconsapevolmente gli strumenti di questa repressione. Come avrebbero potuto fare altrimenti? Anche loro erano dipendenti da strumenti della stessa repressione.

Se non ci comportavamo e non diventavamo ciò che ci si aspettava da noi e per cui subivamo continua pressione, venivamo esclusi dalla nostra fonte d'amore e di approvazione. Da bambini, se non accondiscendiamo, andiamo incontro a punizioni, abusi, isolamento, rifiuto e persino a senso di annichilimento. Chi si prende cura di noi e gli insegnanti, convinti di agire nel migliore dei modi e nel nostro interesse, ci hanno imposto i valori repressivi della società e della cultura. E così, nella nostra infantile innocenza e ricettività, ci siamo arresi, cedendo la nostra spontanea vitalità e la nostra natura in cambio di amore e approvazione. Da questo attacco diretto al nostro essere, ognuno di noi se l'è cavata in maniera diversa trovando il proprio modo per uscirne (le strategie per far fronte a questi attacchi rientrano nello strato di protezione, il terzo livello, quello esterno).

Ma, qualsiasi sia stata la nostra strategia di sopravvivenza, la nostra vulnerabilità adesso è ricoperta da una coltre di vergogna e di shock. La vergogna e lo shock portano con sé altri sentimenti profondi: il tradimento, il dolore, la rabbia, l'impotenza e la disperazione. Il dolore e la rabbia di essere stati abusati e trascurati, non accettati né apprezzati, di non esser stati ascoltati, di esserci sentiti invisibili e incompresi; il dolore e la rabbia per essere stati costretti a recitare un ruolo e a uniformarci, reprimendo la nostra sessualità e vitalità. Tutta questa rabbia e questo dolore sono contenuti nello strato intermedio, proprio sotto la vergogna e lo shock. Esplorando lo strato intermedio, le prime cose in cui molti di noi si imbattono sono lo shock e la vergogna. Ma a fronte di un'esplorazione più attenta, incontriamo anche profondi sentimenti di rabbia, vuoto, tristezza, solitudine e un cupo senso del Sé.

Il terzo strato – lo strato protettivo

La storia non è ancora finita. Nel nostro processo di sviluppo, copriamo sia lo strato intermedio, quello ferito, sia quello del nostro nucleo essenziale con un terzo strato, lo strato protettivo. Ci è venuto naturale costruire questo strato per proteggere la nostra vulnerabilità ferita. È uno scudo che ci creiamo per impedire alle energie negative di ferirci e che ci permette di esercitare un po' di controllo sulla nostra vita spesso caotica. La nostra protezione tenta di evitarci di provare ancora più paura e dolore. I modi per farlo sono molti: reprimendo la nostra energia vitale e limitando le esperienze tanto da tenerci al sicuro, distraendoci con dipendenze da sostanze o da comportamenti, litigando, compiacendo, chiudendoci in noi stessi, manipolando, seducendo, tenendoci occupati e così via. Alcuni di noi hanno semplicemente mescolato la propria identità e il proprio comportamento con ciò che veniva chiesto loro e sono riusciti a portare a termine i compiti assegnati ragionevolmente bene (*accondiscendenza*). Altri si sono ribellati, ma forse serbano ancora sentimenti di profonda alienazione, rabbia e disconnessione (*ribellione*). Alcuni di noi non sono riusciti a soddisfare le aspettative di cui erano caricati, o non sono riusciti a reggere la pressione, e sono crollati o si sono isolati (*ritiro in se stessi*). Mi rendo conto che mentre la categoria degli *accondiscendenti* è quella che mi calza meglio, in me ho molto anche del *ribelle* e persino di *coloro che si astraggono*.

Uno dei modi più efficaci per proteggere la nostra vulnerabilità è quello di adottare un ruolo e darci un'immagine. Siamo bravissimi a plasmarci dei ruoli dietro i quali nasconderci – l'uomo di potere, la vittima, il tipo sexy, la persona che si prende cura degli altri, il più bravo o il peggiore, quello simpatico, spirituale, affascinante o atletico. Possiamo nasconderci dietro qualsiasi cosa serva a rafforzare il nostro ego. Personalmente sono stato un laureato di Harvard, un hippy, un ribelle, un dottore, un bravo ragazzo, un ricercatore spirituale, uno psichiatra, un terapeuta, un giocatore di tennis. È inconcepibile immaginare di relazionarsi senza portare una maschera – quell'immagine di noi stessi dalla quale dipendere, senza la quale ci sentiamo estremamente vulnerabili. Perdiamo la copertura delle nostre paure e della nostra vergogna che rimangono così completamente esposte.

Di recente ho partecipato a un seminario che faceva parte di un corso di tre anni che stavo seguendo. Di solito, in contesti di questo genere, sono il capogruppo. È un ruolo nel quale mi trovo a mio agio, dietro al quale posso nascondermi e che mi protegge dalla mia vulnerabilità. Ma in questo caso tale ruolo non era disponibile per me. Oltretutto ero uno degli ultimi arrivati nel gruppo, avevo iniziato il corso da un'altra parte del paese e mi ero trasferito lì da poco, quindi mi sentivo un estraneo. Già al secondo giorno, mi sono accorto che la mia insicurezza stava venendo a galla e io mi stavo ritirando sempre di più in me stesso. Mi sentivo così in imbarazzo e insicuro che avevo persino paura di chiedere a qualcuno di pranzare con me. Il terzo giorno, ho iniziato a venire in contatto con profondi sentimenti di shock e impotenza. Mi rendevo conto che tutte quelle sensazioni erano parte del motivo per cui ero lì, tuttavia questo non bastava a farmi sentire più a mio agio nel provarle. Quel giorno, il capogruppo si aggirò per la stanza chiedendo a tutti se avevano qualcosa da condividere. Avevo intenzione di rimanere nascosto, ma ben presto mi resi conto che prevedeva di chiamarci tutti quanti. Quando venne da me, ero così nervoso che non riuscivo quasi a parlare. Ma lui mi aiutò a esporre le mie paure e a convalidare lo stato di shock nel quale ero, così cominciai a sentirmi al sicuro e integrato con me stesso e con il gruppo.

Lo strato di protezione non è uno spazio negativo. È la nostra ignoranza al riguardo che ne fa una cosa negativa. Da bambini, avevamo bisogno di trovare il modo per proteggerci e molti di noi l'hanno fatto costruendosi un proprio e unico stile di protezione, senza il quale non sarebbe stato possibile sopravvivere conservando la sanità mentale. Ma, sfortunatamente, ci siamo così tanto identificati con la nostra protezione, ci siamo così attaccati a essa, che ci viviamo dentro del tutto inconsciamente. E proprio perché è diventata così abituale e inconscia, non è più qualcosa che possiamo decidere di usare o meno a piacimento. Abbiamo costruito queste difese così presto e così inconsapevolmente, che sono divenute un'abitudine. In questo modo impediamo a tutte le energie, indiscriminatamente, di raggiungerci, finendo con l'isolarci e il debilitarci; limitiamo la nostra vita per tenere sotto controllo la paura, a tal punto che la nostra energia vitale e gioia di vivere ne pagano le conseguenze. Inoltre, il nostro scudo protettivo trattiene la nostra energia vitale, la blocca dentro di noi, separandoci dai nostri sentimenti e impedendo alla nostra creatività e alla nostra vitalità di scorrere liberamente. Quindi ci costruiamo delle rigide convinzioni per proteggere le nostre difese.

La protezione invita alla protezione

I conflitti che abbiamo con gli altri si verificano, il più delle volte, quando due strati protettivi si scontrano. Spesso veniamo respinti proprio perché avviciniamo l'altro con le nostre protezioni invece che con la nostra vulnerabilità, ma non ce ne rendiamo conto. Arriviamo all'incontro con la convinzione di essere aperti e disponibili, mentre in realtà siamo completamente avvolti nel nostro strato protettivo e aspettiamo che l'altro si apra per primo, perché questo ci fa sentire al sicuro. E poi ci indigniamo quando la reazione non è quella che ci aspettavamo.

Troppo spesso, nelle relazioni, ci perdiamo perché ognuno si rapporta all'altro rimanendo nel proprio strato protettivo e non troviamo la porta per uscire da questa situazione.

Tentiamo di risolvere i problemi, ma spesso tutto quello di cui abbiamo bisogno è semplicemente capire in quale stato di consapevolezza siamo. Finché il nostro intento resta quello di influenzare o cambiare l'altra persona in qualche modo, ci stiamo muovendo in uno spazio di protezione. Questo atteggiamento include, inoltre, avere aspettative, desiderare di ferire l'altro, tentare di controllare, giudicare, manipolare, o cambiare gli altri. Tutte le volte che ci poniamo con questo tipo di energia, stiamo attaccando e l'attacco non genera altro che un contrattacco o una ritirata.

Non è facile guardare con distacco le nostre protezioni. Tendiamo ad avere un atteggiamento difensivo nei loro confronti. Senza un vero lavoro interiore, crediamo che la nostra protezione coincida con la nostra sopravvivenza e non riusciamo a immaginare una realtà diversa. Ma il prezzo da pagare per non aver lavorato sulla protezione è alto. La nostra vita e la nostra energia vengono inibite. Il nostro cuore rimane serrato e ci sentiamo isolati perché la protezione tiene gli altri lontani. Ci aspettiamo che gli altri e il mondo facciano in modo di farci sentire al sicuro, e quando questo non accade nel modo che desideriamo, finiamo in uno stato di rassegnazione o di rabbia. Quando veniamo a confronto con una minaccia reale o immaginaria, che sia essere messi sotto pressione, ricevere delle critiche o un giudizio, reagiamo automaticamente, per consuetudine e inconsciamente. Finché non esploriamo il nostro strato di vulnerabilità ferita, rimaniamo nel nostro strato protettivo. Di solito siamo disconnessi e abbiamo difficoltà a percepire noi stessi. La nostra natura emozionale è spenta del tutto o isterica. Abbiamo paura ad aprirci perché non vogliamo provare né dolore né paura.

La strada verso casa

È salutare avere un approccio delicato e di tenera consapevolezza nei confronti delle nostre ferite e protezioni. Un profondo cambiamento interiore comincia a verificarsi appena impariamo a metterci in relazione con le nostre difese, senza giudicarle e senza desiderare che spariscano o che cambino. Al contrario, possiamo semplicemente fare in modo di accorgerci di *quando* queste emergono, di *come* ci fanno sentire e del *perché* siamo in uno stato di protezione. Solo allora cominceranno a dissolversi. In modo simile, se riusciamo a portare alla luce la nostra vergogna e le nostre paure, smettendo di negarne l'esistenza, affrontandole direttamente e prendendoci tutto il tempo per sentirle in noi, il nostro nucleo comincerà a splendervi attraverso. Quando esploriamo, entriamo in contatto e accettiamo la vergogna e lo shock nello strato intermedio, immergendoci profondamente in questi sentimenti non appena si manifestano, cominciamo a riconnetterci con la nostra bellezza, il nostro potere, la nostra unicità e la nostra preziosità. E appena riusciamo a essere meno appesantiti dalla colpa e dalla paura di punizioni, dal rifiuto e dalla disapprovazione, siamo in grado di rischiare maggiormente affermando la nostra energia vitale.

L'essenza della guarigione, come analizzerò ampiamente in questo libro, sta semplicemente nel consentire a noi stessi di portare una totale consapevolezza a quello che ci accade in ogni momento e a entrarci in relazione in quanto energia, non importa se in movimento oppure bloccata nel corpo.

Quando ci accorgiamo di essere nello strato esterno, in atteggiamento protettivo, consentiamo a noi stessi con la dovuta sensibilità e comprensione di riconoscerlo come un fenomeno energetico. Quando ci troviamo nello strato intermedio, quello delle nostre ferite, facciamo la stessa cosa. Permettiamo a noi stessi di percepirlo come energia. Le nostre ferite non sono un problema. I veri problemi sorgono quando non siamo in contatto con le nostre sensazioni e quando non possediamo né gli strumenti né il sostegno necessari per venirne a capo. Vergogna, paura e shock non sono una maledizione, sono solo riti di passaggio. Se non abbiamo mai lavorato con questa parte di noi, abbiamo la tendenza a disconnetterci dal nostro cuore. Invece, fare esperienza di paura e dolore nel nostro strato intermedio ci ammorbidisce. Arrotonda la nostra energia e rende più profonda la nostra anima. Spalanca un ampio spazio interiore dove risiede la capacità di comprendere che la paura e il dolore sono sentimenti che provano tutti e parte integrante della vita stessa. Accettare, invece di combattere, la paura e il dolore, il disagio, la delusione e persino la tragedia apre una porta alla nostra natura essenziale.

Diventare più intimi con se stessi

Usando questa mappa come una guida, possiamo cominciare a vedere e a sentire da dove arriva la nostra coscienza, in ogni singolo istante. A seconda delle circostanze nella vita quotidiana, possiamo ritrovarci in protezione, in preda a vergogna e paura, oppure sentirci nella nostra essenza. La chiave sta nell'imparare a osservare questi differenti stati da una certa distanza. Questo è ciò che nella pratica meditativa viene chiamato "essere il testimone" – restare semplicemente a osservare ciò che si verifica a livello della coscienza momento dopo momento, senza giudicare o voler cambiare nulla. Tutti gli eventi della vita innescano una reazione interiore. Possono spingerci a difenderci, o forse possono scatenare vergogna o paura, magari possono portare gioia, amore, eccitazione o un senso di beatitudine. In quanto testimoni, possiamo concederci di essere coscienti dell'innesco, di avvertire le sensazioni nel corpo e di far caso ai pensieri che sopraggiungono. Grazie all'"essere il testimone" riusciamo a diventare più intimi con il nostro mondo interiore.

Tenendo presente questo schema, ora possiamo tuffarci nel percorso verso la guarigione.

Parte prima

LE RADICI DI PAURA E INSICUREZZA

Capitolo 2

Riconoscere e accettare la paura
Fare amicizia con il nostro bambino interiore in panico

La paura è alla base di disfunzione, pregiudizio, protezione, violenza e crollo emotivo. Sta dietro alla co-dipendenza, ai conflitti nelle relazioni, all'elusione dell'intimità, all'auto-sabotaggio, alle strategie di controllo, all'essere critici e perfezionisti. Ci induce a evitare le novità, le persone nuove, le modalità di pensiero diverse e i differenti stili di vita. Può anche essere all'origine di molti disturbi fisici – asma, attacchi di panico, eruzioni cutanee, problemi di digestione, dolore e affaticamento cronici – solo per nominarne alcuni. Spesso la paura ci impedisce di essere presenti e paralizza di conseguenza la nostra vitalità e vivacità. Quando è la paura ad avere il sopravvento sulla nostra mente, non siamo in grado di vivere appieno la nostra vita e di goderne. Ma il problema non è la paura di per sé. I problemi nascono quando la paura non è riconosciuta, non è provata sino in fondo e non è accettata. Quindi, il nostro viaggio verso la guarigione comincia proprio con l'esplorare la paura.

Usare la metafora del bambino interiore in panico

Adesso vorrei soffermarmi un attimo a esplorare con voi lo spazio di cui mi occuperò in questo capitolo. Immaginate di guardare un bambino terrorizzato. Potrebbe essere qualcuno che conoscete, oppure solo un bambino qualsiasi. Magari questo bambino è molto piccolo, ai suoi primi passi oppure un po' più grandicello. Prendetevi un momento per consentire a voi stessi di percepire la sua paura. Qualcosa sta spaventando questo bambino, ma voi non ne conoscete il motivo e forse neanche lui/lei lo sa. Non crede sia una buona idea uscire allo scoperto. Forse avverte una minaccia o forse rifugge da una qualche forma di pressione o aspettativa. Non ha importanza. A uno sguardo più attento, potreste persino notare negli occhi di questo bambino sfiducia, confusione e panico. Forse si guarda in giro per capire cosa deve fare. Forse è nervoso, agitato e i suoi occhi guizzano a destra e a manca.

Ognuno di noi si porta dentro un bambino come questo – uno spazio di profonda paura e insicurezza. Immaginare questo spazio come un bambino, o avvertire l'energia di un bambino terrorizzato, è solo uno dei modi che ci aiuta a connetterci con questo spazio interiore dove albergano la paura profonda e l'insicurezza. Usiamo l'espressione "bambino interiore in panico" poiché risulta estremamente utile per svariate ragioni:

Ci aiuta a sintonizzarci con una parte interiore di noi che è profondamente terrorizzata e traumatizzata, giovane, sensibile, fragile e senza difese.

È anche una parte della nostra consapevolezza che è in contatto diretto con il trauma, come se gli eventi che hanno scatenato la paura fossero appena accaduti o accaduti in un passato recentissimo.

Ci serve anche per vedere e sentire che questa parte di noi rimane nascosta e temiamo che salti fuori per paura di sentirci nuovamente feriti.

È utile perché quando siamo in grado di visualizzare o immaginare il nostro bambino interiore traumatizzato come un aspetto della nostra realtà interiore, a volte risulta più facile provare nel corpo le sensazioni che la paura porta con sé.

E infine, ma forse è la cosa più importante, la metafora è utile perché ci aiuta a prendere un po' di distanza dalla paura e dal panico. Prendere una piccola distanza dalla paura sembra sia utile, non solo per sentirla, ma anche per guarirla.

Il bambino in panico può prendere il sopravvento sulla nostra vita

Senza nemmeno rendercene conto, molti dei nostri comportamenti e pensieri sono determinati da questa parte della nostra coscienza che vive nella paura. La mente irrequieta, l'ansia sotterranea, la velocità e la mancanza di presenza con i quali molti di noi vivono la propria vita sono tutti sintomi di questo bambino interiore in preda al panico. Il panico è il diretto responsabile di molti comportamenti abituali e automatici come il ritiro improvviso o cronico in se stessi, il fare capricci o avere attacchi d'ira, l'essere di cattivo umore o il divenire dipendenti da sostanze o da certi comportamenti. Spesso possiamo venire distratti cercando le molteplici cause alla base delle nostre difficoltà nella vita, ma quando cominciamo a esplorare la nostra paura, possiamo arrivare direttamente alla loro fonte.

Una coppia che segue i nostri seminari ha una relazione d'amore da qualche anno. Si amano, ma litigano molto. I loro litigi sono prevedibili – si verificano quando lo stress nel gestire l'azienda di famiglia comincia a opprimerli. Quando questo accade, entrambi diventano tesi, irascibili e si danno reciprocamente sui nervi. Poi la cosa si intensifica, si sentono colpevolizzati dall'altro, si accusano a vicenda e così via. Molti di noi potrebbero ritrovarsi in scene di questo tipo. L'origine è semplice – si tratta di paura. E quando si litiga, non è nient'altro che paura che affronta altra paura.

Ho dovuto affrontare quelle che sembravano montagne di negazione e protezione prima di cominciare a sentire e a vedere attraverso gli occhi del mio bambino in panico. Quando alla fine cominciai ad andare giù nel profondo, riuscii anche a capire perché avevo tenuto tutto ciò nascosto così a lungo. Non era facile riconoscere che mi portavo dentro così tanta paura. Non aveva niente a che vedere con l'immagine che avevo di me stesso. Mi è stato utile comprendere alcune delle origini di questa paura e ci ho impiegato molto tempo per riuscirci, ma credo che non saprò mai completamente da cosa è generata. Forse in molti non lo sapremo mai. Ma, indipendentemente da questo, l'importante è smettere di rinnegare la paura e tirarsi fuori da schemi di compensazione e di protezione inconscia nei quali vivavamo da tutta un'esistenza. Molti di noi vivono mettendo in atto comportamenti di dipendenza che altro non sono, anche questi, che tentativi per prendere le distanze da quella paura che ci portiamo dentro.

Quando cominceremo a esplorare la nostra paura più da vicino (strato intermedio), inizieremo naturalmente anche ad accorgerci di tutti i modi che abbiamo per evitarla (strato esteriore). Per anni e anni, ho coperto piuttosto efficacemente le mie paure con uno sfinente programma atto al massimo rendimento, nel quale ero ossessionato dal dover dimostrare di essere sempre il migliore in qualsiasi cosa facessi e dal dovere raccogliere continui successi. Il mio bambino interiore in panico si atteneva a tutto questo conformandosi diligentemente, ma spesso si mostrava proprio nei momenti "meno opportuni" come durante gare sportive, esami importanti o quando uscivo con qualche ragazza. Infatti il più delle volte veniva fuori proprio quando ero sotto pressione o sotto stress. E l'effetto che mi faceva quando si manifestava era quello di bloccarmi totalmente. Non esattamente la cosa migliore che potesse accadere a qualcuno che puntava ad avere un futuro nel tennis, o che intendeva fare colpo su una ragazza che voleva portarsi a letto!

Ricordo diverse occasioni nelle quali mi è accaduto, ma due sono particolarmente significative. La prima volta è stata quando diedi l'esame di ammissione al college, esame che, se hai in programma di andare in un'università americana, determina fortemente dove verrai accettato. Essere accettato in un buon college era un valore molto apprezzato nella mia famiglia, mio fratello maggiore era già a Harvard. Come cominciò l'esame, mi sentii estremamente nervoso, e man mano che andavo avanti ero sempre più teso. Persi subito la pazienza e non lessi attentamente le domande, quindi, invece di prendermi il tempo per pensarci su, cominciai a tirare a indovinare in modo da passare velocemente alla domanda successiva. A un certo punto, divenni così nervoso che a malapena ero in grado di leggere le parole nella pagina. Alla fine della giornata, sapendo di non aver fatto molto bene, mi sentivo così depresso e mi vergognavo talmente che, appena tornato a casa, me ne andai direttamente in camera mia senza dire nulla ai miei genitori di come fosse andata.

La seconda volta aveva a che fare con una ragazza. Ero al mio secondo anno di college. Avevo una cotta per una bellissima ragazza che frequentava uno dei miei corsi. Lei era così carina che ero certo non avrebbe mai preso in considerazione di uscire con me. Ma colsi un'occasione per chiederglielo lo stesso e con mia grande sorpresa lei accettò. Mentre andavo a prenderla, ero già così terrorizzato che mi feci un paio di sorsi da una bottiglia di whisky di un mio compagno di stanza. Non ero abituato a bere e quei due sorsi bastarono a darmi un po' alla testa. Riuscii comunque a trovare il suo dormitorio e a portarla a una commedia di Shakespeare, nella quale l'interprete principale era uno dei miei amici. Andando a teatro, avevo difficoltà a mantenere viva la conversazione perché tutto ciò che mi veniva in mente di dire non mi sembrava abbastanza "fico". Ebbi un po' di sollievo durante la rappresentazione perché non dovevamo parlare. Poi andammo a una festa della compagnia teatrale alla quale il mio amico mi aveva invitato e il mio disagio divenne ancora più grande. Nel tentativo di alleviare la mia ansia crescente, continuai a sorseggiare whisky al tavolo degli alcolici. A un certo punto, mi girava così tanto la testa che le dissi di voler uscire fuori un momento. Lei propose di uscire insieme e poiché lo intesi come un segno che forse le piacevo, appena fummo fuori, la baciai. E subito dopo vomitai. Continuai a vomitare e a sentirmi così male che lei dovette portarmi a casa. Inutile dire che non fu l'inizio di una grande storia d'amore. Ora riesco a riderci sopra, ma allora non fu così divertente.

Ora mi rendo conto che quel tipo di situazioni era soltanto la punta dell'iceberg. La nostra paura va molto più in profondità. È intensa. Abbiamo paure molto profonde legate alla sopravvivenza, come guadagnare abbastanza soldi ed essere in grado di mantenerci. Temiamo di essere inadeguati sessualmente, temiamo le disfunzioni e l'impotenza. Tremiamo all'idea di non essere amati, di non essere desiderati o addirittura di essere respinti. Abbiamo paura che ci manchino di rispetto, che si abusi di noi, paura di essere ignorati, di essere sconfitti, di affrontare qualcuno, abbiamo paura di non sapere chi siamo. Abbiamo paura di non essere in grado di esprimerci, di essere insignificanti. A un livello più profondo, c'è sempre la paura del vuoto e della morte, paura che probabilmente è alla base di tutte le altre.

La paura emozionale e la paura reale

Quando lavoriamo con la paura, è importante distinguere la paura reale da quella emozionale. La paura reale è una paura che viene provocata da qualche minaccia diretta e il nostro sistema nervoso viene attivato in modo appropriato per affrontare questa minaccia, qualsiasi essa sia. La paura emozionale invece è qualcosa proveniente da traumi del passato non risolti, che riportiamo nelle situazioni della nostra vita presente. È la paura del nostro bambino in panico. Oggi, quando proviamo paura, il più delle volte non è paura reale, ma emozionale. Oppure è paura reale fortemente contaminata da paura emozionale. A causa di questa nostra paura emozionale, oggi, quando ci imbattiamo in quello che a tutti gli effetti ci sembra essere una minaccia, ci risulta difficile distinguere tra ciò che è reale e ciò che è immaginario. E, sempre a causa della paura emozionale, non riusciamo neppure ad affrontare queste situazioni in modo appropriato rimanendo centrati e con i piedi per terra. Quando cominciamo a esplorare le nostre paure, abbiamo bisogno di imparare a riconoscere la nostra paura emozionale.

Le quattro Grandi Paure del bambino in panico

1. La paura delle pressioni e delle aspettative.
2. La paura del rifiuto e dell'abbandono.
3. La paura di non avere spazio, di essere frainteso o ignorato.
4. La paura dell'abuso o della violazione fisica o energetica.

Esplorando la mia paura ad aprirmi e a fidarmi ho scoperto che si tratta sempre di una di queste quattro Grandi Paure. Ed è così anche per le persone con le quali lavoriamo nei seminari. Queste paure si manifestano in tutte le aree più importanti della nostra vita: la sessualità, la creatività, l'autoaffermazione, la nostra capacità di relazionarci con amanti, amici, conoscenti e figure che rappresentano l'autorità. Ma invece di fermarci e sentirle, siamo abituati a fuggirle in qualunque modo possibile. Per molti aspetti, tanti modi di vivere nel mondo occidentale sono una massiccia compensazione per evitare di sentire la paura. Evitiamo di confrontarci con la morte circondandoci di così tanta sicurezza e di così tanto lusso per non sentire quanto siamo vulnerabili di fronte all'inaspettato. È un lato della nostra cultura che ci viene tramandato da genitori, insegnanti, religiosi, politici e, in genere, da tutte le persone di cui riconosciamo l'autorità.

A ogni modo, per affrontare le nostre paure, dobbiamo prima convalidarle, dobbiamo riconoscere che sono lì e cercare di scoprire da dove provengono. Nel nostro condizionamento non c'è posto per la paura – ci hanno insegnato a nasconderla. La nostra cultura non valuta molto l'onestà di chi riconosce la propria paura, non più di quanto riconosca che la paura ci viene inculcata molto profondamente. D'altra parte, come possiamo esprimere qualcosa con cui non siamo in contatto? La copriamo con la protezione, il rifiuto e l'inconsapevolezza, nascondendo la vulnerabilità sotto una maschera perché questo è ciò che abbiamo imparato a fare per poter sopravvivere. In un modo o nell'altro, ci siamo arrangiati, facendo finta che tutto fosse a posto. Abbiamo imparato come sopportarla. Rimaniamo ipnotizzati in una sorta di trance di sopravvivenza, senza riconoscere quanta paura stiamo nascondendo dentro di noi. Fintanto che rimaniamo in questa sorta di trance, ci inganniamo credendo che sia meno doloroso negare la paura piuttosto che lasciarla venire in superficie.

Far uscire il bambino in panico

Normalmente, non abbiamo un rapporto d'amore e di compassione con la nostra paura. Al contrario, ci relazioniamo a essa in uno dei seguenti modi:

Facendo finta che non esista.
Bloccandola con le compensazioni.
Facendo la vittima e incolpando gli altri, la vita e il tempo per le nostre paure.
Astraendoci ogni volta che la paura si presenta.
Giudicandola cosa da deboli, stupida o inappropriata.
Regredendo inconsciamente per fare in modo che qualcun altro si prenda cura del nostro bambino in panico.
Passandoci attraverso tutte le volte che si manifesta.

Quando approcciamo la paura in uno di questi modi, diamo origine a una frattura interiore. Una parte di noi, il bambino in preda al panico, va a nascondersi. L'altra parte di noi, l'adulto compensato, non gradisce di provare paura né tanto meno di ammetterla. Ma a questo punto il fatto di non aver riconosciuto la paura e di non averla affrontata ci trascina sempre più a fondo verso l'isolamento, e solitamente non ce ne accorgiamo neppure.

In un incontro di presentazione per uno dei nostri seminari, abbiamo di recente introdotto un esercizio preliminare per aiutare i partecipanti a entrare in contatto con la propria paura dell'intimità. Il nostro suggerimento era che ognuno condividesse con la persona che si trovava di fronte, come se si trattasse di un'amante o di un caro amico, qualsiasi paura inespressa riguardo al fatto di avvicinarsi a quella persona. Dopo un po' una donna alzò la mano, dicendo che non riusciva a trovar nulla di cui avesse paura. Andammo un po' più

35

a fondo e lei ammise che suo marito raramente le prestava ascolto; anzi, mentre lei gli rivolgeva la parola, lui di solito leggeva il giornale o faceva altro. Si scoprì che nessuno la stava ad ascoltare quando era bambina e che, effettivamente, non riusciva a immaginare che a qualcuno potesse interessare di perdere tempo con i suoi discorsi. Nessuno l'aveva mai amata a tal punto. Non trovando supporto e sentendosi ignorata, perse semplicemente il contatto con il suo bambino interiore e si adeguò a vivere senza la minima comunicazione intima. Aveva ricoperto tutte le sue paure con un ripetitivo schema di sopravvivenza, basato sulle sue privazioni infantili. Si tratta di un fenomeno comune.

Un uomo che frequentava uno dei nostri seminari non aveva la minima idea della propria paura. Ammetteva di provare paura se messo di fronte a pericoli naturali, ma non vedeva proprio come fosse possibile provare paura nelle relazioni con le persone (non troppi anni fa, quell'uomo avrei potuto essere io). Nello stesso processo che abbiamo appena descritto, nel quale le persone condividevano le proprie paure l'una con l'altra, lui parlò molto meccanicamente delle cose della sua vita. Aveva un'esperienza così limitata dell'intimità che non riusciva a sentire cosa potesse significare una condivisione profonda con un'altra persona. Era giunto al nostro seminario perché il suo matrimonio non funzionava e non riusciva a capirne bene il motivo. In un caso come questo, piuttosto comune in realtà, siamo disconnessi dal nostro bambino interiore in panico, il quale rimane ben nascosto giù nel profondo perché sente che uscire allo scoperto non è sicuro, ma spesso siamo disconnessi anche da tutto il nostro mondo emozionale. Lentamente e con cautela nel corso del seminario entrò sempre più in contatto con il suo dolore e con la sua angoscia interiore: i sentimenti di un bambino cui erano state negate la tenerezza e l'accettazione, cresciuto in un ambiente in cui nessuno condivideva i suoi sentimenti.

A volte le persone che fanno molta terapia e meditazione scoprono di avere dentro di sé molte più paure nascoste e infinitamente più profonde di quanto non credessero. Anche io, come molti dei miei cari amici, dovetti arrivare a separarmi da una persona amata per cominciare a percepire l'immensità delle mie paure interiori. Una persona che ha lavorato con noi per molti anni e che pratica con grande disciplina il buddhismo tibetano cominciò una relazione due anni fa e solo ora inizia a rendersi conto di quanto sia disperatamente bisognoso e terrorizzato. In passato, è sempre stato il "tipo indipendente" nelle relazioni, pretendendo la sua libertà e lamentandosi delle ragazze troppo bisognose. Adesso il vento è cambiato e lui è stato messo di fronte a un lato di se stesso (il bambino in panico) che finora era rimasto nascosto.

La paura e la vulnerabilità si trovano appena sotto la superficie della mente cosciente, sempre pronte a essere risvegliate. Può succedere ogniqualvolta ci concediamo di avvicinarci a qualcuno, quando dobbiamo correre un rischio ed esprimere la nostra creatività o qualsiasi volta ci esponiamo in qualche modo. La paura si affaccia quando facciamo qualcosa che ci allontana dal familiare, dal sicuro e dal conosciuto.

L'intimità è forse il luogo in cui maggiormente ci confrontiamo con il nostro bambino in panico ed è per questo che la evitiamo.

Se viviamo nel nostro bozzolo protetto, senza sbrigliare mai la nostra energia, senza arrischiarci mai su territori sconosciuti e inesplorati, potremmo non confrontarci mai con quella paura tremenda che ci portiamo sepolta dentro. Ma allora sprofondiamo nella noia, nella frustrazione e nella depressione. Sono necessari un po' di consapevolezza e un po' di impegno per uscire dallo schema del rifiuto, per riuscire a vedere le distrazioni, ad affrontare le dipendenze e per poter arrivare a conoscere il nostro bambino in panico.

Sentire la paura

Il modo più facile per entrare in connessione con la nostra paura interiore (il bambino in panico) è quello di cominciare a sentire la paura appena si manifesta nel corpo. Ciò si traduce semplicemente nell'imparare a riconoscere nel corpo le impercettibili sensazioni (a volte non così impercettibili) che accompagnano la paura. Qui di seguito alcune delle più comuni:

Senso di contrazione al petto, alla schiena, nella regione del plesso solare, alla gola, all'addome o in qualsiasi altra parte del corpo.

Mani sudate o senso di calore altrove nel corpo, mani o piedi freddi o in genere sentirsi infreddoliti.

Sentirsi tremare.

Battito cardiaco accelerato.

Dolori cronici o improvvisi come mal di testa, stomaco, schiena o dolori muscolari.

Irrequietezza o agitazione, come se il nostro sistema nervoso fosse stato troppo stimolato da un'eccessiva ingestione di caffeina.

Avere il fiato corto o comunque essere facilmente affaticabili.

Problemi di digestione, costipazione, diarrea o gonfiori.

Mancanza di appetito o senso di nausea.

Avere la sensazione di vuoto sotto i piedi e di cadere.

Attacchi di panico.

Una sensazione generale di disagio o malessere.

Ognuno di noi ha un proprio differente modo in cui la paura si manifesta attraverso il corpo, ma la maggior parte di noi presenta almeno uno di questi sintomi o una combinazione di essi. Quando cominciai a osservare il mio corpo più attentamente e con maggiore regolarità, rimasi sorpreso nel notare quanto fossero prevalenti le sensazioni relative alla paura che provavo nel corpo. E mi è stato utile sapere che si trattava semplicemente di paura, che spesso si manifestava senza alcuna apparente ragione. Ora, quando indago più da vicino, di solito riesco a trovare la causa scatenante, ma solitamente la paura ha albergato nel nostro corpo per così tanto tempo che a volte non è facile trovare un'evidente causa recente.

L'origine della paura

La paura ha molteplici origini e forse in qualche modo potremmo non essere mai in grado di cogliere tutti gli aspetti che hanno contribuito a generarla. Forse ce ne portiamo dietro un po' anche dalle nostre vite passate. Probabilmente la paura ci viene trasmessa nell'eredità collettiva culturale della nostra famiglia. C'è anche lo shock tremendo del venire al mondo lasciando il caldo e comodo ventre materno. Nei primi giorni della mia vita stavo per morire di denutrizione perché, per qualche motivo, non riuscivo a digerire il latte materno. Secondo mia madre avevo "la diarrea del neonato", mentre probabilmente stavo dicendo: "Aiuto! Fatemi tornare dove mi trovavo al sicuro e al calduccio". Aggiungiamo a ciò lo shock originario di lasciare il grembo materno nel modo in cui la maggior parte di noi nasce, ed ecco che già abbiamo abbastanza ragioni per essere spaventati. Qualsiasi abuso emozionale, fisico o sessuale che riceviamo in seguito, non fa altro che sommarsi al trauma della nascita. Le privazioni e le violazioni che viviamo nel corso dell'infanzia – la mancanza di approvazione, di attenzioni, d'amore, di rispetto e di cure che tutti abbiamo provato, in un modo o nell'altro – costituiscono chiaramente un'altra considerevole fonte di panico. Ora il nostro bambino interiore, terrorizzato, si aspetta da un momento all'altro altri abusi e abbandoni.

Avevamo dei profondi bisogni legati alla sopravvivenza e all'identità che non sono stati soddisfatti, così abbiamo perso la fiducia. I nostri bisogni d'amore e di protezione, di accettazione, di riconoscimento e approvazione, di ispirazione e di direzione, i bisogni di amore tenero e incondizionato, in un modo o nell'altro non hanno trovato risposta. Ora, da adulti, ci portiamo dietro ancora la paura primaria di non ottenere le cose fondamentali di cui abbiamo bisogno. Abbiamo ricevuto così presto una tale batosta alla nostra innocenza e fiducia, che abbiamo ereditato una fondamentale paura di non riuscire a sopravvivere.

Sfortunatamente, da bambini non siamo nella posizione di concludere: "Bene, mi sembra di capire che papà e mamma hanno un bel problema qui. Non riescono neppure ad andar d'accordo tra di loro, figuriamoci se riescono a trovare il tempo per interessarsi a me. In primo luogo, non avrebbero dovuto farmi nascere. È ovvio che qui non otterrò quello di cui ho bisogno, quindi credo che andrò in giro a cercarmi una situazione migliore". Molto probabilmente, qualsiasi altro posto nei dintorni sarebbe stato altrettanto brutto, se non addirittura peggiore. Con il bagaglio di privazioni emozionali che molti di noi si portano dietro, accedere alla nostra vulnerabilità ora può mandarci in una confusione totale, in panico, può ingenerare paura, autocritica, crollo emotivo e a volte puro terrore. Per quale motivo? Perché la nostra vulnerabilità e la nostra innocenza sono state tradite.

Sviluppando una maggiore comprensione per l'estrema vulnerabilità che è sempre stata sepolta sotto tutti i miei sforzi, sono riuscito ad apprezzare sempre di più le ragioni del mio panico. Ora sono in grado di capire che la paura del fallimento e della disapprovazione, il sentirmi continuamente sotto pressione perché dovevo essere all'altezza di soddisfare le aspettative della mia famiglia e della mia cultura, stavano portando a galla profonde paure che, vissute da bambino, devono essere state devastanti. La parte più consapevole di me non è più coinvolta nel programma di successo del mio condizionamento e riconosce che se qualche persona amata si allontana da me o minaccia di farlo, io starò bene lo stesso. Ma il mio bambino interiore non sa tutto ciò. E ancora perde la testa per le stesse vecchie ragioni.

E ben oltre tutte le ragioni psicologiche del nostro panico c'è la ragione più semplice e potente: la consapevolezza del fatto che dobbiamo morire. Siamo continuamente messi di fronte all'insicurezza, all'incertezza e fondamentalmente alla morte, siamo nelle mani di forze che sono ben oltre il nostro controllo. Nessuna assicurazione, nessuna protezione può ripararci da quella paura. In fondo in fondo, lo sappiamo.

Senza una base di accettazione e meditazione, tutto ciò che abbiamo è la nostra paura, coperta dalle compensazioni.

Dal punto di vista del nostro bambino interiore traumatizzato, la vulnerabilità equivale al panico, il panico di essere abbandonato e cancellato. Solo grazie alla consapevolezza, alla comprensione e alla compassione possiamo trovare quella fiducia e quello spazio necessari a contenere la vulnerabilità, l'insicurezza e l'imprevedibilità. Al nostro bambino interiore semplicemente mancano queste qualità. E per guarirlo dal panico dobbiamo portare queste qualità nella nostra vita. Solo allora possiamo trasformare la vulnerabilità da panico in accettazione.

Accettare la paura

Ho ancora bisogno di molto coraggio e consapevolezza per concedermi di provare e accettare la mia paura quando si manifesta. Da qualche parte nella mia testa ho ancora la convinzione, profondamente radicata in me, che, se dovessi ammettere la paura, non ce la farei, non sarei in grado di agire, sarei giudicato debole e impotente o che non ci sarà mai fine alla paura. Quando la paura arriva, anche dopo tutto questo tempo dedicato a lavorare con il mio bambino interiore, la mia mente razionale ancora non capisce perché debba esserci e non vuole altro che se ne vada. Ho paura di sentirla e di condividerla: ancora mi giudico e mi condanno perché provo queste sensazioni. Fortunatamente il mio Sé più profondo sa che è molto meglio dare spazio alla paura.

C'è sempre il timore che riconoscendo le nostre paure queste possano sopraffarci e dirigere la nostra vita. Ma immergendoci in esse, in realtà accresciamo il nostro potere e costruiamo un maggiore rispetto per noi stessi.

Esercizio: esplorare le paure del bambino in panico

Rivedi le quattro Grandi Paure di base: 1) la paura delle pressioni e delle aspettative; 2) la paura del rifiuto e dell'abbandono; 3) la paura di non aver spazio, di essere frainteso o ignorato; 4) la paura dell'abuso o della violazione fisica o energetica.

Considerale tutte, una alla volta, e chiediti: "Ho queste paure? Cosa le provoca nella mia vita odierna? Cosa ricordo del passato che potrebbe aver contribuito a scatenare queste paure? In che modo le paure condizionano diversi aspetti della mia vita – la mia sessualità, la mia capacità di autoaffermazione, la mia creatività, le mie relazioni?".

Capitolo 3

La vergogna
Una falsa esperienza del Sé

Di recente, ho frequentato un seminario a Los Angeles, andando a stare da alcuni miei zii che vivono nei paraggi. Questi zii sono i miei parenti preferiti – gentili, generosi, affettuosi e divertenti. Negli anni, sono sempre stati un importante punto d'appoggio per me nei momenti difficili e mi è sempre piaciuto passare del tempo con loro. Mio cugino, il figlio di questi miei zii, era sceso dal nord della California per far loro visita e si era unito a noi per cena. Così cominciò a raccontare una storia di qualche anno prima, quando aveva invitato i suoi genitori a frequentare un seminario di crescita insieme a lui; questo seminario era tenuto da un insegnante con il quale precedentemente lui e sua moglie avevano già fatto un gran lavoro interiore. Raccontò di un momento particolarmente intenso, quando lui e suo padre erano seduti al centro di un cerchio e lui condivise un grande dolore che aveva provato quando suo padre lo aveva messo a confronto con i suoi cugini (mio fratello più grande e me) che vivevano in Europa e che in famiglia avevano la reputazione di essere "persone di grande successo". Rammentò che suo padre gli aveva detto: "Vorrei che fossi un po' più come loro" e questa affermazione lo mandò in pezzi. Durante quel seminario, mio zio ascoltò, pianse e si scusò per aver causato a suo figlio un tale dolore.

Ora, nell'ascoltare quella storia di nuovo, mio zio disse quanto si sentisse un incapace per aver mostrato le sue emozioni e debolezze. Mio cugino e io ribattemmo dicendogli che, al contrario, aveva mostrato un grande segno di forza nel trovare il coraggio di ascoltare e sentire il dolore del figlio. Mio cugino gli spiegò che lui era il modello perfetto del tipo di padre che tutti nel gruppo avrebbero voluto avere. Io gli dissi che per tutti quegli anni mi ero sempre sentito al sicuro, sostenuto e amato da lui e che auguravo a tutti di avere uno zio come lui. A questo punto della cena, eravamo in lacrime tutti e quattro. Mio zio è la persona più dolce che si possa immaginare eppure aveva fatto vergognare tremendamente il figlio. Ironicamente, anche se io ero la fonte del raffronto per mio cugino, la mia esperienza era paragonabile alla sua. Neanche io riuscii a evitáre questo tipo di paragoni e la vergogna.

Racconto questa storia in parte perché ha un lieto fine. Grazie a tutto il lavoro che mio cugino e io abbiamo fatto su noi stessi, abbiamo raggiunto un punto nel quale siamo felici e soddisfatti delle nostre vite. Ma l'altra ragione per la quale questa storia mi ha toccato è che, anche se abbiamo dei genitori affettuosi e che si prendono cura di noi, in qualche modo la vergogna ci tocca comunque. I genitori fanno vergognare i propri figli basando valori e approvazione sui successi ottenuti e sull'immagine, mettendoli sotto pressione e richiedendo loro enormi sforzi. Da bambini sviluppiamo fiducia, sicurezza in noi stessi e autostima quando ci viene riflessa la nostra essenza. Ciò accade quando ci sentiamo percepiti, visti, ascoltati, guidati e onorati in quanto individui che stanno germogliando. Ma se invece siamo gettati in uno stampo costituito da aspettative e proiezioni che ci provengono da altri e che non si armonizzano con la nostra essenza e le nostre doti naturali, se la nostra spontanea vitalità viene repressa dalla colpa e, ancor peggio, se non ci sentiamo desiderati, se ci sentiamo bistrattati, copriamo il nostro nucleo essenziale di amor proprio, entusiasmo, spontaneità e autenticità con una coltre fatta di insicurezze, paure, autosabotaggio e dubbi su noi stessi.

Con il passare degli anni, ci distacchiamo sempre di più da noi stessi e sprofondiamo ogni giorno di più nel tentativo di diventare qualcuno che non siamo. Sarebbe troppo aspettarsi che i genitori siano così evoluti nella loro consapevolezza tanto da essere in grado di mettere da parte valori, preconcetti, aspettative e convinzioni affinché possano veramente *vedere* i loro bambini. Hanno troppa paura. Ecco perché il 99 per cento dei bambini viene gettato nella vergogna (forse siamo ottimisti quando parliamo del 99 per cento).

Mio padre raccontava sempre la barzelletta di un uomo che entra in un negozio di sartoria per ordinare un abito nuovo. Il sarto, dopo aver preso tutte le misure, gli chiede di tornare dopo una settimana. Trascorsa la settimana, l'uomo torna per ritirare il suo abito nuovo. Ma quando lo prova di fronte allo specchio, si accorge che una manica è troppo corta, una gamba è troppo lunga e la vita è troppo larga. Quando lo fa notare al sarto, questo guardandolo di fronte allo specchio gli dice:

"In realtà, non c'è niente che non va nel vestito. Ma non è indossato nel modo corretto. Vede, prima dovrebbe ritirare il braccio un po' così. Poi allungare la gamba in questo modo e tirare un po' fuori la pancia così. Bravo! Vede, ora è perfetto".

L'uomo, persuaso dal sarto, si trascina zoppicando fuori dal negozio con indosso il suo abito nuovo. E mentre arranca lentamente per la strada, incrocia due anziane signore. Una di queste dice all'altra:

"Hai visto quel povero storpio? Accidenti che vergogna!".

"Sì," risponde l'altra, "una terribile vergogna! Ma hai notato che bell'abito indossa?"

Certo non mi aspettavo che questa storiella avesse a che fare con la vergogna. Inutile dire che neanche mio padre ne aveva idea. Siamo tutti un po' come quell'uomo innocente e fiducioso che entra nel negozio di sartoria (che rappresenta la famiglia, la cultura, l'istruzione, l'educazione religiosa e così via). Ci viene consegnato un abito che non è della misura giusta per noi, eppure veniamo persuasi a provarlo e a farcelo andare bene. E da quel momento non facciamo altro che trascinarci zoppicando lungo la strada, completamente scollegati dalla nostra energia, o autenticità, e dal nostro senso del Sé. Guardandoci allo specchio, in fondo in fondo sappiamo che il vestito non ci sta bene, ma "il sarto" esercita un potere troppo forte su di noi e così perdiamo la fiducia in quella voce interiore che ci sussurra la verità. Difatti, man mano che la vergogna cresce, molti di noi smettono persino di sentire quella voce interiore.

Che cos'è la vergogna?

La vergogna è una sensazione di inadeguatezza di base, ci fa sentire sbagliati, inadeguati o incapaci. Nell'ottimo film australiano *Le nozze di Muriel*, che è uno straordinario lavoro cinematografico proprio sulla vergogna, il padre di Muriel le ripete continuamente quanto lei sia "inutile". Lui stesso non è un modello di integrità e viene arrestato per corruzione alla fine del film; sua madre ha accettato una vita da donna di second'ordine, sposata a un uomo che la tradisce appena volta le spalle, umiliata continuamente, e anche i suoi fratelli manifestano problemi disfunzionali. Muriel tenta ossessivamente di diventare popolare e sembrare attraente agli occhi degli uomini, così come fanno le altre ragazze, ma riesce soltanto a umiliare se stessa una volta dopo l'altra.

Nella vergogna, perdiamo il contatto con la capacità di percepire noi stessi in modo rilassato e preciso, e quel senso di centratura interiore viene rimpiazzato da un senso di vuoto. Perdiamo il contatto con la nostra energia vitale, smettiamo di aver fiducia in noi stessi, perdiamo la capacità di percepirci come siamo realmente e di esprimerci. Questa corrente sotterranea fatta di vergogna è sempre presente in noi.

Per quanto riesco a ricordare, nella mia vita sono sempre stato in bilico da un lato fra l'agire costantemente nel modo migliore, il tentare di realizzare il più possibile ciò che mi prefiggevo e il conseguire grandi successi in tutto ciò che facevo, e dall'altro il sentirmi schiacciato dalla vergogna e da sensi di inadeguatezza. Mi sono applicato a scuola, nel lavoro e nello sport, ma sotto sotto ho sempre avuto la sensazione, da qualche parte nel profondo, di non riuscire a "farcela". Da bambino, volevo solo essere come mio fratello maggiore. Lui era un cosiddetto "bambino prodigio", rispettato universalmente dalla totalità della mia larga famiglia, sembrava fosse considerato quasi un mito. Quando ero al primo anno di scuola superiore, gli fu assegnata una borsa di studio onoraria a Harvard perché, secondo il preside di facoltà, era un "candidato straordinario, dalle capacità non comuni", che però non aveva i requisiti necessari per ottenere l'aiuto economico. Alla scuola superiore era a capo di tutti i gruppi di lavoro ed era anche il caporedattore del giornale della scuola. Quando si diplomò, se ne andò dopo che gli furono consegnate tutte le onorificenze possibili, tranne forse una. Io ero seduto tra il pubblico, combattuto tra un sentimento di orgoglio e la sensazione di sentirmi piccolissimo a confronto.

Naturalmente, per tutto il periodo della scuola, ho tentato di essere almeno altrettanto bravo. Il mio scopo era quello di essere accettato anch'io a Harvard, e a tutt'oggi credo di essere stato ammesso soltanto perché mio fratello conosceva il preside di facoltà, avendo scritto un articolo su di lui pubblicato dall'"Harvard Crimson", il giornale del college. Il preside disse a mio fratello che, se io fossi stato bravo almeno la metà di quanto era lui, mi avrebbe preso subito. Questo è esattamente quello che ho creduto di essere – "bravo solo la metà di lui". Ora so che era la voce della vergogna che parlava. Per tutto il college, continuai a paragonarmi a mio fratello, ma verso la fine dell'ultimo anno qualcosa cominciò a cambiare. Nel giorno della consegna dei diplomi, quando il preside mi consegnò il mio e mi chiese che piani avessi per il futuro, con grande sgomento da parte di tutta la mia famiglia, risposi: "Non lo so".

Alla fine ebbi il buon senso di scendere da quel treno di conquista e andai in California per entrare a far parte della controcultura. Cominciai a fare esperienza di modi nuovi di vivere e di vedere la vita, e a prendere droghe per alterare la mente. Vissi nelle comuni in Oregon e a Berkeley, in California, cominciando a praticare lo yoga e la meditazione e tentando di dare un po' di senso alla mia vita. Sotto la maschera da hippy, ero ancora l'uomo confuso, compulsivo e disfunzionale di sempre. Ci sarebbe voluto molto di più che vivere nelle comuni e fare qualche esperienza psichedelica per scalfire la mia vergogna.

Quando abbiamo vergogna, possiamo oscillare fra il sentirci alla grande, se dalle persone o dalla vita raccogliamo riconoscimenti, approvazione, successo o consensi, e il sentirci tremendamente male, se ci scontriamo con il fallimento, il rifiuto, il non sentirsi rispettati o apprezzati. Il nostro senso del Sé dipende dalle circostanze esterne e siamo convinti che se riceveremo riconoscimento, amore, rispetto, approvazione, successo, ricchezza o il consenso al quale aneliamo, ci sentiremo molto meglio e la nostra vergogna scomparirà. Prima di conoscere la vergogna, ero intrappolato in una battaglia infinita nella quale dovevo sempre mettere alla prova me stesso, senza avere la minima consapevolezza che esistesse un modo diverso per vivere, e senza sapere neppure che tutto quello che stavo tentando di fare per sentirmi meglio non avrebbe mai funzionato.

Adesso, riconosco che la vergogna è piuttosto universale. La maggior parte di noi, guardandosi allo specchio, viene messa immediatamente di fronte alla propria vergogna. Questa viene fuori con vocine che ci attaccano, ci criticano, ci condannano e ci giudicano, come: "Sei troppo vecchio, non sei abbastanza carina, sei troppo serio, sei troppo grassa, sei troppo magro eccetera". Quale che sia l'affermazione, la prima impressione che abbiamo di noi stessi quando siamo di fronte a uno specchio di solito è comunque di giudizio. Possiamo tentare di aggiustare quello che vediamo, ma in fondo sappiamo che non lo si può fare. Il grado di vergogna differisce da persona a persona e ognuno di noi ha il proprio particolare tipo di vergogna. Ma l'abbiamo tutti. La questione sta nel cosa scegliamo, se guarirla o se continuare a evitarla, nasconderla e negarla. Non mi resi conto di quanta vergogna mi portavo addosso fino a quando non raggiunsi la quarantina. Prima di allora, avevo fatto di tutto per evitare di sentirmi insicuro o di mostrare la mia insicurezza. Il mio scopo era "essere nel pieno delle mie energie", riuscire ad avere successo e conseguire approvazione. Ora mi rendo conto di essermi prostituito per ottenere rispetto, riconoscimento e approvazione. Mi sono reso conto anche che quando non mi sento vitale e sicuro di me stesso, sto provando vergogna, e rimanere a sentire questa vergogna è più importante che tentare di scacciarla o di fare finta che non esista.

Le cause della vergogna

Ognuno di noi ha il proprio passato di vergogna, e scoprire quali motivi ci hanno fatto vergognare genera un'immensa compassione verso noi stessi. Ma conoscere il nostro passato non significa rimanere lì a biasimarci e ad amareggiarci. Probabilmente, scoprendo quanto è esteso il danno arrecato alla nostra innocenza e alla nostra fiducia, dovremo passare attraverso un periodo in cui proveremo rabbia e ci sentiremo traditi, ma guarire la vergogna è un essenziale rito di passaggio spirituale che dobbiamo affrontare. Cominciamo smettendo di negare la vergogna e ponendoci di fronte a ciò che è accaduto onestamente e direttamente.

Nel processo di immedesimazione nel bambino che tentiamo di fare, guardiamo continuamente negli specchi che i grandi (genitori, insegnanti, fratelli maggiori) sorreggono per noi. Il nostro senso del Sé viene modellato sulla base delle immagini riflesse da questi specchi. *Se lo specchio è positivo, se* siamo amati e la nostra creatività e i nostri sentimenti sono convalidati e supportati, diamo forma a un forte senso del Sé. Per esempio, *se* le nostre prime esplorazioni sessuali sono state rispettate e sostenute e *se*, da grandi, non raccogliamo il messaggio verbale o non verbale che la sessualità è sporca, sbagliata o peccaminosa e *se* i nostri genitori hanno un sano rapporto con la loro sessualità, *allora* svilupperemo una sana relazione nei confronti della nostra sessualità. La stessa cosa vale per gli altri aspetti della nostra energia e dei nostri sentimenti – rabbia, gioia, intimità, silenzio, tristezza, paura o creatività. Una fiducia autentica nella nostra energia e nei nostri sentimenti costituisce un terreno di fondo, un'ancora per il nostro essere, e alimenta sicurezza nel nostro interagire con gli altri e con il mondo. Ci conferisce sicurezza in noi stessi, ci fa sentire in connessione con il nostro corpo e credere nella nostra capacità di valutare e di reagire alla realtà esterna.

Ma *se* lo specchio riflette rifiuto, critiche, aspettative impossibili e standard ai quali non potremo mai attenerci, *se* lo specchio ci dice che il nostro valore si basa su quello che facciamo, il nostro senso del Sé va in pezzi e questo ci fa vergognare. Da bambini siamo così sensibili e vulnerabili, così bisognosi di amore e di approvazione da parte di coloro che si occupano di noi che non ci vuole molto per scoraggiare il processo di apprendimento della fiducia in noi stessi. Molti di noi da bambini semplicemente non hanno le risorse per seguire ciò che la propria vocina sussurra, invece di quello che ci dicono i "grandi". La nostra sopravvivenza dipende da quanto riusciamo ad adattarci ai loro desideri. C'è stato passato un copione basato sui valori dei nostri genitori e sulla cultura nella quale loro vivevano, che a loro deve essere sembrato perfetto per noi, ma questo raramente ha a che fare con quello che veramente siamo. E generalmente il condizionamento che riceviamo è contaminato da un atteggiamento negativo e repressivo nei confronti della vita, che i nostri genitori hanno ereditato dalla cultura e dai loro genitori, che a loro volta lo hanno ricevuto dai propri genitori.

Il grado di vergogna che proviamo dipende da quanto forte era lo specchio negativo e da quanto eravamo giovani quando l'abbiamo ricevuto. L'abuso fisico, in qualsiasi forma sia esso perpetrato, è una terribile umiliazione per un bambino, una profonda violazione dei suoi confini e una rottura del suo senso del Sé. L'abuso sessuale (qualsiasi forma di sessualità tra un adulto e un bambino) è tutto questo e molto di più. Crea profonda confusione e conflitto sull'amore e sulla sessualità. A ogni modo lo scopo che ci poniamo con questo libro non è quello di trattare dell'abuso in maggiore dettaglio, argomento fra l'altro già adeguatamente sviluppato in altra sede (vedi la bibliografia selezionata). La vergogna può anche derivare da molte forme di abuso emozionale – quando da bambini ci sentiamo indesiderati, riceviamo la tensione o l'instabilità emotiva di un genitore, quando veniamo criticati o umiliati, quando siamo trattati con condiscendenza (perché si ritiene che i bambini siano troppo immaturi per avere opinioni e sentimenti validi), quando veniamo messi a confronto con qualcun altro, quando ci viene detto cosa pensare e cosa sentire, quando la nostra energia vitale viene repressa, quando dobbiamo prenderci cura delle emozioni e dei sentimenti di un genitore, quando non riceviamo attenzione, quando non siamo ascoltati o non ci vengono dati consigli. E la lista potrebbe continuare a lungo.

Qui di seguito un riassunto delle cause più comuni di vergogna:

Qualsiasi forma di abuso emozionale, fisico o sessuale.

Vivere l'esperienza dell'abbandono e della separazione fisica da coloro che si prendono cura di noi quando siamo bambini.

Assorbire atteggiamenti negativi e repressivi nei confronti della vita dai nostri genitori, insegnanti, figure religiose e altre figure che rappresentano l'autorità.

Non sentirsi desiderati o ascoltati da bambini.

Essere trattati con condiscendenza, etichettati e trattati da bambini invece che rispettati come persone.

Essere messi a confronto con qualcuno come un fratello, un altro membro della famiglia, un vicino, un compagno di classe o un amico.

Essere giudicati, presi in giro o umiliati.

Essere repressi nella nostra energia vitale.

Non ottenere che i nostri sentimenti, le nostre opinioni o intuizioni vengano convalidate.

Essere messi sotto pressione per soddisfare le aspettative di diventare qualcuno o qualcosa che non è nella nostra natura diventare.

Venire manipolati in modo tale da dover giocare nella famiglia un ruolo inappropriato, come quello di colui che si prende cura di uno o di entrambi i genitori.

Quando cominciai ad andare in terapia, il mio terapeuta mi fece delle domande sulla mia infanzia. "Ho avuto un'infanzia fantastica," risposi io. "I miei genitori sono stati magnifici e lo sono tuttora. Ho viaggiato in tutto il mondo, ho imparato molte lingue straniere, i miei genitori mi hanno ap-

49

poggiato affinché ottenessi la migliore istruzione possibile. Loro ci tengono veramente a me." E mi addentrai in un lungo discorso riguardo a tutte le qualità di mio padre e di mia madre. Il terapeuta mi ascoltò annuendo semplicemente con la testa. Sei mesi dopo, avevo un punto di vista molto diverso. Tutto quello che dissi quel giorno era vero e lo è ancora. Ma quello che non riuscivo a vedere è quanto la mia famiglia fosse disfunzionale, quanto problematiche e superficiali fossero le relazioni e quanto tutto questo mi avesse traumatizzato semplicemente per essere cresciuto in questa famiglia.

È vitale per il nostro processo di guarigione riuscire a vedere e a sentire fino a che punto ci siamo dati via in cambio di amore e di approvazione, e a viverne tutto il dolore. Ancora ci portiamo dentro le forme negative di pensiero di coloro che ci hanno cresciuto. La nostra individualità e autenticità in formazione è stata demolita e noi non abbiamo avuto nessuna possibilità di scelta, né capacità di contrastare questo processo. Inconsciamente, abbiamo fatto un compromesso per la nostra sopravvivenza e molti di noi ne fanno tuttora. È allora che abbiamo dimenticato chi siamo. Ci siamo conformati e siamo diventati dei bravi cittadini, bravi bambini, bravi studenti, bravi nel guadagnare denaro, bravi membri di famiglia, oppure siamo crollati nel tentativo di diventarlo. Anche se ci fossimo ribellati, la nostra ribellione sarebbe stata ancora solo una reazione a forze esterne.

Indurre qualcuno a vergognarsi raramente proviene dalla cattiveria; scaturisce invece dall'incoscienza. Alla maggior parte dei genitori mancano le capacità e la consapevolezza per allevare un bambino senza indurlo a vergognarsi, a meno che non abbiano fatto in precedenza un lavoro di meditazione su se stessi e abbiano portato alla luce e sentito la loro vergogna.

Per anni, far provare vergogna è stato un metodo comunemente accettato nell'educazione dei bambini – repressione religiosa, pressioni, alte aspettative e persino abuso fisico. Ciò che cambierà tutto questo nel tempo sarà la presa di coscienza che i bambini hanno una cognizione intuitiva di loro stessi e hanno bisogno di essere cresciuti in modo tale da consentir loro di imparare a scoprire e a fidarsi di questa intelligenza interiore.

Come la vergogna influenza la nostra vita odierna

Quando le nostre basi sono nella vergogna, interagiamo con essa in due modi: gonfiandoci o sgonfiandoci, ovvero vivendo in compensazione o crollando.

Lo stato di compensazione

Molte persone hanno compensato così bene, tanto da non aver assolutamente idea del fatto che in realtà stanno nascondendo un oceano di vergogna interiore. Ma le persone compensate spesso soffrono di spossatezza fisica, mancanza di intimità e dipendenza da sostanze o da attività che abbassano l'ansia.

Il marito di una donna che segue i nostri seminari è un uomo d'affari estremamente ricco che possiede hotel e appartamenti in giro per il mondo. Fa la bella vita, vola fino in Cile per un weekend di heli-skiing, ha amanti clandestine ed è costantemente in corsa per concludere affari che implicano grosse somme di denaro. Sua moglie è distrutta dal dolore a causa di queste sue scappatelle segrete, della sua assenza e della mancanza di intimità tra di loro, ma lui non vede niente di male nel suo stile di vita, ama la sua libertà, professa il suo amore per la moglie e per i bambini e tuttavia non ha alcuna intenzione di cambiare. A volte, quando con le nostre compensazioni tutto funziona e andiamo bene, siamo spinti a guardarci dentro solo quando la vita ci assesta un brutto colpo – un lutto o un rifiuto da parte di un amante, una crisi economica, la perdita del lavoro o un incidente, una malattia o la morte. Allora tutti i meccanismi per evitare la paura vanno in frantumi, e siamo messi di fronte alla necessità di rimettere insieme i cocci della nostra autostima ridotta in pezzi, un'autostima che è stata sgretolata perché basata su cose esteriori, non sulla conoscenza e sulla forza interiore.

Le persone compensate credono fermamente che il mondo sia fatto di "vincitori" e "vinti". E tentano di assicurarsi di essere e restare "vincitori". È molto più duro riconoscere la vergogna e il dolore interiore se abbiamo costruito tutto uno stile di vita, spesso con un certo successo, atto a evitare di sentirli o di averci a che fare. Quando guardo indietro agli anni della scuola superiore e del college, ho l'impressione di non aver fatto altro che cercare di compensare la mia vergogna. Ricordo così tanti momenti dolorosi in cui ho messo in imbarazzo gli altri a causa della mia impazienza e della mia convinzione che solo le persone "in" fossero "cool". Al college, uno dei miei compagni di stanza tentò il suicidio perché era tremendamente infelice. E io non solo non riuscii a capire quello che stava attraversando, ma addirittura lo giudicai per quello che aveva fatto. Le persone compensate inducono abitualmente le altre persone a vergognarsi senza rendersene conto. Possono arrivare persino a credere che questo atteggiamento sia giustificato.

Probabilmente siamo consapevoli dei modi nei quali compensiamo. Possiamo usare il nostro sex appeal, il fascino, l'intelligenza, l'ambizione, la velocità – qualsiasi cosa che ci dia una certa immagine e ci ricompensi con l'attenzione e il riconoscimento da parte degli altri. Compensiamo agendo in modo compulsivo, attraverso le nostre dipendenze e la nostra "presunzione" – tutto pur di evitare di sentire o persino di riconoscere quel profondo nucleo di vergogna che è dentro di noi. Spesso scopro che persone all'apparenza molto in gamba, organizzate e che hanno tutto sotto controllo, sono in realtà quelle che portano le ferite più profonde causate dalla vergogna. È doloroso, ma nel contempo è anche un'incredibile benedizione quando riusciamo finalmente a vedere oltre tutte le compensazioni e a guardare direttamente alla nostra vergogna. Per me è stato come tornare finalmente con i piedi per terra e dare una vigorosa svolta alla mia visione del mondo. Mi sono reso conto che credere in un mondo fatto di "vincitori" e "vinti" porta a un modo di vivere stressante e violento.

Raggiungere in profondità la mia vergogna mi ha aiutato a sentire il dolore che gli altri provavano a causa della propria. Mi ha addolcito e ha fatto di me una persona con la quale è più facile stare insieme. E mi ha anche reso più facile stare con me stesso.

Lo stato di abbattimento

Quando ci vergogniamo, qualcosa nel nostro nucleo comincia a restringersi e perdiamo il contatto con noi stessi. Smettiamo di avere fiducia nei nostri sentimenti, nelle nostre percezioni e nella nostra energia. Invece di fluire in modo autentico e spontaneo, diventiamo timidi, confusi, repressi e insicuri. Siamo tenuti sotto scacco continuamente da vocine che ci criticano, ci condannano e che ci portano a sabotare qualsiasi sforzo compiuto per uscire dalla nostra bolla di vergogna. Qualsiasi cosa facciamo, non va mai bene abbastanza. Spesso nelle relazioni non riusciamo né a sentirci noi stessi né a esprimerci. Non ci sentiamo attraenti né desiderabili e ogni rifiuto o critica conferma soltanto quello che già crediamo – ovvero che non valiamo niente. Paragoniamo costantemente noi stessi agli altri e ci sentiamo sempre inferiori. I nodi che ci portiamo dentro diventano sempre più stretti. Alla fine, la nostra energia semplicemente crolla e non trova più il modo di uscire. Possiamo sentirci così male da non avere neppure più la voglia di alzarci dal letto. Ricordo che quando cominciai a riconoscere la vergogna, mi resi conto di essere giunto al punto di credere che la vergogna era proprio ciò che dovevo sentire. Ero così abituato a sentirmi umiliato che arrivai ad aspettarmelo, e persino a vedermi come qualcuno che merita umiliazione.

Una persona collassata a causa della vergogna spesso è scesa a compromessi per così tanto tempo e così abitualmente da non riuscire più a immaginare per se stessa una condizione di rispetto e di dignità. La nostra identità finisce in pezzi – questo è proprio ciò che siamo! A rendere le cose peggiori, la vergogna ingenera altra vergogna. E quando questa ci vincola, facilmente possiamo scivolare nel ruolo di buffone o di mendicante. Mio fratello era solito chiamarmi "la grande fonte di disinformazione" perché, nel tentativo di impressionare la gente con la mia conoscenza, di solito parlavo di cose di cui non sapevo assolutamente nulla o, nel migliore dei casi, facevo una gran confusione. Andiamo a cercare le persone che ci fanno sentire inferiori e tentiamo di attirare la loro attenzione. Così ci ritroviamo a fare stupidi e umilianti commenti; la persona ci rifiuta e alla fine ci vergogniamo ancora di più. È una spirale dolorosa che ci trascina sempre più in basso e che finisce per perpetuare la nostra bassa autostima. Rammento che con certe persone mi sono umiliato un numero infinito di volte. Mi detestavo per questo, ma pare che non riuscissi a controllarlo in alcun modo. Con certe persone, mi sentivo intrappolato in un ciclo di umiliazione e rifiuto. Tutti gli sforzi per apparire "figo" non hanno mai funzionato.

Le voci della vergogna

La vergogna ci porta a crearci delle forti convinzioni negative su noi stessi e sulla vita; possono diventare così ferme, che nessuno può convincerci del contrario. Alcune delle più comuni convinzioni negative generate dalla vergogna possono essere:

"Non mi posso fidare di nessuno".
"Non sono attraente."
"Sono noioso."
"Sono troppo."
"Nessuno potrebbe mai amarmi se solo sapesse che..."
"Qualunque cosa decido di fare, non ci riuscirò."
"Devo essere il migliore in qualsiasi cosa faccia."
"Se mi apro, verrò ferito."
"Non potrò mai avere quello di cui ho bisogno perché non me lo merito."
"Sono troppo bisognoso."
"Nessuno mi capirà mai."

Queste convinzioni negative si autoalimentano. Sono così radicate nella struttura del nostro pensiero che viviamo la nostra vita come se fossero reali. Inconsciamente diffondiamo queste nostre convinzioni negative e la gente reagisce di conseguenza. Se siamo convinti di essere persone non degne di amore, è come se portassimo addosso un cartello che dice "respingetemi". Ci sono quindi buone probabilità che ciò si verifichi. Non vediamo che è la nostra vergogna a influenzare la gente. Crediamo che tutto questo sia la verità di chi siamo in realtà. Le convinzioni negative creano intorno a noi un'aura di sfiducia, crollo emotivo e negatività. E così si va avanti di anno in anno, da una relazione all'altra.

Accettare la vergogna

La vergogna è paralizzante. Quando governa la nostra vita, viviamo in uno stato di compensazione, oppure di abbattimento. In entrambi i casi, non riusciamo a tornare a casa. Se non riconosciamo, accettiamo e lavoriamo con la nostra vergogna, o perdiamo la speranza o ci sfiniamo nel tentativo di provare il nostro valore, rimanendo intrappolati nella giungla. Ma una volta che iniziamo il processo di guarigione, cominciamo a capire che la vergogna è una concezione erronea di noi stessi, una falsa identità basata sul condizionamento negativo. È un senso del Sé fasullo. Appena riusciamo a scoprire la menzogna e cominciamo a ri-vivere noi stessi in modo naturale e amorevole, la nostra visione del mondo cambia. Non consiste più nel tentare di esaudire aspettative impossibili e cercare a tutti i costi approvazione. Ma sta nel rilassarsi e apprezzare tutto ciò che è sempre stato lì.

Quando cominciai a venire a contatto con la vergogna, mi fu d'aiuto riconoscerla quando si manifestava – nella mia energia, nei miei pensieri e nel mio comportamento. Riconoscevo i "pensieri di vergogna" e notavo come faceva calare il mio livello di energia. Per esempio, a volte, quando facevo jogging, un pensiero di vergogna mi entrava in testa e immediatamente perdevo la voglia di continuare. Ho anche notato quanto spesso il mio comportamento veniva guidato dalla vergogna, come quando facevo domande solo per attirare l'attenzione o per vantarmi. Ho cominciato a riconoscere alcune cause scatenanti che prevedibilmente la facevano saltar fuori, come stare con qualcuno con cui mi sentivo inferiore o impotente. Per esempio, qualcuno ci dice qualcosa e noi ce ne andiamo via sentendoci malissimo. Facciamo visita alla famiglia (questa è una comunissima causa scatenante di vergogna) e, dopo pochi attimi, cominciamo a domandarci perfino se abbiamo una vita.

Sono sempre stato troppo vincolato dalla vergogna per reagire e dire qualcosa in mia difesa nelle situazioni dove chiaramente avrei dovuto porre un limite. Invece di farlo, lasciavo correre. Anche se dentro di me c'era la piccola eco di una vocina che diceva: "Aspetta un minuto, questo non mi sembra giusto", in certe situazioni ero troppo scioccato e dissociato per essere in grado di rispondere in modo appropriato. Era più facile minimizzare, pensare che il problema fosse mio o scusare l'altra persona. E allora il risentimento si esacerbava dentro di me e la mia già bassa autostima andava perfino peggiorando. Quando ero nelle vicinanze di qualcuno che mi intimidiva, potevo diventare ossequioso, mi prendeva quella sensazione che ti soffoca la voce in gola e balbettavo nel tentativo di dire qualcosa che finiva per essere sempre una stupidaggine o un'osservazione irrilevante.

I primissimi passi da fare per guarire la ferita della vergogna sono cominciare a comprenderla, a divenirne consapevoli e ad accettarla. È solo una parte di noi, quella che è stata umiliata dalla vergogna, che ha un passato doloroso, che ha sviluppato un senso del Sé danneggiato e ha dimenticato cosa siamo veramente. Il viaggio attraverso la vergogna por-

ta profondità e compassione alla nostra anima. Quando riconosciamo e sentiamo la nostra vergogna, ci risulta più facile
vedere e sentire anche quella degli altri. Quando ci siamo resi conto di ciò che abbiamo passato, possiamo entrare in sintonia con le ferite di un'altra persona in modo totalmente nuovo. Una volta ero dal parrucchiere per tagliarmi i capelli e osservai una donna, che aveva appena finito con l'acconciatu-
ra, lasciare il negozio. Vidi dal modo in cui si guardava allo
specchio e andava via che non aveva una buona opinione di
se stessa. Mi sono venute in mente tutte quelle persone che
vivono nella vergogna e non riescono a vedere attraverso le
sue menzogne.

Esercizio: esplorare la vergogna

La sensazione di vergogna

La prossima volta che ti senti giù, depresso, autocritico,
prenditi un momento per percepire le sensazioni che il tuo
corpo trasmette:

Come vivi quest'esperienza di vergogna in realtà?
Come vivi la tua energia?
Quale genere di pensieri ti attraversa la mente?
Qual è il tuo atteggiamento nella vita in questo momento?

Cause scatenanti la vergogna

Nota in particolar modo ciò che ti fa sentire male, che ti
fa sentire giù e autocritico:

È stato qualcosa che qualcuno ha detto?
È stato qualcosa che hai fatto tu che ti fa sentire colpevo-
le o inadeguato?
Ti sei sentito rifiutato da qualcuno?
Qualcosa non è andato nel modo in cui ti aspettavi?

Il tuo passato di vergogna

Riguardando la tua vita:

Riesci a ricordare precise occasioni in cui ti sei sentito
umiliato?

Esiste qualcuno di importante nel tuo passato che ti ha criticato frequentemente?

Esiste qualcuno di importante nel tuo passato con il quale ti mettevi a confronto?

Esiste qualcuno di importante nel tuo passato che ha abusato fisicamente di te?

In che modo la tua energia vitale (sesso, rabbia, gioia, tristezza o creatività) è stata repressa?

Qual era l'atteggiamento di tuo padre e di tua madre nei confronti della vita? Nei confronti del sesso? Della rabbia? Della passione? Della gioia?

Capitolo 4

Lo shock
La forma congelata della paura

Non riesco a ricordare quando mi sono imbattuto nello shock per la prima volta, ma averlo conosciuto ha cambiato la mia vita. La profonda lacerazione che sentivo dentro diventava sempre più evidente, una parte di me era funzionante al massimo livello, intensa, concentrata, motivata e competente mentre l'altra era congelata, paralizzata, alienata ed emotivamente distrutta. E queste due parti non erano affatto in buoni rapporti l'una con l'altra. La parte di me che era motivata risultava impaziente e critica nei confronti dell'altra che era terrorizzata e congelata. La mia parte congelata non aveva fiducia nella parte motivata. Naturalmente, proiettavo questa mia lacerazione sugli altri. Se io ero quello motivato, giudicavo tutti quelli che sapevo essere congelati come pigri o condiscendenti. Quando qualcuno mi terrorizzava, lo giudicavo rigido, insensibile e non in contatto con la realtà.

Prima di sapere dello shock, pensavo che ci fosse qualcosa di sbagliato in me quando mi sentivo congelare. Pensavo di essere fondamentalmente difettoso – ero un codardo, incapace di affermare il mio potere in situazioni difficili, non ero in grado di gestire nessun tipo di pressione, né di affrontare qualcuno che fosse arrabbiato con me. Ora so che quello shock è piuttosto comune. La vergogna e la sua discendenza, il giudizio, hanno un effetto storpiante sulla nostra vitalità e sulla nostra autostima. La vergogna ha a che fare con ciò che pensiamo e sentiamo riguardo a noi stessi: le nostre convinzioni, il nostro comportamento e il modo in cui ci esprimiamo. Ma lo shock colpisce così profondamente la nostra psiche da influenzare anche la nostra fisiologia – il modo in cui il nostro corpo reagisce agli stimoli esterni. Indubbiamente, anche la vergogna influenza la nostra energia, ma lo shock sembra raggiungere il nostro nucleo più profondo.

I sintomi dello shock

Quando siamo in stato di shock spesso non riusciamo a pensare, a sentire, a muoverci o a parlare.

Quando si manifesta, la maggior parte di noi preferirebbe essere in grado di agire normalmente, ma lo shock è molto più potente del nostro desiderio che non ci sia. Non c'è altro da fare se non stare con lo shock. Vorremmo essere centrati, forti, presenti, avere un certo contegno, essere calmi e compassati, ma non lo siamo. E più ci giudichiamo per non essere in grado di reagire come vorremmo, più entriamo in stato di shock. Ora riconosco che molte situazioni che mi hanno causato moltissimo dolore nel passato, tra cui alcune me ne causano ancora, erano quelle in cui mi trovavo in stato di shock senza saperlo. La mia ansia da prestazione era un sintomo di shock. Mi sentivo soffocare durante gli esami, mi irrigidivo durante le partite di tennis, eiaculavo troppo velocemente, mi sentivo congelare o avevo i sudori freddi ogni volta che ero sotto pressione o quando si avevano aspettative su di me, un'ansia costante di fondo, una tensione al plesso solare – tutti sintomi di shock. In queste situazioni, avevo la sensazione che il corpo mi stesse tradendo.

I sintomi dello shock variano da persona a persona. Ma c'è sicuramente un elenco di sintomi comuni – confusione, alienazione, incapacità di ricordare, pulsazioni rapide, sudorazione, sensazione di non riuscire a concludere niente, paralisi, incapacità di parlare, costrizione toracica, difficoltà di respiro, sudori freddi, palmi delle mani sudati, oppure un opprimente senso di terrore o di sciagura. Attacchi di panico o fobie sono anch'essi sintomi. A volte è possibile individuare l'origine del nostro shock, ma spesso rimane un mistero.

Per quanto lo shock sia invalidante e devastante, esso ha comunque un suo valore, particolarmente per la ricerca spirituale. Lo shock è una sveglia. Quando ho cominciato a riconoscere quanto spesso e per quanto tempo mi sono trovato, e mi trovo ancora, in stato di shock, sono anche divenuto più consapevole di quanto io sia sensibile, di quanto tutti noi lo siamo.

Lo shock porta l'attenzione sull'incredibile sensibilità della nostra anima, la focalizza su tutta l'inconsapevolezza intorno e dentro di noi. Ci tira fuori dal nostro mondo protet-

to, chiuso e isolato, e ci costringe a vivere più consapevolmente. Ci risveglia alla sensibilità primitiva della vita e ci allontana da quelle parti di noi divenute automatiche, condizionate e inconsapevoli. Lo shock risveglia la nostra vulnerabilità.

Le origini dello shock

Siamo venuti al mondo in uno stato di squisita sensibilità, con un'innocenza e un'apertura che possiamo non essere in grado di concepire. Quella sensibilità ha incontrato energie spesso così rudi e caustiche da provocarci una reazione di shock. Ora, per comprendere lo shock, dobbiamo metterci nei panni di un bambino che, con la più pura innocenza, ricettività, apertura e fiducia, guarda un mondo poco familiare e del tutto sconosciuto. In questo stato di pura apertura abbiamo fatto la conoscenza del mondo. Abbiamo raccolto tutte le vibrazioni del nostro ambiente. Di tutto quello che c'era – forse la tensione di nostra madre, la rabbia repressa o espressa di nostro padre, i nostri genitori che si urlavano addosso – abbiamo percepito questo insieme di sensazioni che ci hanno trascinato sempre più profondamente nello shock. Può essere stato un evento palese, come un abuso fisico o sessuale. Ma in questo stato iniziale di purezza, siamo così ricettivi che anche la più sottile negatività colpisce il nostro essere con una forza inaudita.

Penso di essere stato sotto shock già appena nato. Non riuscivo a digerire il latte di mia madre – stavo quasi per morire di denutrizione. Danno un nome bizzarro a questo disturbo: sindrome di malassorbimento neonatale. Io credo che in realtà stessi dicendo: "Che ci faccio qui? Voglio tornare dov'ero prima, al caldo e al sicuro!". Come se entrare in un corpo non fosse già abbastanza scioccante, aggiungete a questo anche lo shock di uscire da un grembo in una stanza troppo illuminata con qualche dottore che ti sculaccia. In questo stato d'innocenza non abbiamo la capacità di comprendere o accettare un'energia così rude. Ognuno di noi incontra quest'energia in modi differenti, a seconda del tipo di risorse che possiamo aver portato con noi. La società in cui viviamo, non importa dove ci troviamo, non è incline alla sensibilità. Impariamo a nascondere la nostra sensibilità nello stesso modo in cui impariamo a cavarcela nella vita. Ci induriamo nei confronti del bambino interiore, che ne ha passate di tutti i colori per adeguarsi. Quando recuperiamo la nostra sensibilità originale, riscopriamo anche il nostro shock.

Non è sempre possibile, né necessario, sapere perché entriamo in shock. Ciò che è veramente importante è convalidare l'esperienza e riconoscere che non è stata causata da una nostra mancanza, ma da qualche trauma molto specifico e molto reale del nostro passato. Qualche energia nel presente – rabbia, pressione o rifiuto, per esempio – sta scatenando una reazione interiore, basata su un'esperienza del passato con un'energia di tipo simile.

I fattori scatenanti dello shock

In base alla mia esperienza di lavoro sullo shock, ho scoperto che sono molte le sue possibili cause e ognuno di noi può averne sperimentata più di una. Quando, nella nostra vita di oggi, ci ritroviamo a tu per tu con una di queste – con lo stesso tipo di energia che ha provocato il nostro stato di shock originale – riviviamo la medesima esperienza di shock. Questo è ciò che chiamiamo fattori scatenanti dello shock.

1. Violenza esplicita o nascosta

Può essere rabbia, ostilità, giudizio o condanna. Può accadere tutte le volte che ci sentiamo abusati, usati o trattati ingiustamente, oppure ogni volta che ci sentiamo invasi o violati. Non è neanche necessario che la violenza sia espressa. Ci basta sentirla per entrare in stato di shock. Molti di noi, nell'infanzia, sono stati esposti ad alcune forme di rabbia, espressa o inespressa. Può avere avuto un'origine qualsiasi – genitori, fratelli, insegnanti, compagni di classe –, ma fino a quando non cominciamo a scoprire veramente il nostro condizionamento, rimaniamo inconsapevoli di tutta la rabbia nella quale ci siamo imbattuti. È violenza anche quando qualcuno tenta di imporre su di noi le proprie idee, la propria moralità e opinione, in particolar modo quando siamo in una posizione tale in cui sentiamo che l'altra persona esercita qualche sorta di potere su di noi. Quando eravamo bambini, a molti di noi è stato detto cosa pensare, che cosa sentire e come comportarsi e oggi, se abbiamo subìto questo tipo di trauma nel nostro passato, possiamo essere facilmente influenzati da qualcuno che trasuda sicurezza e forza. Ammetto che per me questo è sempre stato un fattore scatenante di shock. Proprio a causa della mia vergogna e di questo shock, quando ero in presenza di qualcuno del genere, ero portato facilmente a mettere in dubbio persino i miei pensieri, il mio comportamento e i miei sentimenti.

2. Pressione e aspettative

Le ho provate, e ancora le provo, in ogni tipo di contesto competitivo. Se solo avessi saputo prima dello shock, avrei potuto risparmiarmi un sacco di angoscia nel sentirmi sempre un *fallito*. Molti di noi hanno interiorizzato tutta la pressione e le aspettative che hanno ricevuto in modo esplicito o meno nel passato e, ora, non hanno più neppure bisogno di qualcuno che dall'esterno si imponga su di loro. Abbiamo la pentola a pressione che ci siamo costruiti da soli (e non ci sono cibi macrobiotici o organici, tanto meno vitamine o studi sull'astrologia che ce ne libereranno). Messo a confronto con la società altamente competitiva e patriarcale nella quale molti di noi sono cresciuti, il nostro bambino interiore probabilmente è andato in shock anche solo all'idea di avere a che fare con un mondo del genere.

3. Rifiuto, grave perdita o abbandono

Molti di noi possono non essere consapevoli delle origini della propria ferita di abbandono o, magari, non ricordarle; mi occuperò della questione dell'abbandono più approfonditamente nel prossimo capitolo. Gli addii sono già abbastanza dolorosi, ma quando entrano in combinazione con una sensazione di rifiuto, possono facilmente provocare uno stato di shock. L'esperienza di una perdita che passi attraverso la morte di una persona cara, o la fine di una relazione intima, apre uno spazio interiore dentro al quale cogliamo l'essenza profonda del dolore del nostro bambino ferito. Questo ci porta di fronte non solo alle nostre ferite, ma anche a un senso di vuoto nel nostro essere che è alla radice della nostra anima.

4. Riprovazione o critica

In realtà questa è una forma di violenza verbale. Molti di noi sono così abituati a vivere con la paura e con l'esperienza di condanna che le danno per scontate. Non ci rendiamo conto di quanto profondamente ci causino stati di shock. La maggior parte del nostro comportamento è orientato a evitare le critiche o a reagire a esse. Ora, il trauma delle critiche, della riprovazione e delle alte aspettative ci ha raggiunto nell'intimo ed è stato incorporato in una severa critica interiore. Quando siamo messi di fronte alla minaccia del fallimento e della ricezione di critiche, entriamo in un profondo stato di shock, diventiamo disfunzionali e sabotiamo noi stessi. Allora il fallimento e la critica (dall'interno o dall'esterno), che abbiamo tanto temuto, diventano una profezia che si conferma da sola.

5. Messaggi confusi

Per esempio, ci viene detto che dovremmo fare tutto ciò che sentiamo essere la cosa migliore per noi – ma tra le righe il messaggio è che dobbiamo fare quello che ci si aspetta da noi. Messaggi confusi come questi ci mandano in profondo stato di shock perché non riusciamo a trovare la giusta direzione da prendere. E smettiamo di aver fiducia nei nostri sentimenti e sensazioni. Il bambino comincia a vedere il mondo esterno come un posto confuso e pericoloso, nel quale niente ha senso né dentro né fuori di noi.

6. Comportamento imprevedibile, irrazionale o isterico

Qualche anno fa, ebbi una relazione con una persona che diventava isterica e offensiva quando era arrabbiata o turbata. Allora non avevo cognizioni sufficienti sul bambino interiore per capire da dove venisse questo comportamento, o in che modo io lo provocassi. Tutto quello che sapevo era che dovevo allontanarmene. Mi sembrava di impazzire. Non riuscivo a risolvere la situazione, nulla di ciò che lei diceva sembrava avere un senso e nulla di ciò che dicevo io faceva alcuna differenza. Era un incubo e io mi sentivo paralizzato. Molti partecipanti ai nostri seminari hanno condiviso esperienze simili, vissute nell'infanzia, quando uno dei genitori aveva la tendenza a manifestare reazioni isteriche o irrazionali nei loro confronti. Se uno o entrambi i genitori erano alcolizzati, facevano uso di droghe o erano altamente emotivi e imprevedibili, noi siamo andati in stato di shock perché sentivamo di non poter contare su alcun comportamento minimamente coerente da parte loro. Perdiamo così il nostro bisogno basilare di sicurezza e tranquillità e il nostro mondo crolla.

Gli effetti dello shock – le cause della disfunzione

Lo shock può influenzare ognuno nei nostri centri energetici e causare disfunzioni nel relativo ambito specifico della nostra vita. Per esempio, c'è lo *shock sessuale*, che intacca profondamente la capacità di sentire la nostra sessualità e aprirci a essa. I traumi risalenti all'infanzia, specialmente gli abusi sessuali, sono spesso nascosti in profondità nel nostro inconscio e possono infonderci una paura tremenda ogni volta che ci confrontiamo con una situazione sessuale. Nel nostro lavoro, abbiamo riscontrato che questo tipo di shock è quasi universale e si manifesta in modo differente in ciascuno di noi. Possiamo riscontrare disfunzioni sessuali anche senza aver subìto un trauma sessuale, può capitare che il nostro shock semplicemente si manifesti in quell'ambito specifico. L'ansia da prestazione, i problemi legati all'orgasmo, alla penetrazione, all'eiaculazione precoce e all'impotenza, sono esempi di shock che si manifesta nel primo centro energetico – il centro della sessualità.

Lo shock può rivelarsi anche riempiendoci di profonde *paure legate alla sopravvivenza*, di pensieri ossessivi e di inibizione nel nostro comportamento. Un bambino, il cui ambiente infantile è colmo di paura per la sopravvivenza, verrà infettato da questa paura che dominerà la sua vita da adulto, anche quando non ce ne sarà più ragione.

Lo *shock da abbandono* può manifestarsi come una disfunzione nel secondo centro. La paura del rifiuto o dell'abbandono che proviene dalle nostre prime esperienze di vita, quando siamo stati emotivamente o fisicamente abbandonati, fa sì che troviamo molto difficile provare emozioni o aprirci e condividere le nostre sensazioni. Ci ritiriamo nel nostro mondo perché abbiamo troppa paura di correre il rischio di sentire nuovamente quel dolore primitivo causato dal rifiuto. Di nuovo, questo comportamento è spesso inconscio e non colleghiamo la difficoltà di sentire le emozioni con lo shock legato all'abbandono. È necessaria una comprensione dello shock per rendersi conto che l'isolamento non è il nostro stato naturale.

Lo *shock del plesso solare* inficia la capacità di sentire ed esprimere la rabbia e l'autoaffermazione. Questa reazione può scaturire da qualche forma di violenza fisica o emozionale, esplicita o implicita che abbiamo subìto nei primi anni di vita. Ora, il farsi valere può diventare un'impresa terrificante e paralizzante. Quando veniamo sioccati nel nostro plesso solare, abbiamo bisogno di pazienza e perseveranza immense per superare la paura di sentire e per esprimere noi stessi in maniera assertiva. Quando cominciai a lavorare su questo aspetto del mio shock e iniziai a correre piccoli rischi ponendo dei limiti nel tentativo di farmi valere, tutto il corpo mi tremava quando dovevo confrontarmi con qualcuno che mi spaventava. Una versione più profonda di shock del plesso solare consiste nella difficoltà di percepire la propria unicità e senso del Sé.

Lo shock può manifestarsi nel nostro *centro della gola* attraverso difficoltà nell'esprimere la nostra creatività e noi stessi in modo chiaro. Abbiamo la sensazione che le parole e l'energia ci rimangano effettivamente bloccate in gola. Forse da bambini non siamo stati sostenuti e, quando abbiamo tentato di esprimerci, siamo stati criticati, umiliati e trattati con sufficienza. Ora, di fronte alla sfida di esprimerci, semplicemente andiamo in shock.

Se ci guardassimo allo specchio in questo momento potremmo individuare, specialmente nell'occhio sinistro, la prova dello shock. Potremmo accorgerci di una specie di sguardo fisso nel vuoto. I nostri occhi sono spesso la prova più evidente dello shock, perfino se abbiamo fatto in modo di nasconderlo e coprirlo con tutte le protezioni possibili e le difese che abbiamo costruito. Possiamo persino vedere lo shock negli occhi di una persona che sembra essere perfettamente "funzionante" nella maggior parte degli ambiti della propria vita. Lo shock può essere arrivato così presto ed essere stato così devastante che spesso non riusciamo a trovare più alcuna connessione che ci permetta di comprenderlo. È sepolto profondamente nell'inconscio. Ma appena ne diventiamo consapevoli, imparando a riconoscere come si manifesta attraverso il corpo e il nostro comportamento, diventiamo più sensibili nei suoi confronti e verso noi stessi.

Rammento un incidente accaduto qualche anno fa. A quel tempo, stavo muovendo soltanto i primi passi nella comprensione del mio shock. Alcuni miei conoscenti, che vivevano nella mia stessa comune in India, tenevano regolarmente una riunione di sera a casa loro. Proprio perché erano loro a organizzare, quello era considerato il posto "in" dove andare la notte. Sebbene fossi in qualche modo intimidito da quelle persone, volevo esserci anch'io. Una di quelle sere, i padroni di casa scelsero me come oggetto di una "giocosa" sessione di provocazioni. Stetti al gioco ma, quando me ne andai, mi sentivo come se mi avessero violentato. Mi giudicai per non aver reagito e per non aver difeso la mia dignità. Ora mi rendo conto che mi trovavo totalmente in stato di shock e in quelle condizioni non ti esce una parola, figuriamoci quelle giuste. A dire il vero, ero in qualche modo già in stato di shock prima ancora di andare, perché non mi sentivo a mio agio con quel gruppo di persone, ma non avevo abbastanza fiducia in me stesso per legittimare i miei sentimenti. Vergognarsi è causa di shock e lo shock porta verso una vergogna maggiore: diventa un circolo vizioso.

Compensare lo shock

Potremmo aver imparato a compensare lo shock in molti degli stessi modi con cui compensiamo la vergogna. Possiamo riconoscere i nostri sistemi per compensare, notando in che modo evitiamo di sentire il panico interiore. Spesso lo facciamo accelerando le nostre azioni, arrabbiandoci, astraendoci o ritirandoci in noi stessi. Proprio come accade per la vergogna, non sempre è facile entrare in contatto con lo shock, perché la maggior parte di noi compensa da tutta una vita senza esserne consapevole. Senza sapere che la paura e l'ansia che proviamo dentro ci segnalano che la nostra vulnerabilità è in stato di shock. Penso che l'intera cultura occidentale stia adottando una massiccia compensazione dello shock. La compensazione è ovunque. La pressione e la prestazione sembrano essere i valori dominanti della nostra cultura e la violenza con cui la gente entra in relazione con gli altri è inconsapevole e onnipresente. Ci basta leggere un giornale o ascoltare il discorso di un politico. Una volta che ci siamo risvegliati al mondo della nostra sensibilità e vulnerabilità, possiamo cominciare a vedere tutto ciò che dobbiamo sopportare tutto il tempo.

In quale modo lo shock ci allontana dal nostro centro

Lo shock ci distacca da noi stessi. Il dolore è così grande da spingerci ad abbandonare il corpo e a perdere il contatto con la nostra energia. Come risultato otteniamo di non trovarci più nel nostro centro e nella nostra energia e, quando questo accade, sentiamo come un buco dentro. Non ci sentiamo a nostro agio, così tentiamo di riempire il buco con qualche cosa che proviene dall'esterno. Questo fa di noi dei co-dipendenti – da altre persone, sostanze, attività, immagine, potere e sesso – da qualsiasi cosa, purché ci aiuti a non sentire il profondo panico interiore.

Inoltre, quando siamo in preda alla vergogna e allo shock non riusciamo a comunicare o a esprimerci chiaramente. Quando questo accade, ci perdiamo nell'altra persona, non sappiamo più chi siamo, cosa vogliamo, o come ci sentiamo. Abbiamo la sensazione che senza l'altro saremmo perduti. Crediamo che ci manchino le risorse per trovare noi stessi. Le nostre relazioni diventano un pasticcio emozionale, con una graduale perdita di confini e di identità, e allora cerchiamo di compensare interrompendo la comunicazione, esigendo più spazio o richiedendo più energia dall'altro. Scarichiamo la colpa dei problemi sulla relazione o sull'altra persona. Il solo modo per tirarsi fuori da questo incubo è cominciare a curare lo shock – riconoscendolo, sentendolo e convivendoci.

Il dono della compassione per noi stessi

Non c'è modo di dissuaderci una volta che lo shock è stato scatenato. Molti di noi hanno vissuto la frustrazione di vedere la propria energia e il proprio rendimento calare, hanno guardato se stessi sabotarsi, ma non sono stati in grado di fare niente al riguardo. È doloroso. Se tentiamo di perseguire qualcosa e andiamo in shock, da quel momento in poi tutto sembra andare di male in peggio. Il minimo accenno di pressione, che provenga da noi stessi o dall'esterno, ci trascina sempre più in fondo allo shock.

Nelle relazioni, di solito una delle due persone è più scioccata dell'altra o, per lo meno, è sotto shock in un maggiore numero di ambiti. Se, per esempio, lo shock si manifesta nella sessualità o nella comunicazione, la persona scioccata normalmente si chiuderà in se stessa spesso senza neppure saperne il perché. L'altra persona allora si sentirà abbandonata e potrà divenire impaziente e arrabbiarsi. Si tratta di paura di fronte ad altra paura, ma vissuta ed espressa in maniera differente. Questo non fa altro che accrescere lo shock dell'altra persona. Questo tipo di spirale verso il basso può verificarsi in qualsiasi situazione nella quale una persona vuole ricevere qualche tipo di energia dall'altra. Se non conosciamo lo shock e non cominciamo a convalidarlo e a lavorarci in pratica, questo può portarci soltanto verso una maggiore incomprensione e distanza.

Divenendo consapevole dello shock e rimanendo sensibile alla sensazione che mi trasmette quando si manifesta, ho imparato a riconoscere quando sono in stato di shock. Non sempre me ne accorgo subito, perché può capitare improvvisamente e inaspettatamente, ma ora so cosa si sente e so che quella sensazione è shock. Quando mi colpisce non posso fare altro che starci, accettarlo, sentirlo e dare un'occhiata a ciò che l'ha scatenato.

Esercizi: entrare nello shock

Lavorando con lo shock mettiamo a fuoco due punti.

1. Lo shock nella nostra vita odierna

In che modo lo shock affligge la tua vita odierna e quali sono i tuoi sintomi unici e peculiari?

Che cosa scatena il tuo shock?

Quali giudizi hai verso te stesso rispetto al tuo essere in stato di shock?

Come compensi lo shock?

Vi suggeriamo, come esercizio, di stilare una lista dei vostri personali sintomi di shock e di scoprirne i fattori scatenanti. Osservate i modi in cui tentate normalmente di evitare di sentire lo shock e notate qualsiasi giudizio abbiate sul vostro essere in stato di shock.

2. Lo shock nel passato

Andare a dipanare la storia del nostro shock dà luogo a un'enorme compassione. Ma si tratta di un processo delicato che richiede dolcezza e pazienza; potrebbe farvi sentire più al sicuro se affrontato sotto la guida di persone che hanno esperienza in questo ambito. Esplorando la vostra storia, potete immaginare di tornare indietro all'ambiente della vostra infanzia, ma con la consapevolezza, le risorse, la forza e la comprensione di un adulto. Quindi potete chiedervi:

Cosa è stato scioccante per te nell'ambiente dell'infanzia?

Cosa è stato scioccante per te riguardo a tua madre o tuo padre?

Quali circostanze possono averti scioccato nell'ambiente della scuola primaria?

Quale messaggio hai ricevuto su cosa ci si aspettava da te?

Molte persone, lavorando con lo shock, cominciano ad avere ricordi e sogni di abusi sessuali e fisici – ricordi che avevano rimosso dalla coscienza. Molte delle nostre esperienze dell'infanzia, le più dolorose e traumatiche, non sono più accessibili alla nostra memoria e dobbiamo lavorarci molto lentamente, in un contesto sicuro che ci sostenga.

Capitolo 5

La ferita da abbandono
Dalla rabbia e dal dolore verso il lasciar andare
e la beatitudine

A volte chiediamo ai partecipanti dei nostri seminari di condividere le paure più grandi che provano nell'aprirsi a qualcuno. Per la maggior parte della gente si tratta della paura di essere rifiutati. Desideriamo così tanto aprirci – a un'altra persona, alla vita – ma temiamo che se dovessimo farlo verremmo feriti. Ci siamo protetti per evitarlo e ora, quando riapriamo la nostra vulnerabilità, non vogliamo essere feriti nuovamente. Non vogliamo essere costretti a sentire di nuovo quel dolore – il dolore di essere traditi, abbandonati, il dolore di non vedere soddisfatti i nostri bisogni fondamentali, il dolore di avere, ancora una volta, il cuore ferito.

Ecco il dilemma: desideriamo aprirci ma non vogliamo essere feriti. Sfortunatamente, l'esistenza non offre tali garanzie. Al contrario, se ci apriamo è molto probabile che, in qualche modo, ci sentiremo abbandonati, traditi e deprivati. Non importa quanto l'altra persona sia premurosa e presente, lui o lei non può in nessun modo riempire i vuoti che sentiamo dentro di noi. Nella vita e nell'amore, noi creiamo esperienze che riaprono in continuazione questa ferita, *perché dobbiamo attraversare il dolore, profondamente e completamente.* Esso sembra essere la porta della nostra profondità e di una profonda accettazione del nostro essere soli. Allo stesso tempo la prospettiva di attraversare il dolore è terrificante.

Le esperienze di abbandono ci aprono a uno spazio interiore

Riesco a ricordare chiaramente tutte le volte che nella mia vita ho sperimentato l'abbandono; ho il sospetto che la maggior parte di noi le ricordi. La mia prima volta fu dopo essermi laureato. Durante gli ultimi due anni del college ero stato con una donna e la nostra storia fu per me la prima relazione importante della mia vita. Prima di allora, non avevo la minima idea di quello che significasse diventare intimi con qualcuno. Lei ebbe la pazienza di insegnarmelo, ma credo di aver trascorso troppo tempo a preoccuparmi di mantenere la mia "libertà". Dopo il college, intraprendemmo strade separate – lei andò a studiare legge e io divenni un volontario nei Corpi nazionali di pace. In qualche modo sapevamo entrambi che la nostra storia era finita ma, quando ci separammo, io caddi in un buco nero. Non riuscivo a capire per quale motivo fosse accaduto e neppure cosa stesse succedendo realmente, all'infuori del fatto che mi sentivo completamente perso, solo e disperato. Questo aprì dentro di me uno spazio interiore che sembrava non avere niente a che fare con gli eventi della separazione, e nemmeno con la relazione. Mi ci volle un anno intero per rimettermi in piedi dal punto di vista emotivo, ma dopo quest'esperienza non ero più la stessa persona. Dentro di me era avvenuto un profondo mutamento. Fu come se, per la prima volta, fossi entrato a far parte della razza umana. Prima di allora, avevo vissuto in maniera meccanica, non provando niente e preoccupandomi troppo di riuscire nelle cose che facevo.

Anni dopo, quando ebbi un'altra esperienza simile, decisi di lavorare con un terapeuta. Scoprii sentimenti di privazione originati durante l'infanzia che la separazione dalla mia donna aveva scatenato. Questa esperienza mi mise anche in contatto con uno spazio interiore che non era psicologico. Era un vuoto nel mio plesso solare, nuovo e spaventoso. Mi svegliavo la mattina con la sensazione di non sapere chi fossi. Conoscevo e avevo già sperimentato nel passato esperienze di dissociazione e di depressione, ma questa era differente. Mi resi conto che stavo entrando in uno spazio che ogni ricercatore sul sentiero della verità deve attraversare, uno spazio in cui si percepisce il senso di vuoto.

Continuai a esplorare questo spazio, portandoci più accettazione e una maggiore apertura. Comprenderlo e collocarlo in un contesto spirituale mi permise di entrarci profondamente, creando così sempre più spazio interiore. Le sensazioni spiacevoli passarono, così come era già accaduto in precedenza, ma ancora qualcosa sembrò essere cambiato dentro di me. In primo luogo, le mie paure erano più in superficie e più facilmente provocabili e avevo anche molto più spazio per rimanere vulnerabile.

Abbandono e privazione – dosi differenti della stessa medicina

La vita ci porta a imbatterci nelle nostre ferite di abbandono e vuoto di continuo, che ci piaccia o meno. Possono arrivarci in piccole o grandi dosi e in modi diversi. Può capitare quando un partner ci lascia o quando una persona cara muore, ma può anche accadere quando una qualunque cosa che dava un senso alla nostra vita ora non lo fa più. Ci imbattiamo nella nostra ferita di abbandono anche quando non otteniamo quello che vogliamo, quello che ci aspettiamo o ciò di cui pensiamo di aver bisogno da parte di qualcuno. Questo è un incontro con l'abbandono meno ovvio e molto più frequente, e possiamo non renderci conto che ciò con cui stiamo venendo a contatto è proprio una ferita da abbandono.

Ogniqualvolta abbiamo queste esperienze, entriamo in un vuoto. È uno spazio interiore che è sempre stato lì, sebbene solitamente coperto da compensazioni e negazione. Quando alla fine questo spazio si apre, può essere frustrante, irritante, deludente e perfino devastante. I termini abbandono, privazione e vuoto sono tre modi attraverso i quali possiamo guardare alla stessa ferita – tre maniere differenti in cui questo buco interiore può essere aperto. Ognuno di questi aspetti dà alla nostra comprensione di questo processo una maggiore profondità.

L'abbandono

In qualche modo, durante la nostra infanzia abbiamo provato l'esperienza di essere stati fisicamente o emotivamente abbandonati. Quel dolore era così incontenibile che l'abbiamo sepolto nel profondo del nostro inconscio. Tutti i nostri meccanismi di sopravvivenza erano un tentativo di riprendersi da questa aggressione. Tuttavia, la guarigione non può avvenire finché non riportiamo a livello cosciente queste esperienze infantili. In qualche modo dobbiamo riaprire la ferita. E ciò avviene solitamente nelle nostre relazioni intime. Quando proviamo l'esperienza di perdere qualcuno o di essere rifiutati, abbiamo ricreato la nostra ferita di abbandono. Infatti, la paura di riprovare quel senso di abbandono è la ragione principale per cui evitiamo l'intimità. Invece di correre il rischio, manteniamo le nostre relazioni a un livello superficiale, drammatico o conflittuale. Inconsapevolmente, facciamo qualsiasi cosa per evitare di aprirci con fiducia ed essere costretti ad affrontare lo stesso senso di tradimento che abbiamo provato da bambini e che abbiamo rimosso. Per me è stata una sorpresa (e una rivelazione) scoprire che le mie strategie anti-dipendenti erano solo una copertura per nascondere questa profonda paura interiore.

L'abbandono provoca al nostro bambino interiore ferito (in altre parole, al primordiale, spesso inconscio, spazio interiore) la paura tremenda che nessuno si prenda cura di lui. Quando, per esempio, una persona che amiamo ci lascia o minaccia di farlo, oppure sospettiamo che lei/lui sia attratta/o da qualcun altro, veniamo a tu per tu con ricordi inconsci dell'abbandono che abbiamo sepolto. Per il bambino interiore, non è soltanto l'amato che può andarsene o se ne è realmente andato, è piuttosto come se la madre o il padre se ne fossero andati o fossero emotivamente non disponibili. Non è razionale. Ed è terrificante. Per il nostro bambino è spaventoso come non lo è mai stato (ricordate che il nostro bambino interiore è rimasto ancora al momento in cui si è verificata la ferita). La paura si manifesta nel corpo e può provocare malattie fisiche. Influenza i nostri sogni. Può portare tanti di quegli sconvolgimenti nella vita di tutti i giorni, da farci temere di non essere in grado di farcela. Quanto più siamo inconsapevoli dell'esperienza dell'abbandono, tanto più questa si manifesta con reazioni nel corpo.

Quando ci sentiamo respinti, dobbiamo anche affrontare tutta la vergogna causata dal senso di indegnità che quest'esperienza provoca. Entrambe le ferite ci colpiscono contemporaneamente, data la loro stretta correlazione. Ricordo quanto fossi tormentato durante le crisi da abbandono provate nel corso della mia vita. La mia mente si riempiva di qualsiasi giudizio fosse in grado di concepire e il mio corpo andava in panico. Quante volte abbiamo immaginato il/la nostro/a partner che faceva l'amore con qualcun altro/a, mettendo noi stessi in paragoni che ci vedevano perdenti in tutti i modi? Tutte le nostre insicurezze vengono a galla e siamo certi che ognuna di esse sia una verità incontrovertibile. Ogni volta che vediamo un/a nostro/a ex amante oppure vediamo il/la suo/a nuovo/a amante, diventa un incubo di vergogna. Talvolta possono volerci dei mesi perché i sintomi della paura e i giudizi della nostra mente si calmino.

Ma sono convinto che, a un livello più alto della nostra coscienza, in realtà creiamo delle crisi di abbandono per consentirci di andare più in profondità. Come cercatori di verità, l'esperienza dell'abbandono ci dà una prospettiva completamente nuova. Per il nostro bambino si tratta di abbandono, ma per il nostro ricercatore è l'entrata in un vuoto che tutti, prima o poi, dobbiamo affrontare. Affrontarlo può aprire uno spazio profondo di fiducia e dare inizio alla resa.

La privazione

La privazione è una forma di abbandono, ma in dosi ridotte. È una forma cronica del non ottenere ciò che vogliamo o che ci aspettiamo. Quando qualcuno non ci ascolta quando parliamo, o quando non ci viene concesso tempo, attenzione, sostegno o contatto, allora si tratta di privazione. Ognuno di noi ha la sua personale ferita da privazione, che dipende dal modo in cui, da bambino, ha provato l'esperienza di non ricevere ciò di cui aveva bisogno. Se vogliamo conoscere la storia della nostra privazione, dobbiamo soltanto chiederci cosa, nella nostra vita odierna, ci fa sentire traditi o privati dell'amore. La mia più grossa ferita da privazione consiste nel non sentirmi visto, rispettato e riconosciuto, o sentirmi controllato, manipolato invece che sostenuto. Posso collegare queste sensazioni direttamente ai primi anni della mia vita.

Noi creeremo di nuovo i nostri peculiari schemi di privazione in tutte le relazioni significative. I nostri amanti (e amici intimi) ci tratteranno, in un modo o nell'altro, in maniera molto simile a quella in cui siamo stati trattati da bambini. In un modo molto simile, ci depriveranno. "Come hanno potuto farmi questo?" diciamo. "Dopotutto dovrebbero amarci, non privarci dell'amore." Ma così come ci sentiamo obbligati a rimettere in scena il nostro abbandono, allo stesso modo ci comportiamo con la privazione. Il nostro amante può anche non averci lasciato ma, all'interno della relazione, rappresentiamo di nuovo la storia della nostra privazione. Se non lo riconosciamo, questo fatto può renderci furiosi, depressi o pazzi.

C'è una profonda lezione nascosta nelle esperienze di privazione. L'intimità implica continui incontri con la privazione. Nella sfida di una relazione di lunga durata volta all'impegno e all'approfondimento con chiunque, amico o amante, veniamo messi continuamente di fronte alla frustrazione di non ottenere ciò che vogliamo. Significa forse che l'altra persona non è "quella giusta" o che "ha bisogno di cambiare"? Può darsi ma, indipendentemente da chi sia la persona con cui stabiliamo una relazione profonda, prima o poi comunque ci sentiremo frustrati e delusi. Quando siamo nel bel mezzo della sensazione di essere stati deprivati, convinti che non stiamo ottenendo quello di cui abbiamo "bisogno", abbiamo solo due possibilità. Possiamo scegliere di chiudere la relazione, cosa che siamo sempre liberi di fare. Oppure, *possiamo scegliere di guardarci dentro e sentire la ferita da privazione/abbandono che è stata appena aperta.* Non è un'alternativa, invece, tentare di cambiare l'altra persona – questo fa in modo che l'altra persona s'allontani sempre di più e, cosa più importante, è una strategia per non sentire il proprio dolore e la propria frustrazione.

Rappresento questa scelta con un semplice disegno. Immaginate tre cerchi concentrici.

Nel cerchio più esterno, siamo focalizzati sull'altra persona e su tutto ciò che è esterno. Tentiamo di cambiarla, oppure usiamo qualche distrazione per scappare dalle nostre sensazioni. Il cerchio più esterno rappresenta i nostri tentativi per evitare di sentire, utilizzando meccanismi di fuga che includono le nostre strategie programmate: vendicarsi, essere passivamente aggressivi, abbandonare, controllare, sminuire, giudicare, incolpare, infuriarsi, minacciare, tagliar fuori, allontanare, fare la vittima, creare conflitti, arrendersi. Il cerchio più esterno rappresenta anche le nostre dipendenze e la nostra rassegnazione.

Nel cerchio centrale, ci imbattiamo nella ferita da abbandono. La nostra attenzione non è più diretta verso l'esterno e non tentiamo di manipolare le circostanze esterne o le persone per alleviare la nostra ansia. Abbiamo scelto di sentire e, scegliendo ciò, andiamo a sollecitare anche tutte le sensazioni associate a questa ferita – frustrazione, ansia e panico, senso di vuoto, solitudine, disperazione, impotenza, ferite e dolore – causate dalla separazione, persino il nostro risentimento nei confronti di Dio o dell'esistenza stessa. Nel cerchio esterno, siamo impegnati nello sforzo continuo di controllare o

Andare dentro o andare fuori

Rabbia, assuefazione, reazione,
strategie, rassegnazione

Fuoco sull'altro

Fuoco su se stessi

Vuoto, panico, oscurità,
disperazione, abbandono

cambiare il mondo in modo tale da non dover sentire il dolore. Dentro, lo accettiamo e lo sentiamo.

Infine, il centro del cerchio rappresenta ciò che accade una volta che ci arrendiamo alla ferita da abbandono e siamo disposti a sentire. Siamo ricompensati con profonde sensazioni di espansione, rilassamento, abbandono e persino di beatitudine. Non accade immediatamente e neppure secondo le nostre aspettative, ma accade.

Spesso è necessario che la vita ci infligga una notevole dose di ferite prima che noi compiamo finalmente la scelta di entrarci e di sentire. Quando, per esempio, la persona che amiamo ci frustra e non soddisfa le nostre aspettative, consce o inconsce che siano, possiamo aggrapparci alla speranza che lei o lui cambierà. Alterniamo momenti di speranza a momenti di disperazione. C'è ancora qualcuno su cui proiettare le nostre frustrazioni. Possiamo incolpare l'altra persona e alimentare l'illusione che con il tempo, qualcosa del nostro rapporto con lui/lei cambierà. Spesso con questo tipo di privazione non affrontiamo mai coscientemente il dolore. Se alla fine perdiamo la speranza di cambiare l'altra persona, ricominciamo da capo con un'altra e il gioco si ripete all'infinito.

Ma quando siamo colpiti da una grande dose di ferite, quando una persona amata ci rifiuta o muore, la vita ci sta dando un'esperienza in cui non possiamo più evitare di sentire quelle ferite. Siamo costretti a divenirne consapevoli. Non c'è via di fuga. La paura può quasi sopraffarci. Secondo la mia esperienza è la paura, non il dolore, a essere così dura da affrontare. Una volta che sono sopravvissuto alla paura, ho in qualche modo creato dentro di me lo spazio adeguato per sentire il dolore della perdita e la vergogna che ne consegue. Ma per superare la paura ho avuto bisogno di sostegno e di una guida.

Affrontare la privazione è sempre stata una delle mie più grosse sfide. Mi piace analizzare gli altri e dir loro cosa hanno di sbagliato, così che possano cambiare per me. La mia prima e quasi compulsiva reazione è quella di soverchiare le ragioni dell'altra persona, in particolare di Amana, e nella mia testa sono assolutamente convinto di aver ragione. È un po' come un cane che non vuole lasciare il suo osso. Fortunatamente, Amana non ci casca neanche un po'. Tutte le volte che provo a dirle cosa c'è di sbagliato in lei e come dovrebbe cambiare, lei me lo rigetta in faccia immediatamente. Fatico per un po' nel tentativo di farle vedere la "verità" fino a che, alla fine, mi arrendo e mi prendo il tempo per sentire la mia ferita. Quando finalmente siamo così innamorati di qualcuno che non prendiamo neanche in considerazione l'opzione di lasciarlo/lasciarla, non abbiamo altra scelta che quella di sentire la ferita. Forse questa è una delle qualità più belle in una relazione profonda.

Il vuoto

Sotto le esperienze psicologiche dell'abbandono e della privazione – la rievocazione del nostro dolore infantile – si trova l'esperienza del vuoto. Un'esperienza che viene richiamata anche quando ci troviamo di fronte a una perdita. È uno spazio di vuoto interiore in cui proviamo una profonda perdita di significato della nostra vita. Sembra che quest'esperienza stia lì ad aspettarci non appena andiamo in profondità dentro noi stessi, perché ci aggrappiamo a troppe cose irrilevanti e illusorie per dare un senso alla nostra vita. Quando questi appigli cominciano a sgretolarsi, si crea un abisso terrificante. So di essere abbastanza attaccato ai miei ruoli e ai diversi elementi che compongono l'immagine di me stesso ma, in momenti di grazia, riesco a vedere quanto siano superficiali. Un altro sistema che adotto è quello di tenermi molto occupato. Una parte di questo comportamento è data da un entusiasmo sincero per la mia creatività e vitalità, ma in prevalenza mi serve per non sentire il vuoto.

Il cammino interiore ci allontana, naturalmente e inevitabilmente, dall'attaccamento ai nostri ruoli, dai coinvolgimenti materiali e dalle occupazioni, costringendoci a entrare nel vuoto. Questo può ingenerare molta paura perché non abbiamo ancora trovato adeguati rimpiazzi. Il mio maestro spirituale ha ripetutamente affermato che, sul sentiero della meditazione, dobbiamo attraversare questo spazio se vogliamo essere liberi. È ciò che i mistici chiamano "l'oscura notte dell'anima". In quei momenti, la continua connessione con il mio maestro e i suoi insegnamenti sono stati il supporto più importante che io abbia ricevuto, perché la mia esperienza di lui è stata quella di un essere che ha autenticamente attraversato gli spazi oscuri e mi ha costantemente incoraggiato ad andare avanti nonostante il dolore e le difficoltà.

Gli spettri della ferita da abbandono

La ferita da abbandono è lo spettro che sta dietro alle nostre delusioni. Ma quando non ne siamo consapevoli, possiamo facilmente perderci nel disagio e nel senso di colpa, credendo a tutto ciò che la nostra testa ci dice. Vorrei condividere un esempio particolarmente toccante preso dalla mia vita personale. Nel 1990, il mio maestro spirituale morì. A quel tempo, ero intimamente legato a lui e alla sua comune da più di dieci anni. La sua morte fu uno shock per molti di noi che erano coinvolti in questo percorso, ma nel complesso la mia sensazione fu che non eravamo in contatto con la profondità dello shock, né con il modo in cui si stava manifestando nelle nostre vite.

Nel gruppo non c'era un'accettazione collettiva della connessione tra la sua morte e la ferita d'abbandono originaria. I temi prevalenti erano "non esiste niente come la morte", "ci ha dato tutto ciò di cui avevamo bisogno e ora possiamo proseguire da soli" e così via, tutto assolutamente vero, ma mancava qualcosa. Il dolore della gente, dato dalla ferita d'abbando-no, cominciava a manifestarsi per vie indirette – continue la-mentele su come la comune veniva gestita in sua assenza, sen-sazione di essere stati traditi perché ci aveva lasciato così pre-sto, rievocazioni del passato e amarezza circa l'intera esperienza con il maestro. Io ho avuto alcune di queste reazioni, ma mi so-no state utili per capire che tutto questo stava accadendo per-ché i sentimenti di abbandono originari erano stati innescati. Tutte le volte che diventiamo intimi con qualcuno e ne viviamo la perdita, la ferita viene aperta e veniamo invitati a sentirla.

Il nostro esploratore, non il nostro bambino interiore, può lavorare sulle nostre ferite

Quando la consapevolezza del nostro bambino interiore ferito ha preso il sopravvento su di noi (tema che riprenderò nel prossimo capitolo) non abbiamo le risorse per gestire e oc-cuparci delle nostre ferite. Andiamo semplicemente in pani-co. Quando le nostre ferite sono state riaperte – la vergogna, lo shock o l'abbandono – dobbiamo connetterci con un altro spazio interiore, uno spazio che potremmo chiamare "l'e-sploratore interiore", il quale possiede le cognizioni e la com-petenza per avere a che fare con esse. Questa parte di noi può fornire lo spazio, la lucidità e la distanza per far fronte alle paure intense che sopraggiungono. Porta con sé la compren-sione per ciò che ci accade e per quanto tutto questo sia im-portante per la nostra crescita interiore. Il nostro esploratore ci aiuta a scegliere di non agire immediatamente, in modo abi-tuale e inconscio, quando le nostre reazioni sono guidate dal nostro bambino in panico.

Quando il nostro amante o la nostra vita non soddisfano le nostre aspettative, di solito la prima cosa che facciamo è agire – accusiamo e ci lamentiamo, o crolliamo emotivamen-te e affondiamo nella rassegnazione. Sotto questa reazione c'è molta rabbia, frustrazione e forse un senso di disperazione e perdita di speranze. Queste sensazioni sono innescate dalla nostra esperienza di privazione e abbandono. Difatti questa è la fonte di molti, se non della maggior parte, dei conflitti che si scatenano fra amanti. La gelosia, di base, non è nient'altro che il riaccendersi del ricordo di essere stati lasciati. Per esem-pio, se state vivendo una bellissima connessione con il/la vo-stro/a partner e poi, per qualche ragione, la sua energia viene meno, vi sentirete deprivati e reagirete. La privazione che si sta verificando in quel momento rimanda alla privazione che avete vissuto nel passato. La ferita è così riaperta. Accade di frequente, per esempio, quando i nostri bisogni o le aspettative sessuali non vengono soddisfatti. I bisogni sessuali toccano infatti sentimenti interiori primari.

Di recente ho tenuto una sessione con una coppia che aveva a che fare con questo tipo di problema. Lei si sentiva ferita e arrabbiata perché, nel fare l'amore, avvertiva che lui si comportava in maniera insensibile. Lui, dal canto suo, era arrabbiato perché, tutte le volte che lei si lamentava, sentiva che tutto il suo flusso e la sua energia venivano troncati. Andando a esplorare più in profondità, venne fuori che da bambina lei aveva subìto abusi sessuali, e ogni volta che sentiva che lui si muoveva troppo in fretta, la sua ferita veniva innescata. Dal canto suo, lui era stato soggiogato da una madre altamente dominante e con grandi aspettative, così quando lei lo fermava e si lamentava accusandolo di non essere sensibile, lui si sentiva controllato e criticato. Stavano provocando l'uno la ferita dell'altra.

Per un bambino che è indifeso, innocente e totalmente dipendente, ogni abuso, ogni intolleranza, ogni mancanza di attenzione è vissuta come un abbandono. Lo viviamo come se non ci fosse nessuno lì – nessuno che provveda ai nostri bisogni basilari. Questo crea il panico. Anche se ora siamo adulti e possiamo prenderci cura realisticamente dei nostri bisogni primari, quando la ferita si riapre il nostro bambino interiore ricorda soltanto una situazione precedente in cui la paura era devastante. Questo è il motivo per il quale evitiamo di aprire questa ferita.

È spesso difficile individuarne la fonte. Per coloro che sono stati di fatto abbandonati da uno o da entrambi i genitori, o per coloro che hanno subìto un abuso fisico o sessuale, la causa è più ovvia. Ma può non essere altrettanto chiara per gli altri. Ho incontrato molte difficoltà nell'identificare la fonte della mia privazione finché non sono entrato in terapia e, nel corso degli anni, ho lentamente scoperto aree di privazione profondamente traumatiche, a ogni stadio fondamentale del mio sviluppo.

Allo scopo di guarire il nostro bambino ferito, non è poi così importante scoprire come ciò sia successo. Ma è importante riconoscere che è successo e riconoscere le ramificazioni di questo evento nella nostra vita quotidiana, particolarmente nelle nostre relazioni. Sicuramente, l'intensità del panico e dell'abbandono varia per ciascuno di noi, ma fondamentalmente siamo tutti sulla stessa barca. Alcuni di noi possono aver trovato sistemi più efficaci per coprire, negare o compensare la ferita, ma tutti quanti ce la portiamo addosso. Percepirla, invece di fuggirla, richiede un coraggio immenso.

Affrontare la ferita

Vi offro qualche suggerimento che mi è stato utile nel lavorare con la ferita da abbandono:

1. Inquadramento

Si tratta di riconoscere che quando ci sentiamo frustrati, delusi o disperati, la nostra ferita da abbandono è stata innescata e che, questo, è un modo che l'esistenza utilizza per portarla alla nostra attenzione affinché possiamo guarirla.

Fondamentalmente, la ferita da abbandono è la fonte principale di tutti i nostri problemi di co-dipendenza. La nostra reattività e le nostre pretese – le strategie, gli sforzi di controllare, dominare, manipolare l'altro – non sono altro che una copertura per la nostra ferita da abbandono. La comprensione di ciò apporta un cambio radicale nel modo in cui ci relazioniamo. Inconsciamente, speriamo di trovare qualcuno che alla fine soddisferà tutti i bisogni che sono stati disattesi durante la nostra infanzia. Il nostro adulto può riconoscere razionalmente che ciò non è possibile, ma il nostro bambino non abbandona mai questa speranza. E questa speranza viene quindi proiettata, per lo più inconsciamente, sulla persona che amiamo o sulla vita in generale. La ferita da abbandono viene innescata nel momento in cui iniziamo a sentire che i nostri bisogni non vengono soddisfatti.

Secondo la mia esperienza, è estremamente utile sapere che tutte queste sensazioni non sono niente di più della ferita da abbandono, e che non riusciremo a guarirla finché non saremo in grado di sentirla e comprenderla. Per il nostro bambino interiore quello che sta accadendo nel momento presente è un reale abbandono. Non riesce a distinguere il fattore scatenante dalla fonte originaria. Quando l'evento originante si è verificato, era troppo devastante da sentire. E nel momento presente in cui il dolore viene provocato, al nostro bambino interiore sembra che abbia la stessa intensità del passato. Ma non siamo più dei bambini e ora abbiamo le risorse per guarire.

2. Accettare e dare spazio a dolore e paura

Più siamo disponibili ad affrontare la ferita quando questa si manifesta, più facilmente la supereremo. Finché non includiamo nelle nostre aspettative sulla vita il confronto con questa ferita, saremo in cerca di guai. Se usiamo la relazione per evitare di sentire questo vuoto, non funzionerà mai – stiamo usando la relazione per fuggire da noi stessi. Se viviamo rimanendo convinti che il dolore non faccia parte della vita, incoraggiamo la sofferenza invece della guarigione e non creiamo spazio per attraversare la paura e sentire il dolore quando questo sopraggiunge. Tutto ciò si acuisce nella relazione perché, condizionati a credere nella fantasia romantica, siamo convinti, forse inconsciamente, che la persona che amiamo ci darà quello che non c'è stato dato da bambini. In realtà, la nostra coscienza superiore ha tutt'altro in mente. Ciò che essa vuole è liberarci, ma il solo modo in cui possiamo farlo è attraversando la paura e il dolore dell'abbandono, della privazione e del vuoto.

Quando la nostra relazione ha superato il periodo della luna di miele in cui tutto è meraviglioso e il/la partner incarna tutti i bisogni e desideri più grandi, ci dirigiamo inevitabilmente verso la delusione. Può avvenire con il sesso, con l'intimità, con la spontaneità, con l'intelligenza, con la spiritualità, in ogni modo. È qui che cominciano i problemi. Per un certo periodo possiamo vivere negando i nostri sentimenti oppure adattandoci, ma in realtà sotto sotto stiamo covando del risentimento. Questo risentimento può essere espresso in molti modi indiretti: con il sarcasmo, con un atteggiamento di critica e di giudizio, o con sottili azioni di vendetta. Nel frattempo, la relazione si fa sempre più spiacevole. Ci ritroviamo a lamentarci del/della nostro/a amante con gli amici, oppure esprimiamo il risentimento direttamente, sotto forma di abusi fisici o emotivi. Probabilmente alla fine abbandoneremo la relazione, assolutamente convinti che sia necessario perché l'altra persona non è in grado di soddisfare i nostri bisogni.

Stiamo omettendo di riconoscere che ogni relazione provocherà, in qualche modo, il nostro senso di privazione e di abbandono. Nessuno può colmare i nostri vuoti interiori. È solo attraversando questo dolore con consapevolezza che potremo lentamente colmare i nostri vuoti. Può esserci utile accettare la solitudine. I primi incontri con la solitudine spesso sono esperienze di privazione. Le delusioni e le frustrazioni della vita ci guardano sempre dritti in faccia, soprattutto nelle nostre relazioni. L'esistenza non è lì per soddisfare le nostre aspettative, ma per liberarci. Spesso siamo testardi e opponiamo resistenza. L'intimità ci porta nutrimento, ma anche dolore. Solo quando avremo la volontà di affrontare questo processo in maniera completa, potremo cominciare a trovare un po' di armonia nella vita amorosa e un po' di grazia nel modo in cui navighiamo nell'esistenza. Guarire questa ferita apre la porta al nostro Sé più profondo. Fino a quando la nostra ferita da privazione non sarà guarita e non avremo imparato ad accettare completamente il nostro essere soli, non potremo essere liberi. Riconoscere ciò ci aiuta a non opporci eccessivamente quando la ferita viene aperta.

3. Andare in cerca di sostegno

Quando la ferita viene aperta, può sopraggiungere un'ansia tremenda. Talvolta l'oscurità e la solitudine sembrano senza fondo, interminabili e temiamo di poter impazzire o di finire con il suicidarci. Questo sentirci profondamente depressi, diventare pesantemente autocritici e una generale negatività e perdita di fiducia possono oscurare tutte le nostre ore di veglia. Quanto più grave è il fattore scatenante, tanto più forti saranno questi sintomi. In queste occasioni mi è stato d'aiuto rischiare e cercare nutrimento all'esterno, senza aspettarmi che qualcuno facesse sparire il mio dolore, unicamente per non sentirmi così solo. Molti di noi sopportano questo dolore nell'isolamento, rafforzando la convinzione che dobbiamo affrontarlo da soli. Si tratta di un falso tipo di solitudine basata più sulla contrazione che sull'espansione, sulla paura e sulla diffidenza piuttosto che sulla fiducia. C'è una voce interiore che dice: "Nessuno può starmi vicino quando mi sento così" oppure "Sono un peso" e così via. Ma la nostra guarigione arriva proprio rivolgendoci a qualcuno quando soffriamo. Quando ho trovato il coraggio di rivolgermi a qualcuno, molta della paura è svanita.

4. Un piccolo aiuto arriva dalla meditazione

Sembra che una semplice tecnica, basata sul prenderci qualche momento per sederci e respirare lentamente, sia d'aiuto a sviluppare una consapevolezza interiore rispetto al fatto che il periodo doloroso passerà. Questo dolore lo abbiamo già provato in passato, ed è stato superato. Succederà anche questa volta. Anch'io ho sperimentato personalmente come ogni volta diventi effettivamente più facile. Ogni volta che ho attraversato il dolore, mi sono trovato con più risorse per affrontarlo, non ero più così isolato, e c'era dentro di me uno spazio maggiore per sentire e vivere la mia ansia e il mio dolore.

Dalla solitudine all'essere soli

Affrontare l'abbandono, la privazione e il vuoto, che siano piccoli o grandi, significa affrontare la nostra solitudine, confrontarsi nello spazio interiore in cui ci sentiamo molto soli nell'universo, non protetti, non amati e senza nessuno che si prenda cura di noi. È un buco nero nel quale non vogliamo assolutamente entrare. Quando sono immerso nel dolore dell'abbandono, non sento la gioia e la libertà di essere solo, almeno non all'inizio. Provo paura e dolore, proprio quel dolore che ho così astutamente evitato con il mio essere anti-dipendente. Aprirsi all'amore invita il dolore della perdita a entrare. Rimanere chiusi e non dover mai fare l'esperienza di questo dolore è più sicuro, ma allora viviamo senza amore. Fa male in entrambi i casi, ma se attraversiamo il dolore, si risolve; se non lo facciamo, si protrae per tutta la vita. Non c'è modo di evitare il dolore dell'amore.

Fondamentalmente abbiamo tutti un profondo desiderio dentro di noi, quello di essere riempiti, di essere completi. Il dolore dell'abbandono e della privazione risveglia semplicemente questo desiderio che noi, normalmente, proiettiamo su un amante. Ma nessun amante può contenere o soddisfare questo desiderio. Esso è la parte più profonda del nostro essere perché noi desideriamo ritornare alla fonte. Rappresenta il cuore della nostra ricerca spirituale e viene erroneamente indirizzato verso un'altra persona. L'abbandono provoca questo desiderio. Spesso lo sentiamo come una spaventosa solitudine, ma questa solitudine è un periodo di transizione che va da quando cominciamo ad avvertirla fino a quando finalmente arriviamo a godere del nostro essere soli, riscoprendo una beatitudine interiore e la fiducia nella vita. Invece di sentire un amore universale e un senso mistico di collocazione e di scopo nella vita, quello che ci accade all'inizio è, di solito, che ci sentiamo investiti da onde di un'intensa pesantezza e oscurità. Se non avessimo sofferto per l'abbandono da bambini, probabilmente ciò non accadrebbe, ma abbiamo sofferto, perciò dobbiamo attraversare questo periodo di transizione.

L'incontro con la nostra solitudine è uno dei punti in cui il cammino spirituale perde le sue fantasie romantiche e idealiste. Quando questa ferita viene in superficie, ci trinceriamo. Fa male, e ogni parte della nostra mente cosciente vuole evitare di sentire il dolore. Finché non avremo la volontà di affrontare e accettare questa ferita, incontreremo dolore, delusione e frustrazione con rabbia e aspettative. Il viaggio attraverso la vita non potrà essere profondo né beato e le nostre relazioni saranno solo espedienti superficiali che ricoprono montagne di risentimento. Ma una volta che abbiamo ritirato la proiezione che qualcuno possa colmare il nostro vuoto, possiamo realmente condividere il percorso alla ricerca della verità con un'altra persona. Fino ad allora, il nostro amato non è ancora un amico, ma qualcuno su cui proiettiamo le nostre frustrazioni per alleviare il nostro dolore.

Esercizio: lavorare con la ferita da abbandono

Immaginate una situazione recente nella quale vi siete sentiti privati o abbandonati – una situazione di vita quotidiana, con la persona che amate o anche con un amico intimo, dove in qualche maniera non stavate ottenendo quello che volevate.

Qual è stata la causa del turbamento? In che modo ti sei sentito deprivato o abbandonato? Cosa non hai ottenuto di ciò che ti aspettavi? Sesso, comunicazione, apertura, energia, denaro, sostegno, guida, calore, contatto, sensibilità?
Come hai reagito alla frustrazione?
Che tipo di strategie hai adottato per provare a cambiare l'altro – accuse, manipolazione, vendetta, controllo, lamentele, analisi?
Ti sei rassegnato?
Che sentimenti covano sotto – tristezza, rabbia, disperazione, scoraggiamento?

Parte seconda

LO STATO DI COSCIENZA DEL BAMBINO
E COME QUESTO DIRIGE LA NOSTRA VITA

Capitolo 6

Reattività, pretese e pensiero magico
Qualità dello stato di coscienza del bambino

Per molti di noi, a causa di traumi infantili di un genere o dell'altro, la nostra naturale vitalità, spontaneità, fiducia, innocenza e gioia è stata coperta da una coltre di sfiducia, insicurezza e paura. Prima di scegliere di affrontare e lavorare con le nostre paure e insicurezze, la nostra coscienza viene facilmente sopraffatta dal bambino in panico. Questa parte di noi non conosce altra strada per affrontare la paura se non quella di usare tutta la propria intelligenza ed energia per provare a farla scomparire. Agisce e reagisce in base alla paura. Questa parte della nostra coscienza non possiede le capacità per provare la paura; desidera solo liberarsene il più velocemente ed efficacemente possibile.

Chiamiamo questo spazio "lo stato di coscienza del bambino". Questa coscienza ha le basi nella paura e nella vergogna, è emotiva, reattiva e piena di aspettative. Per compensare il panico diveniamo astuti. La nostra energia viene diretta verso l'esterno – per soddisfare i bisogni del bambino in tutti i modi possibili. E, per farlo, manipoliamo, controlliamo, esigiamo, ci vendichiamo, calcoliamo, diventiamo astuti, compiacenti, furiosi, o qualunque cosa possa funzionare meglio. Abbiamo sviluppato e perfezionato queste strategie sin dall'infanzia. Nello stato di coscienza del bambino, oltre a essere reattivi, ad avanzare pretese e a essere particolarmente emotivi, sogniamo pure, fantastichiamo e idealizziamo invece di guardare in faccia la realtà.

Come ogni bambino che non ottiene ciò che vuole, facciamo i capricci. Questa è la parte *reattiva*. E lo facciamo con la sensazione di meritare di ottenere ciò che vogliamo. Questa è la parte che *pretende*. Inoltre, invece di vedere e affrontare la realtà così com'è, speriamo ciecamente che la vita ci dia ciò che vogliamo e che ci tratti nel modo in cui speriamo di essere trattati. Questa è la parte del *pensiero magi-co*. Nello stato di coscienza del bambino, concentriamo l'attenzione sulla sopravvivenza – assolutamente convinti di dover reagire urgentemente per ottenere ciò di cui abbiamo bisogno. Altrimenti, non ce la faremo. Nello stato di coscienza del bambino abbiamo imparato a vivere con una mentalità selvaggia, di competizione e di lotta. Siamo carichi di rabbia, di paura e di urgenza – vogliamo quello che vogliamo e lo vogliamo subito. Guardiamo e reagiamo al mondo esterno esclusivamente come se guardassimo attraverso gli occhi di un bambino segnato dalle privazioni e in preda al panico, che deve soddisfare i suoi bisogni in modo immediato.

Agire dallo stato di coscienza del bambino

Fin dalla più tenera età, abbiamo imparato che nessuno si sarebbe preso cura dei nostri bisogni più profondi a parte noi stessi. Siamo diventati i vigili protettori del nostro bambino in panico. Con l'attenzione e i sensi totalmente rivolti verso l'esterno, abbiamo imparato a controllare e a manipolare l'ambiente circostante, il miglior modo in cui potevamo proteggerci e tenerci al sicuro. A molti di noi, se non alla maggior parte, è sembrata una questione di vita o di morte. Naturalmente, a seconda del tipo e dell'entità degli abusi subiti, ciascuno di noi ha sviluppato un differente tipo di reazione con diverse intensità, strategie e stili. Quando mettiamo in atto questo tipo di energia, usiamo particolare cautela nel proteggere a tutti i costi la nostra parte vulnerabile dal sentire dolore, delusione o perdita.

Quando cominciai a esplorare il mio bambino reattivo, rimasi scosso e imbarazzato da ciò che trovai: ero così pieno di sfiducia, dolore, rabbia e difese. Mi sono portato dentro, nel profondo, la convinzione che nessuno mai sarebbe stato disposto a starmi vicino. La minima delusione mi spinge a ritirarmi nella mia tana, così familiare. Mi ritiro con una rabbia inespressa, con l'intento di ferire l'altro perché non mi dà quello che voglio. La mia più profonda aspettativa è che la mia amante o i miei cari amici mi comprendano intuitivamente e siano sempre sensibili nei miei confronti, senza che io debba dire una parola. Quando ciò non si verifica, mi sento tradito e arrabbiato.

Dal punto di vista del nostro bambino, la sopravvivenza dipendeva realmente dalle strategie e dalla protezione che abbiamo sviluppato. Il mondo è un posto in cui otteniamo ciò di cui abbiamo bisogno esigendo, manipolando e controllando. Calcoliamo accuratamente che cosa ci farà ottenere ciò che vogliamo dall'altro. Possiamo ricoprire il ruolo del salvatore, controllando e manipolando la gente, rendendola dipendente da noi e debitrice nei nostri confronti. Possiamo fare la vittima, controllando gli altri con i sensi di colpa, oppure possiamo essere dei tiranni, semplicemente sopraffacendoli e controllandoli con la paura. Ci comportiamo come farebbe un qualsiasi bambino per ottenere ciò che vuole, o come reagirebbe quando non ottiene ciò che vuole. Solo che ora, con la mente sofisticata di un adulto, possiamo essere dei mostri. Nutriamo aspettative, incolpiamo, ci lamentiamo ed esigiamo, manipoliamo, ci infuriamo, teniamo il broncio, piagnucoliamo e architettiamo vendette. Partiamo all'attacco con violenza fisica, verbale o sessuale. Possiamo abbandonare con indignazione moralista o lanciarci in critiche e giudizi, sentendoci anche pienamente giustificati. Non riusciamo ad accorgerci che il nostro comportamento è alimentato dal risentimento, che proviene da ferite passate e dal panico di non ottenere ciò di cui abbiamo bisogno.

Tutto ciò che nel nostro comportamento mostra una mancanza di rispetto per gli altri – come, per esempio, arrivare in ritardo senza considerazione per chi ci sta aspettando, mangiare dal piatto di qualche amico senza chiedere permesso, aspettare che gli altri paghino per noi o dimenticare i debiti contratti con loro, lasciare confusione in giro, così che qualcun altro debba pulire – tutto ciò deriva dallo stato di coscienza del bambino. Ci lamentiamo se le cose non sono come noi vogliamo, ma non vogliamo prenderci la responsabilità di cambiarle. Ci irrita quando qualcosa è troppo difficile, lasciamo fare il lavoro agli altri, e poi li accusiamo di non averlo fatto come noi avremmo voluto.

Tutto questo nasconde le paure e la vulnerabilità interiore. Siamo pieni di risentimento quando i nostri desideri non sono esauditi e andiamo su tutte le furie quando, per una ragione o per l'altra, le nostre aspettative vengono disattese. In quel momento di delusione ci sentiamo realmente abbandonati, e questo risveglia tutte le delusioni provate da bambini, quando non eravamo amati, compresi, accettati e approvati.

Ma invece di sentire il dolore, reagiamo accusando l'altro. Il nucleo della nostra reattività è la riluttanza a percepire la paura e il dolore per le nostre aspettative disattese.

Lo stato di coscienza del bambino nella relazione

Quando cominciamo a conoscere e comprendere lo stato di coscienza del bambino, possiamo far luce su molti dei conflitti che si verificano nelle relazioni intime. Quando i nostri bisogni e necessità sono in conflitto con quelli di un altro, entriamo in uno stato primitivo di paura di non ottenere ciò di cui abbiamo bisogno. Invece di comunicare, reagiamo. Mi rammento di una sessione con una coppia che aveva molti conflitti nella propria vita affettiva. Lei sentiva che lui era spesso insensibile e invadente, mentre lui si sentiva controllato perché lei continuava a dirgli come avrebbe dovuto essere. Non riuscivano ad ascoltarsi a vicenda. E in questo modo non potevano andare oltre il conflitto perché, senza la comprensione di ciò che stava accadendo, tutto quello che riuscivano a vedere era che l'altro rappresentava una minaccia per il proprio bambino in panico.

L'unica soluzione a un tale dilemma, secondo la nostra esperienza, è quello di cominciare a esplorare lo stato di coscienza del nostro bambino e di chiedere a noi stessi:

Quali sono le paure che stanno dietro alle mie aspettative e alle mie reazioni?
Che cosa sto provando?
Che cosa voglio?

Normalmente non ci prendiamo il tempo per porci queste domande, né abbiamo l'interesse ad andare a fondo. Semplicemente reagiamo. Sfortunatamente, poiché la nostra fiducia è stata così profondamente minata, esprimiamo i nostri bisogni con un carico di aspettative e la paura che queste non verranno mai esaudite. Siamo guardinghi e diffidenti. Questo carico di aspettative purtroppo rafforza la nostra esperienza e convinzione che i nostri bisogni non saranno esauditi, perché allontaniamo gli altri da noi. Ne consegue che non otteniamo l'amore né il sostegno di cui abbiamo bisogno, e ciò rende ancora peggiori la nostra carica e le nostre paure. Questa è la tensione che genera così tanti conflitti e drammi tra gli amanti e, generalmente, è anche causa di grande sofferenza nelle nostre vite.

Quando entriamo in una relazione, di rado abbiamo una benché minima idea di quello che ci aspetta. Ecco un possibile scenario: incontriamo qualcuno e ce ne innamoriamo. Siamo due persone adulte che si sono innamorate ma, sotto sotto, un dramma completamente differente comincia a essere nell'aria. In superficie agiamo con le migliori intenzioni di dare e ricevere amore, di condividere, di comunicare e di prenderci cura l'uno dell'altro. Tuttavia, dentro ciascuno di noi, c'è anche un bambino ferito con un grande bisogno d'amore, e un mondo di paure e aspettative nascoste. Una volta entrati in relazione, il bambino incomincia a venire in superficie. Lui (o lei) si guarda intorno e si domanda: "Mmm, c'è qualcuno là fuori che dice di amarmi. È mai possibile?". Questo bambino interiore probabilmente non è abituato a essere amato davvero. Naturalmente questo lo rende un po' scettico. "Può essere," dice il nostro bambino a se stesso, "che questa persona mi ami veramente? Stiamo un po' a vedere."

Abbiamo un cesto in cui conserviamo tutti i bisogni insoddisfatti nell'infanzia. Generalmente abbiamo riposto questo cesto giù in cantina e lo abbiamo dimenticato. In effetti, potremmo persino aver dimenticato cosa sia un bisogno. Ma l'essere innamorati riporta alla memoria il cesto e con questo ricordo si risvegliano tutti i segreti desideri di essere amati che avevamo riposto lì dentro. Così, inconsciamente, facciamo un salto in cantina e cominciamo a cercare il cesto. Una volta trovatolo, diciamo a noi stessi: "Ehi, questa persona dice di amarmi. Mettiamola alla prova allora. Cominciamo con il desiderio numero 8" (il desiderio numero 8 non è dei più rilevanti).

Dal momento che si tratta di un desiderio così piccolo, il nostro partner sarà probabilmente più che felice di soddisfarlo. Dopotutto, questo è l'amore, non è vero? Quindi il nostro partner affonda una mano nel suo cesto ed estrae, a sua volta, un desiderio. Questo gioco può andare avanti per un bel po' di tempo. Più ci diventa familiare e comodo rovistare nel nostro cesto e più diventiamo intimi con l'altra persona, più crescono le nostre aspettative. Del resto, abbiamo aspettato tutta la vita per vedere soddisfatti questi bisogni. Finalmente cominciamo a tirare fuori quelli veramente grandi come: "Voglio davvero che tu sia sempre presente per me", oppure: "Voglio che tu mi dia lo spazio di cui ho bisogno, ma non voglio che mi lasci o che tu veda qualcun altro".

Sfortunatamente, tutta questa comunicazione è inconscia e indiretta. Lentamente le nostre sensazioni di delusione e di tradimento crescono. Potremmo anche non sapere di avere aspettative, ma possiamo avvertire una crescente sensazione di frustrazione, dolore e disappunto. Ognuno di noi reagisce a questo disappunto in maniera differente. Possiamo troncare la relazione e andarcene, accusare l'altro, diventare offensivi o malvagi. Con il tempo, carichiamo il nostro partner di tutti quei bisogni che mamma e papà non hanno mai soddisfatto. Allora cominciano i guai, perché intimamente ci aspettiamo che l'amore comporti che questi bisogni siano soddisfatti e che l'altra persona ci protegga dalle nostre paure e dal dolore. Questo è l'amore, pensiamo. Due bambini incoscienti, entrambi con le proprie paure, bisogni insoddisfatti, esigenze e aspettative, interagendo fra loro creano un assoluto disastro. Questi due bambini feriti e bisognosi si fronteggiano, incapaci di comprendere e di soddisfare i bisogni dell'altro.

Si avvicinano l'un l'altro partendo non dalla vulnerabilità, ma dalle pretese. Possiamo portarci addosso per anni il peso delle nostre paure e dei nostri bisogni insoddisfatti negandoli e minimizzandoli, ma aggrappandoci inconsciamente alla speranza che un giorno saranno esauditi. Non appena sviluppiamo un po' di fiducia in qualcuno crediamo che, poiché ci siamo aperti, l'altra persona abbia il dovere di soddisfare i nostri bisogni. È come se in questa situazione indossassimo degli occhiali che offuscano la nostra visione. Quello che vediamo attraverso questi occhiali non è più il nostro amato, ma una proiezione del genitore che non abbiamo mai avuto e che vogliamo disperatamente. In ogni modo, l'aspettativa è come la secrezione di una puzzola. Paradossalmente, invece di soddisfare i bisogni del nostro bambino interiore, le nostre pretese e la nostra reattività riescono soltanto ad allontanare da noi l'amore di cui abbiamo tanto bisogno, rendendoci così ancora più disperati e in preda al panico.

Lo stato di coscienza del bambino non comprende i confini

Più avanti, esplorerò in maniera più approfondita il tema dei confini. Ma ora voglio evidenziare come questo argomento sia collegato allo stato di coscienza del nostro bambino interiore. In questo stato abbiamo una ridotta comprensione o riconoscimento del rispetto dei confini – i nostri e quelli degli altri. Ciò è dovuto al fatto che, quando eravamo bambini, il nostro spazio e la nostra integrità non sono stati rispettati. Inconsapevolmente, nella morsa della paura, violiamo noi stessi e il nostro spazio per timore di essere rifiutati, invasi, maltrattati o disapprovati. Oppure violiamo lo spazio di qualcun altro, perché siamo talmente accecati dal panico che i nostri bisogni non vengano soddisfatti, da non riuscire a vedere nient'altro che quello che vogliamo noi. E nella relazione invadiamo e siamo invasi in continuazione.

1. Essere invasi

Spesso non sappiamo nemmeno che cosa significhi rispettarci abbastanza per porre dei limiti e far sapere agli altri che stanno invadendo il nostro spazio. Da bambini non eravamo in grado di costruirci abbastanza autostima e dignità per rispettare il nostro spazio e per far capire agli altri quando lo stavano invadendo. Nei nostri seminari, quando discutiamo dei diversi modi in cui permettiamo che i nostri confini vengano violati, le persone sono spesso sbalordite nello scoprire che si tratta di qualcosa che hanno il diritto di proteggere. Dentro di noi c'è la convinzione che non meritiamo lo spazio che occupiamo e, continuamente, contraiamo la nostra energia, ci facciamo più piccoli, neghiamo noi stessi e chiediamo scusa di esistere. È uno stato molto doloroso che ci fa sviluppare un tremendo risentimento interiore.

Dentro di noi, nel profondo, sappiamo che non ci stiamo concedendo di vivere tutto il nostro potenziale. Abbiamo così tanta paura di espanderci perché temiamo di incontrare rifiuto, rabbia o mancanza di comprensione. Quando il nostro spazio viene invaso è facile accusare l'altro di essere insensibile e di avere pretese, non accorgendoci di essere del tutto simili. Ho impiegato molto tempo per comprendere che, in questa situazione, la persona che viene invasa è una vittima. Questa persona nutre l'aspettativa, inespressa e spesso inconscia, che il suo spazio debba essere rispettato senza che ci sia bisogno di dire o fare qualcosa a riguardo.

Claude è un buon esempio di persona che lascia facilmente invadere il suo spazio. Egli ha scoperto che rispettare i propri bisogni è uno dei suoi problemi più grandi ogniqualvolta si avvicina a qualcuno, soprattutto nelle sue relazioni più intime. Sebbene estremamente creativo e dinamico, Claude è timido, schivo e viene facilmente sopraffatto dagli altri. Ha scoperto che con le sue amanti esagera nel tentativo di essere sensibile ai loro desideri. In questo processo, nel cercare di dar loro ciò che vogliono, perde il contatto con quelli che sono i suoi propri bisogni. Egli è terrorizzato dalle reazioni dell'altra persona, specialmente quando questa va in collera con lui o lo respinge.

Dopo aver passato del tempo con qualcuno, comincia a provare risentimento perché l'altra persona non è più così sensibile nei suoi confronti e comincia persino a sentirsi tradito. Non riesce a comprendere come mai l'altra persona non lo ami abbastanza da essere sensibile ai suoi desideri, senza che lui debba mai dichiararli. Mal sopporta di dare così tanto e vedere che c'è sempre qualcuno che se ne approfitta. Si è accorto di ripetere questo schema all'infinito. La conclusione che ne ha tratto è che deve soltanto avere più fiducia negli altri e finalmente loro rispetteranno di più i suoi sentimenti (sarà una lunga attesa).

2. Invadere

All'altro estremo, quando siamo dominati dal nostro bambino in panico (condizione che può essere cronica) possiamo essere dei massicci invasori dello spazio altrui. Passiamo semplicemente sopra le altre persone per ottenere ciò che vogliamo, convinti che si tratti di prendere o di essere presi. Questa convinzione è profondamente sepolta sotto un'inconscia paura legata alla sopravvivenza ed è generalmente nascosta dietro un comportamento educato. Spesso riusciamo persino a non accorgerci di essere aggressivi e violenti nel rapportarci agli altri.

Carla è un classico esempio di invasore di spazi patentato. Ventinovenne, alta, bionda e attraente, ha un'energia imponente e magnetica, ma usa la sua sessualità e la sua determinazione per ottenere ciò che vuole. Gli altri la trovano una compagnia attraente ed eccitante; sono attratti dalla sua sensualità, energia e potere, ma sono al tempo stesso diffidenti a causa della sua tendenza a manipolare. Carla richiede molto spazio per espandersi ma, generalmente, non è sensibile allo spazio o ai bisogni altrui e tende a sopraffare le persone senza rendersene conto. Quando qualcuno trova la forza di opporsi, lei lo accusa di essere represso e troppo convenzionale. Ha una scarsa consapevolezza di come usa il sesso e il suo potere per controllare le persone. Giudica negativamente gli altri, ritenendoli deboli o troppo emotivi, soltanto perché è terrorizzata dalla convinzione che, se lasciasse emergere la sua vulnerabilità, non sopravvivrebbe nel mondo e finirebbe con l'essere dominata e controllata dagli altri. Carla si rende conto che la gente parla male di lei alle sue spalle e i suoi amanti disapprovano la sua durezza e insensibilità, ma lei continua a trovare ragioni per accusarli di non comprenderla.

La nostra reattività e le nostre pretese sono dei sabotatori

È molto difficile per noi scoprire e percepire il nostro pretenzioso bambino reattivo. Riusciamo a vederlo e a sentirlo negli altri, ma siamo molto riluttanti a girare lo specchio verso noi stessi. È essenziale comprendere questa parte di noi perché in qualche modo mina le nostre vite. Quando ci relazioniamo reagendo e pretendendo sabotiamo l'amore, il rispetto di sé e la crescita interiore. Sabotiamo l'amore perché, di base, i nostri comportamenti e atteggiamenti sono egocentrici e irrispettosi verso gli altri. Sabotiamo il rispetto di noi stessi perché, sotto sotto, sappiamo che quando siamo mossi dal "pretendere" non stiamo onorando noi stessi né gli altri. Infine, sabotiamo la crescita interiore perché, in questo spazio, focalizziamo la nostra attenzione completamente all'esterno – per ottenere quello che vogliamo dagli altri o per incolparli per ciò che non otteniamo.

Il bambino magico/regresso

Ho un conoscente che è costantemente alla ricerca di nuovi percorsi di crescita. Ognuno di questi è l'ultimissima e la migliore soluzione per tutti i problemi emotivi e della vita. Ogni nuovo maestro che trova è quello che aveva da sempre aspettato, quello con la somma saggezza e tutte le risposte alle sue più complesse domande. Periodicamente, mi chiama per aggiornarmi sulla sua scoperta più recente e si lancia in un appassionato discorso su tutte le qualità del suo nuovo maestro. Poco dopo, quando comincia a vedere i limiti del suo ultimo slancio, si stanca, perde interesse e passa al successivo.

Posso riconoscere simili tendenze anche nei miei atteggiamenti. Il nostro naturale entusiasmo, la naturale innocenza e fiducia sono belli, ma anche ingenui. Nello stato di coscienza del bambino, scivoliamo facilmente nello spazio del pensiero magico. Il bambino magico che portiamo dentro di noi è alla ricerca infinita di qualcosa o qualcuno da guardare con ammirazione, da idealizzare, per sbarazzarci del nostro potere e delle nostre responsabilità – che si tratti di un maestro, un guru, un capo, un terapeuta, un amante o un amico. Nello stato di coscienza del bambino, non crediamo di avere abbastanza fiducia in noi stessi, né risorse, né intelligenza, per prendere le nostre decisioni, per fidarci dei nostri pensieri, delle nostre sensazioni e intuizioni. E con quella mentalità, siamo facilmente esposti all'influenza e al controllo da parte di un'altra persona.

Il bambino magico ha anche una fiducia cieca e infantile nei confronti delle persone e della vita, che è tenera ma non in armonia con la realtà. Non vuole prendere in considerazione il fatto che il mondo non è come immagina dovrebbe essere. È un doloroso risveglio accettare il mondo e le persone con tutta l'insensibilità, incoscienza e violenza che esistono. Nell'aspettativa che gli altri debbano essere come il nostro bambino magico vorrebbe, ci sentiamo infinitamente traditi. E siamo derubati del nostro potere e della stima in noi stessi quando indossiamo occhiali dalle lenti rosa immaginando che il mondo sia come una favola, o quando consegniamo il nostro potere nelle mani di qualcun altro che può darci delle risposte. Nello stato di coscienza del bambino, siamo alla ricerca di amanti che possano liberarci dalle nostre paure di solitudine, di insegnanti che ci diano delle risposte per fugare le nostre ansie e proiettiamo sugli altri la competenza e la sicurezza che vorremmo avere noi. Il problema non consiste nell'avere amanti, terapeuti o guru, ma se ci relazioniamo a loro dal nostro stato di coscienza del bambino, perché in questo modo rimaniamo dei bambini, privati del potere e dipendenti.

Essendo un secondogenito, so benissimo cosa significhi stimare qualcuno più di se stessi e proiettare su quella persona i propri desideri. Già ai tempi della scuola media mi vantavo di mio fratello maggiore, acquistando fiducia in me stesso grazie alle sue qualità, mentre non mi curavo delle mie. Ho sempre creduto che l'opinione di mio fratello fosse infallibile e che lui potesse realizzarsi in qualsiasi cosa volesse. Avevo preso l'abitudine di chiedergli consiglio su tutto. Mi resi conto solo molto più tardi che facendo tutto questo stavo privando me stesso della mia dignità perché, nel confronto, rafforzavo il mio senso di dipendenza e di carenza, senza essere in grado di apprezzare la mia unicità e forza. Ora comprendo che quel tipo di confronto rafforzava la mia mistificazione e il mio pensiero magico.

Quando ci apriamo a qualche cosa di nuovo, è naturale che vi infondiamo un entusiasmo infantile e una fiducia innocente. Ma, a meno che non portiamo con noi anche la nostra intelligenza, ci perdiamo idealizzando qualcun altro e non impariamo mai a sviluppare la nostra intuizione e la nostra intraprendenza. Quando mettiamo qualcuno sul piedistallo, possiamo regredire facilmente a uno stato di dipendenza e mancanza di potere, che non fa altro che continuare a privarci della nostra autostima. In aggiunta, quando ci aggrappiamo a sogni magici e speranze, non stiamo imparando ad affrontare le realtà dolorose della vita. Non stiamo imparando a realizzare un contenimento per la frustrazione e la delusione e nemmeno stiamo imparando ad affrontare la vita così com'è, piuttosto di come vorremmo che fosse. Il processo dell'imparare ad affrontare la realtà sviluppa un'immensa forza interiore.

Nei prossimi capitoli, esplorerò in maggiore dettaglio come lo stato di coscienza del bambino si manifesta nel nostro modo di relazionarci. Fino a che rimane inconscio, può gestire la nostra vita e ingenerare confusione. Quando invece lo portiamo allo stato di coscienza, possiamo servircene come fonte di crescita e di autoconsapevolezza.

Capitolo 7

Aspettative
Ciò che alimenta le reazioni e le pretese

Nello stato di coscienza del bambino siamo una macchina che produce aspettative. Difatti, se osserviamo attentamente, possiamo renderci conto che ciò che alimenta le nostre pretese deriva dalle aspettative e queste provengono direttamente dal nostro stato di coscienza del bambino. Maturando, siamo in grado di prendere le giuste distanze da questo tipo di coscienza e riusciamo a vedere che le aspettative non hanno niente a che fare con la realtà. La vita è così com'è e le persone sono come sono. Possiamo aspettarci tutto quello che vogliamo, ma né la vita né le persone asseconderanno i nostri desideri. È soltanto il nostro infantile modo di pensare che ha aspettative.

Tutti noi nutriamo aspettative reciproche, ma è importante riconoscerle per quello che sono – un lato dello stato di coscienza del bambino. Altrimenti, apporteremo sofferenza alle nostre vite e distruggeremo qualsiasi tipo di armonia e intimità desideriamo creare. Le aspettative trasformano la vita e l'altra persona in un oggetto per i nostri voleri. Questo in effetti blocca lo spazio interiore di fiducia e gratitudine, necessario alla crescita. Invece di sentire le nostre paure, entriamo nello stato del "bambino che pretende" e ci sentiamo vittime della gente, delle situazioni e della vita.

Portare allo scoperto le aspettative

Non sempre è facile entrare in contatto con le proprie aspettative. Prima di tutto, non vogliamo neanche ammettere di averne. Questo almeno è ciò che ho riscontrato su me stesso. Sono un tipo così spirituale. Intellettualmente, comprendo di essere solo. Ma quando qualcuno mi delude, sono capace di uccidere. E questa è tutta la mia "comprensione". Sono pieno di aspettative. Mi aspetto che la gente mi dia quanto io do a lei. Mi aspetto che la gente sia sempre corretta con me, specialmente i miei migliori amici. Mi aspetto che le persone che mi sono più vicine siano sincere, affidabili e comprensive. E la lista continua.

Come possiamo riconoscere le nostre aspettative? Uno dei modi è renderci conto di quando ci sentiamo delusi e reagiamo. Quando ci sentiamo insoddisfatti, possiamo accusare, arrabbiarci, oppure isolarci nella rassegnazione. Rabbia e rassegnazione sono semplicemente due facce della stessa medaglia, quella delle aspettative insoddisfatte. A seconda del nostro temperamento, possiamo scagliare la rabbia e la delusione sull'altra persona perché non soddisfa i nostri bisogni, oppure possiamo trattenerle dentro di noi e starci male – esplodiamo o implodiamo. È piuttosto imbarazzante rendersi conto di quanto ci aspettiamo dagli altri. Ecco perché non vogliamo vederlo. Ogniqualvolta percepiamo delusione o rabbia, una delle nostre aspettative non è stata soddisfatta. Di cosa si trattava?

Un altro modo per portare alla luce le aspettative è esaminare che cosa si nasconde sotto il nostro giudizio. Spesso, proprio dietro a un giudizio, c'è qualcosa che vogliamo o che ci aspettiamo da qualcuno. Ho scoperto che questo modo mi è molto utile per scoprire le mie personali aspettative, perché spesso posso essere così virtuoso nei miei giudizi che non vado abbastanza a fondo a esaminare quale ferita sia stata stuzzicata.

Un terzo modo per rivelare le aspettative è quello di guardare come accusiamo gli altri e ci lamentiamo. Ogniqualvolta accusiamo o ci lamentiamo, sotto c'è qualche aspettativa che è stata disattesa. Ci lamentiamo del comportamento di qualcuno aspettandoci che sia differente, ci lamentiamo del tempo, della politica, degli amici, dell'autorità – sempre con la segreta aspettativa che qualcosa debba cambiare.

Infine, un'altra finestra sulle aspettative ci viene aperta guardando alle varie aree della nostra vita. Per esempio, che aspettative abbiamo riguardo al sesso? Come vogliamo che il nostro partner faccia l'amore con noi? Come vorremmo essere toccati? Con che frequenza ci piacerebbe farlo? E in quale modo vorremmo essere avvicinati? Cosa ci piacerebbe sentire nell'altra persona mentre facciamo l'amore o cosa ci piacerebbe sentire dentro di noi quando lo facciamo? Come ci piacerebbe che qualcuno ci stesse vicino emotivamente? Il nostro partner è presente, sensibile, selvaggio, paziente, dinamico, vivo, gentile, generoso, perspicace e premuroso come vorremmo? Il nostro amante o amico è sufficientemente intenso nella sua ricerca della verità? È abbastanza sicuro di sé, centrato, meditativo, silenzioso, indipendente o autorevole per noi? È gioioso, creativo e positivo nei confronti della vita come ci piacerebbe?

Poiché non troveremo mai qualcuno che soddisfi le nostre aspettative, ogni relazione ci offrirà l'opportunità per esplorarle. Più intimi diventeremo con qualcuno, maggiori saranno le nostre aspettative. Recentemente un partecipante a un seminario condivise che aveva tonnellate di aspettative sulla sua ragazza, ma ultimamente aveva notato di non essere più così infastidito dalle sue "mancanze" rispetto a prima. Gli chiedemmo se qualcosa fosse cambiato nel loro rapporto e lui rispose che aveva preso un po' le distanze e che non la vedeva più tanto spesso come prima. Quando il bambino non ottiene la soddisfazione delle sue aspettative, o si arrabbia o batte in ritirata. In nessuno dei due casi, ci stiamo occupando di ciò che c'è alla radice. Quando rispondiamo alla frustrazione e alla delusione solo con la rabbia o con la rassegnazione, rimaniamo nello stato di coscienza del bambino. Il solo modo che abbiamo per maturare e lasciarci alle spalle questo stato di coscienza è stabilire con esso una connessione e sentire la ferita che si cela sotto le nostre aspettative.

Sentire cosa c'è dietro le nostre aspettative

Quando esploriamo queste aspettative, possiamo anche notare come il nostro corpo reagisce a ognuna di esse quando si manifestano – qualcuna può essere leggera, mentre altre possono avere una carica molto potente. Le aspettative coprono un buco interiore. Ma invece di avvertire la paura e il dolore collegati a questo vuoto, normalmente trasformiamo l'energia nell'aspettativa che qualcuno, o la vita stessa, lo colmi. Per esempio, Gertrude, una tedesca che si è rivolta a me, è di continuo adirata con il suo ragazzo perché l'attenzione di lui spazia verso altre donne. Il suo essere arrabbiata non lo cambia, ma non vuole neanche lasciarlo. Quando accetta la sua impotenza rispetto a questa situazione, entra in contatto con una profonda sensazione di solitudine e di isolamento che l'ha tormentata per tutta la vita. Questo è esattamente ciò che sta dietro alle sue aspettative.

Non solo generalmente scegliamo di non andare a sentire ciò che sta dietro alle nostre aspettative, ma neghiamo persino di averne, così come neghiamo di avere bisogni e voleri che utilizziamo come difesa contro il dolore della delusione, del rifiuto, del fallimento o delle ferite. Possiamo sentirci così indegni tanto da credere di non meritare niente e questo ci induce a seppellire le nostre aspettative sempre più profondamente. Quando neghiamo o reprimiamo le nostre aspettative, queste vengono a galla indirettamente sotto forma di risentimento inespresso, depressione cronica, malignità, aggressività passiva o palese violenza.

Nascondiamo le nostre aspettative dietro convinzioni come:

"Non va bene aver bisogno degli altri; dobbiamo imparare a badare a noi stessi".

"Non ha senso desiderare o aver bisogno di qualcosa perché in ogni caso non verremo soddisfatti."

"Esprimere un bisogno porta solo alla frustrazione, quindi perché preoccuparsene?"

Le nostre aspettative nascondono un luogo dentro di noi che è profondamente ferito e affamato. Guardando dalla prospettiva della coscienza del bambino, la realtà che vediamo nel presente è distorta. Proiettiamo ciò che abbiamo sperimentato molto tempo fa sul presente, con tutta la paura e la sfiducia che abbiamo appreso con l'esperienza. Il presente può anche essere molto più sicuro e amorevole di quanto crediamo, ma noi non riusciamo a vederlo. Continuiamo a reagire come farebbe un bambino.

Senza consapevolezza e comprensione è facile sentirsi vittimizzati dall'esistenza o dai nostri amanti per quello che succede, piuttosto che vedere che siamo noi stessi a crearlo. Identificando lo schema con profonda compassione e con intuito, possiamo cominciare a modificarlo. Esaminerò questo procedimento in dettaglio più avanti. Per ora è sufficiente affermare che la mente del nostro bambino ha formato delle convinzioni e ripete schemi basati sull'esperienza della prima infanzia: noi dobbiamo trovare un modo per risvegliarci dal film che sta distorcendo la nostra realtà presente con proiezioni del nostro passato.

Esercizio: identificare le aspettative

Quali sono le tue aspettative nei momenti in cui ti senti deluso, frustrato o ingannato?

Quali sono le tue aspettative quando noti che stai giudicando qualcosa o qualcuno?

Quali sono le tue aspettative quando ti accorgi che stai accusando o che ti stai lamentando di qualcosa o di qualcuno?

Quali sono le tue aspettative rispetto al sesso, alla comunicazione, all'essere ascoltato, al trascorrere del tempo con qualcuno, al cibo, al riparo e al tempo?

Divertiti!

Capitolo 8

Strategie
Lo stato di coscienza del bambino in azione

Il nostro bambino in panico è completamente dedito alla soddisfazione dei suoi bisogni. È molto tenace. Questa tenacia è nascosta dietro le sue strategie. Le strategie sono il modo in cui otteniamo ciò che vogliamo. Abbiamo visto che nella mente del nostro bambino ci sono aspettative, molte delle quali inconsce. Quando una di queste non viene soddisfatta, ci troviamo di fronte a una scelta. Possiamo essere coscienti del dolore per non aver ottenuto ciò che ci aspettavamo o, come accade di solito, entrare quasi istantaneamente e inconsciamente in una strategia. Se sentiamo paura o dolore per non aver ottenuto la soddisfazione del bisogno o dell'aspettativa, non siamo in una strategia. Entriamo in una strategia proprio per evitare di sentire questo dolore e questa paura.

Richiesta e accusa (il martello)

"Dammela! Sono stanco/a delle tue scuse. Non sei mai disponibile per me. Perché hai una relazione se non provi il minimo interesse a dedicarci del tempo? Voglio la tua energia e la voglio adesso!" Questo è il bambino che pretende. Quando non ottiene ciò che vuole, il bambino si arrabbia ed esige. L'energia del pretendere nella strategia del "martello" si esprime così: "Io merito di averlo, lo voglio ora e non mi importa niente né dei tuoi bisogni né delle tue scuse".

Da bambini facciamo i capricci, ma da adulti diventiamo offensivi e violenti. L'energia del martello è aggressiva. Utilizziamo questa strategia per sopraffare e intimidire l'altra persona al fine di ottenere le cose come le vogliamo noi. Può risultare piuttosto irrazionale, reattiva e impetuosa. La carica che c'è dietro il martello può essere molto forte, perché è alimentata dalla rabbia di un bambino che è stato maltrattato, ignorato, violato, sottomesso o umiliato. E quel bambino porta con sé la convinzione che questa sia la sola maniera per ottenere ciò di cui ha bisogno. L'accusa è un altro aspetto di questa strategia. Dietro di essa si cela la richiesta che l'altra persona cambi. Accusare, a un certo livello, fa sentire bene. Non siamo costretti a sentire il dolore causato dal non ottenere ciò che vogliamo e non dobbiamo neanche prenderci la responsabilità del nostro ruolo nella situazione. Possiamo invece addossarla completamente all'altra persona.

Ho ancora delle difficoltà nel superare la mia tendenza ad accusare. Quando ci sono dentro mi sembra così appropriata e giustificata! Essendo un terapeuta, ho la massima padronanza di tutte le ragioni psicologiche per dire alla mia donna, o a un amico, dove sono loro e quanto sono sottosopra. Mi ci è voluta e mi ci vuole ancora molta consapevolezza per ricacciare dentro l'energia, sentire il dolore causato dal non ottenere ciò che voglio in quel momento e vedere come sto contribuendo alla situazione. Tutti quanti accusiamo qualcuno ma, se lo facciamo inconsapevolmente, l'intimità viene distrutta. C'è una sottile linea di demarcazione tra l'esprimerci con passione e l'accusare qualcuno. È così facile lanciarsi all'attacco dell'altro, piuttosto che limitarsi a esprimere il dolore e la frustrazione. Ciò che mi ha aiutato è il rendermi conto di dove sia diretta la mia energia. Se è verso l'esterno e focalizzata nel tentativo di convincere o di cambiare l'altro, sto accusando. Se è interiore, se la sento nella pancia e condivido la mia esperienza, anche se coinvolge l'altro, è meno probabile che lui/lei si senta accusato o attaccato e sarà in grado di ascoltarmi.

Quando utilizziamo questa strategia, generalmente otteniamo un effetto intimidatorio oppure portiamo gli altri ad arrabbiarsi e a chiudersi. Ciò non fa altro che accrescere il nostro panico e il panico dell'altra persona e, in questo modo, il martellare si fa sempre più forte. Usare il martello può farci sentire una certa gratificazione; se non altro non siamo crollati e possiamo esprimerci con forza. Ma finché questa energia viene usata non solo per esprimerci, ma anche per condizionare l'altra persona, si tratta di una strategia.

Manipolazione (l'uncino)

Il bambino in panico, nel corpo di un adulto, usa ogni sorta di invenzione per manipolare. Manipoliamo con il denaro, con l'amore, con il sesso, con la nostra intelligenza, con il nostro potere, con l'età, con il senso di colpa, con la generosità, con l'adulazione, con la compiacenza, con la disonestà. Manipoliamo mettendo il broncio, isolandoci e facendo finta di non aver bisogno di nulla, o che non ci importi di niente. Abbiamo imparato a manipolare sin dalla più tenera età. Guardavamo la situazione di fronte a noi e calcolavamo come giocarcela per ottenere quello che volevamo. Era un brillante meccanismo di sopravvivenza, tutti noi ne abbiamo avuto bisogno. Qualche volta le nostre strategie possono essere impercettibili e totalmente inconsce.

La manipolazione, come tutte le strategie, dispone di un'energia particolare. È un'energia ingannevole, calcolatrice e disonesta. Con l'uncino, fondamentalmente usiamo la nostra intelligenza per controllare un'altra persona con l'inganno. Sfortunatamente, il nostro comportamento manipolatorio diventa inconscio, così oggi non facciamo altro che ripeterne lo schema senza rendercene conto. Gli altri possono percepire la nostra intenzione di manipolare e si tirano indietro per proteggersi. Allora ci sentiamo ancora più abbandonati e spaventati, così troviamo ancor più ragioni per essere astuti. Dal momento che l'onestà e la schiettezza non funzionavano quando eravamo bambini, non c'è ragione di supporre che potrebbero funzionare meglio ora che siamo adulti.

Mina è una donna italiana, sulla trentina, bella e forte. Amorevole e dispotica, attrae uomini che desiderano una madre, poi gioca questo ruolo con loro finché non li sfinisce. Naturalmente Mina pensa che la sua energia "da madre che alleva" sia innocente e generosa, senza vedere l'intento manipolatorio che si cela dietro di essa.

Sam è un ricco imprenditore edile che provvede in tutto alla sua donna. Naturalmente lei è sopraffatta dalla sua generosità e sospetta solo vagamente che ciò la stia rendendo dipendente. Sotto sotto, però, è piena di risentimento. Mentre Sam pensa di essere soltanto un uomo amorevole.

Colpevolizzare (la piuma dalla punta di metallo)

Indurre gli altri a sentirsi in colpa è in sostanza anch'essa una manipolazione, ma è così frequente che merita una sezione dedicata. Molti di noi sono stati portati a provare il senso di colpa già in tenera età, specialmente se un genitore aveva bisogno di noi emotivamente. A volte veniamo fatti sentire in colpa verbalmente, ma più frequentemente ciò accade senza che venga detto nulla. È come una silente prigione che ci tiene reclusi e ci impedisce di seguire la nostra energia, o passione, per paura di tradire qualcuno nei confronti del quale ci sentiamo responsabili. Di recente Amana e io abbiamo tenuto una sessione con una coppia che rappresentava un buon esempio di senso di colpa. L'uomo era infelice sia nella vita sia nel lavoro e si aspettava che la sua ragazza lo facesse stare meglio. Poiché la madre di lei aveva proiettato simili aspettative sulla figlia, lei si sentiva in dovere di farlo sentire bene. L'uomo diceva alla sua ragazza che il fatto che lei fosse presente per lui quando si sentiva giù era una dimostrazione d'amore nei suoi confronti e, a causa del suo passato, lei accettava senza riserve la manipolazione. Sotto sotto, però, lei ribolliva di risentimento come facciamo sempre quando permettiamo a qualcuno di farci sentire in colpa.

Vendetta (il coltello)

Quando qualcuno ci ferisce, noi registriamo il dolore. A volte reagiamo immediatamente ma, quando veniamo feriti, spesso siamo troppo scioccati, avviliti e umiliati per riuscire a rispondere. Così conserviamo la ferita sotto la nostra maschera, per far credere che non ci importi.

Isabella, una frequentatrice italiana dei nostri seminari, ci raccontava che stava ancora combattendo con il fatto che il suo ragazzo si era sentito attratto, per un certo periodo di tempo, da una collega di lavoro. Poiché nella realtà non era successo nulla, lei si domandava come mai questa cosa le desse ancora fastidio. In realtà, il suo ragazzo è piuttosto dipendente e spesso si comporta con lei come un bambino regresso. Sebbene lei avesse assunto il ruolo di buona madre per la maggior parte della loro relazione, ultimamente aveva cominciato a porre dei limiti e ad allontanarsi dal ruolo materno. Come inconscia vendetta, lui le aveva confessato questa "forte" attrazione nei confronti di questa donna sul suo posto di lavoro.

Interiormente, non ci diamo pace finché non abbiamo restituito, in un modo o nell'altro, la ferita, perché una ferita al nostro amor proprio è la più profonda che possa esistere. Non mi ero mai reso conto di quanto stessi trattenendo il mio risentimento perché ignoravo sempre le umiliazioni subite, facendo finta che non me ne importasse nulla. Ma andando più a fondo in questo lavoro, mi sono reso conto che sia da bambino sia da adulto ho sopportato una tale quantità di umiliazioni, tanto da diventare insensibile al loro riguardo. Il risentimento mi ribolliva dentro per poi riaffiorare sotto forma di pettegolezzi negativi, giudizi o sarcasmo. Ero troppo abbattuto per esprimere il mio risentimento in maniera diretta. La mia tattica di vendetta preferita è sempre stata quella di interrompere il contatto o di riempirmi di impegni. Riuscivo a farlo con una freddezza brutale e una totale mancanza di sentimenti.

Se ci rapportiamo all'altro inconsapevolmente, la vendetta ha un impatto potente. Senza saperlo, ci stiamo vendicando con qualcuno per le ferite del nostro passato. Se qualcuno oggi viene a stuzzicare le nostre ferite, paga lo scotto per tutti i nostri risentimenti sepolti. Il nostro desiderio è quello di ferire l'altra persona per tutte le ferite che sentiamo dentro. Questa intenzione è raramente razionale. Possiamo metterla in pratica in maniera diretta, punendo l'altro, escludendolo, disprezzandolo o facendo del sarcasmo. E possiamo anche scegliere la via indiretta, facendo qualcosa che sappiamo farà soffrire l'altro quando la scoprirà. Essenzialmente, quando ci sentiamo feriti, non appena ci riprendiamo dallo shock e dal nostro collasso, pianifichiamo come prenderci la rivincita. Possono volerci anni, ma il nostro bambino ferito ha una memoria da elefante.

La nostra non consapevolezza rispetto alle nostre strategie ci porta molta infelicità. Quando utilizziamo una strategia, perpetuiamo la sfiducia che ci ha portato inizialmente a sviluppare la strategia stessa. Quanto più usiamo il martello, l'uncino o il coltello, tanto più si consolida la nostra convinzione che sia così che dobbiamo sopravvivere e che aprirsi ed essere vulnerabili sia pericoloso. La gente reagisce alle nostre strategie. È proprio la sfiducia che ci portiamo dentro dall'infanzia a evocare quel tradimento di cui abbiamo tanta paura. Perciò, la nostra convinzione che aprirsi e mostrare la propria vulnerabilità porti al tradimento diventa sempre più salda.

Aggiustare (il cacciavite)

"Se solo mi ascoltassi!", "Non ti sto chiedendo molto, ma se solo tu potessi...", "Perché non lo fai?" e così via. Questa strategia consiste nel volere "aggiustare" l'altra persona. In quanto terapeuta, con tutto il mio intuito e la mia percezione, sono spesso convinto di sapere ciò che è meglio per qualcun altro, specialmente riguardo ad Amana. Quando siamo certi che qualcosa sia nell'interesse dell'altra persona, è molto difficile trattenersi. Ma la motivazione non è del tutto pura e disinteressata. Dietro le nostre migliori intenzioni c'è il desiderio di cambiare l'altra persona affinché possiamo sentirci più in connessione, più soddisfatti, più in compagnia, più unici, e avere maggiori possibilità persino per approfondire l'intimità. Sfortunatamente spesso l'altra persona non è aperta ai nostri suggerimenti, in particolar modo quando fiuta che abbiamo dei programmi nascosti.

Occorre un grande controllo per riuscire a contenere tutta la nostra frustrazione e le speranze, e tenere per noi le opinioni e i suggerimenti. Ma la cosa importante è rendersi conto che si tratta di una strategia. Altra storia è se veniamo invitati a esprimere la nostra opinione o se chiediamo il permesso per dare un suggerimento. In questo caso può essere un bel gesto. Poiché nutro un grande rispetto per il punto di vista di Amana, spesso le chiedo di darmi un'opinione. E io sto imparando a fare lo stesso (con qualche difficoltà).

La benda

Ci occupiamo di un uomo la cui relazione sta andando a rotoli. Lui e la sua compagna non comunicano né fanno l'amore da qualche anno e non trascorrono più molto tempo insieme. Ma per lui, la relazione va bene. È venuto da noi perché sua moglie era infelice e lo ha convinto a frequentare un seminario insieme, ma quando gli abbiamo chiesto se vedesse qualche ragione per lavorare sulla loro relazione, non è riuscito a trovarne una. Per lui il livello della loro comunicazione è soddisfacente perché non ha mai saputo cosa sia comunicare apertamente e profondamente con un'altra persona. In più, è così occupato con il suo lavoro di medico che di rado ha del tempo libero e, naturalmente, non gli manca certo ciò che non ha mai conosciuto.

Questo è un caso piuttosto estremo, ma non è raro trovarci a negare il dolore della disconnessione quando siamo in una relazione. È più facile chiudere gli occhi, le orecchie e non provare niente. Mio padre era così. Si teneva occupato, anche dopo essere andato in pensione, trascorrendo il giorno fra le sue attività. Non imparò mai cosa fosse l'intimità con qualcuno, e io avrei probabilmente seguito il suo esempio se non ne avessi fatto esperienza in modo differente. Posso immaginare che avrei finito con il diventare proprio come lui. Molti di noi sono abituati alla negazione. Questo è ciò che affermiamo e abbiamo imparato da bambini. È una strategia molto efficace. Nessun dolore. Protetti e al sicuro nella nostra caverna isolata, senza sapere cosa ci stiamo perdendo.

Rassegnazione (la ciotola per l'elemosina capovolta)

Quando battiamo in ritirata disperati, apparentemente possiamo credere che non ce ne importi più. Ci sentiamo senza speranza e ci rintaniamo nella nostra caverna – quel posto dentro di noi così familiare e sicuro, ma isolato. Facciamo rotolare un masso davanti all'apertura e ci sentiamo soli. Molti di noi hanno una certa familiarità con questo spazio – è dove siamo soliti rintanarci quando tutte le nostre strategie hanno fallito. Ho notato che, nascosta dietro la mia rassegnazione, c'è sempre stata una profonda rabbia verso l'esistenza, e il desiderio che le cose fossero differenti.

Gran parte della nostra infanzia può essere stata riempita di sensazioni di scoraggiamento e di rassegnazione. Non è una sorpresa ritrovarci allo stesso punto. E, come per le altre strategie, anche questa convinzione diventa una profezia che si avvera da sé. Piuttosto che restare impegnati con l'altra persona, o con la vita, riconoscendo ed esprimendo il nostro dolore, stacchiamo e ci ritiriamo, ritornando ripetutamente a quel rifugio interiore, solitario ma sicuro e familiare. La rassegnazione non è una soluzione legittima, in nessun caso. In verità, si tratta semplicemente e assolutamente di rabbia e risentimento.

Non possiamo vivere senza amore. Arrenderci ci porta a

una profonda depressione o al cinismo. La maggior parte di noi attraversa dei periodi di rassegnazione, ma poiché il nostro bisogno d'amore è così irresistibile, alla fine usciamo dalla caverna e ci riproviamo. E andiamo avanti finché non scopriamo di nuovo che non stiamo ottenendo quello che desideriamo. Allora proviamo di nuovo a usare le strategie: non funzionano e ritorniamo nella caverna. Non è certo uno schema felice. Tuttavia è quello che facciamo tutti. Come si fa a uscire da questo circolo vizioso e deprimente? Dobbiamo entrare dentro di noi e sentire la paura e il dolore che stiamo evitando con le nostre strategie.

Le strategie hanno caratteristiche comuni

Ecco alcuni aspetti che aiutano a identificare una strategia:

1. Ogni strategia è un mezzo per influenzare l'altra persona e modificare il suo comportamento, al fine di ottenere ciò che vogliamo. In altre parole, è un modo per tentare di cambiare la situazione, per passare dalla delusione alla gratificazione. Quando vogliamo ottenere qualcosa da qualcuno, e non ne siamo consapevoli, invariabilmente adotteremo una di queste strategie.

2. Le strategie sono aspetti della nostra personalità e del nostro strato di protezione. Non hanno niente a che fare con la nostra natura essenziale, ma ci siamo così assuefatti che le scambiamo per quello che realmente siamo.

3. Essendo aspetti della personalità progettati per influenzare gli altri, le strategie possono essere offensive e provocare reazioni negative. Quando ci sentiamo allontanati, pensiamo che il nostro essere venga respinto e reagiamo con delle strategie. Generalmente ciò fa sì che veniamo respinti di nuovo e, questa, è una dolorosissima spirale verso il basso.

4. Le strategie sono modalità di comportamento che il nostro bambino ha appreso per ottenere ciò che voleva. Sono meccanismi di sopravvivenza. Sono comportamenti appresi in una situazione passata, ma applicati inconsciamente al presente.

5. Per abbandonare una strategia dobbiamo sentire la vulnerabilità che si nasconde dietro di essa.

6. Quando le strategie funzionano noi ci aggrappiamo an-

cora di più a esse e diventa sempre più difficile sviluppare consapevolezza nei loro confronti.

7. È estremamente difficile per noi riconoscere le nostre strategie. In quest'area abbiamo molti punti ciechi e siamo molto suscettibili al ricevere pareri al riguardo, perché ci sentiamo attaccati.

La danza delle strategie

Nelle nostre relazioni, per la maggior parte del tempo, facciamo "la danza delle strategie". Quando uno dei due si sente deluso, respinto o bisognoso, anziché esprimere direttamente il suo stato d'animo, di solito reagisce con una strategia. L'altro, a questa strategia, risponde con la propria e così comincia la danza che il più delle volte si conclude in conflitto, distanza e dolore.

Robert vuole alzarsi presto la mattina per andare a correre e poi meditare. Ha poco tempo per sé e trova nella mattina un momento speciale di quiete per stare solo con se stesso prima di andare a lavorare. Suzanne vuole che lui rimanga a letto a fare l'amore. Non lo vede molto e desidera questo tempo per entrare in contatto con lui. Robert si sveglia e si sente dilaniato, fra il senso di colpa se va a correre e il risentimento se rimane a letto. Suzanne percepisce il dilemma di Robert, ma vuole che rimanga. Così cerca di sedurlo.

Dapprima lui risponde, ma poi si tira indietro. Suzanne si arrabbia e lo assale perché lui non le concede mai del tempo. Lui si sente controllato, si arrabbia, si alza e indossa gli indumenti da jogging, senza dire una parola. Lei comincia a piangere, sentendosi di nuovo privata dell'amore e del nutrimento. Robert rifiuta di farsi risucchiare dal senso di colpa e se ne va, sentendo che non riuscirà mai ad avere la libertà di cui ha bisogno, pensando che nessuno lo capirà mai. Suzanne, lasciata indietro e abbandonata nuovamente, crolla ancora più profondamente in un pianto disperato.

Lavorare con le strategie

Osservare le nostre strategie ci offre uno strumento molto potente per osservare noi stessi. È un'opportunità per sviluppare consapevolezza su molti dei giochi che noi tutti inconsciamente conduciamo e che generano molto dolore. Portare consapevolezza all'interno di questi meccanismi approfondisce la meditazione e la capacità di entrare in intimità con qualcuno. Le strategie sabotano l'intimità. Sviluppare una certa consapevolezza su quando e come ne facciamo uso accrescerà la nostra capacità di ricevere nutrimento dagli altri. Spesso quando iniziamo questo processo siamo portati a giudicarci per quello che vediamo. Ma, come scienziati che stanno esplorando il mondo interiore e i comportamenti inconsci, dobbiamo avvicinarci con molta compassione.

Provocarsi a vicenda è nella natura della relazione che esiste fra amanti e fra amici. In effetti, tendiamo a essere attratti proprio da quelle persone che ci provocano di più. L'altra persona ci costringerà a rivivere le nostre esperienze infantili. Senza consapevolezza è facile scivolare inconsciamente nelle strategie, continuando a rafforzare le nostre vecchie convinzioni negative come, per esempio, pensare che dobbiamo combattere, che saremo sempre respinti e così via. In ogni momento c'è una nuova opportunità per portare consapevolezza al presente piuttosto che vivere sotto l'influenza del passato.

Robert, citato nell'esempio di prima, potrebbe reagire automaticamente oppure esprimersi in un nuovo modo, magari spiegando quanto ha bisogno di passare del tempo da solo, tentando nello stesso momento di comprendere i sentimenti di Suzanne. Lei, dal canto suo, piuttosto che scivolare immediatamente nelle strategie, potrebbe ascoltare Robert, avere comprensione per i suoi bisogni, quindi esprimere i propri in maniera diretta.

Ogni volta che siamo nelle strategie non entriamo in connessione con l'altra persona. È possibile che non sempre sappiamo cosa stiamo facendo, ma già sentire il dolore della mancata connessione con l'altro può farci intuire che c'è una strategia in atto. Due bambini affamati e reattivi non possono entrare in connessione, né nutrirsi l'un l'altro adeguatamente. Se potessimo comprendere una volta per tutte che le strategie in realtà non funzionano, forse smetteremmo di usarle. Sfortunatamente è più facile a dirsi che a farsi. Usiamo le strategie perché queste coprono una paura insediata molto profondamente dentro di noi, quella di non riuscire a ottenere ciò che desideriamo o di cui abbiamo bisogno. Si tratta di una sfiducia di fondo nei confronti della benevolenza dell'esistenza, che nasce dalle nostre ferite di vergogna, shock e abbandono.

Coltivare lo spazio interiore

Secondo la mia esperienza, quando ci prendiamo del tempo per guardarci dentro, troviamo uno spazio interiore per sentire il dolore o la paura, invece di reagire automaticamente con una strategia. Le paure legate alla sopravvivenza che ci portiamo dietro sono potenti e pressanti. Ma se cominciamo a trovare il tempo per entrare dentro di noi e per sentire noi stessi di nuovo, svilupperemo un'ampiezza interiore. Possiamo arrivare a ciò cominciando con il prenderci del tempo, anche per pochi minuti, per fermarci, chiudere gli occhi ed entrare nel profondo di noi stessi. Quando entriamo dentro di noi, possiamo scegliere di osservare il nostro respiro, ascoltare le sensazioni nel corpo, portare attenzione ai nostri pensieri o persino iniziare a consentirci di osservare e sentire le emozioni senza fare niente. Questo genere di pratica meditativa in un certo senso ci ricongiunge all'armonia dell'esistenza e lentamente ci insegna a rilassarci e a fidarci di nuovo.

Esercizio: identificare le strategie

Una volta che sei divenuto consapevole delle strategie, puoi cominciare a comprendere il modo in cui le usi e quello in cui vengono usate su di te.

Quali sono le tue strategie preferite?
A quale ricorri quando vuoi che venga soddisfatto un tuo bisogno?
Cosa fai quando vuoi qualcosa?
Cosa fai quando non ottieni qualcosa che vuoi?
Esplora l'energia che si cela dietro ognuno di questi comportamenti.

Parte terza

COME FUGGIAMO DALLE NOSTRE PAURE

Capitolo 9

Confrontarsi con le proprie illusioni sull'amore

Gran parte del nostro condizionamento si basa sull'evitare la paura e il dolore. Sostiene il nostro pensiero magico e il nostro comportamento. Come risultato, abbiamo costruito uno stile di vita fondato sul fuggire da queste sensazioni. La nostra cultura non offre un grande sostegno al lavoro interiore. Sarebbe veramente difficile immaginare di andarsene in giro per un supermercato mentre gli altoparlanti diffondono canzoni che esaltano le gioie della ricerca interiore, del sentire il dolore e dell'uscire dallo stato di coscienza del bambino. È molto più probabile, invece, ascoltare qualcosa del tipo: "Il mio amore mi ha appena lasciato e sono così triste. Ma perché la vita mi tratta sempre così male?".

Siamo stati condizionati a scappare da noi stessi attraverso la ricerca dell'"amore". Data la profondità delle nostre paure e del nostro dolore, ci sono buone ragioni per scapparne lontani. Una delle più grandi menzogne che ci raccontiamo è quella che troveremo un'altra persona che ci renderà felici e che caccerà via le nostre paure. Raramente siamo consapevoli che tutte le nostre ricerche e drammi d'amore sono poca cosa per il bambino dentro di noi in cerca di sollievo. Così, gran parte del nostro viaggio per uscire dalla paura può consistere nel guardare ai modi in cui le nostre storie d'amore si trasformano in tentativi inconsci e abituali di fuggire proprio dalla paura.

Confrontarsi con le proprie illusioni sull'amore

Qual è l'argomento intimo che più di frequente condividiamo con un amico di fronte a una tazza di caffè (o tisana)? Le nostre storie d'amore. Sono una fonte di grande preoccupazione. Non possiamo vivere senza amore, ma trovarlo e conservarlo è molto difficile. Perché quell'amore che comincia con tante speranze e promesse alla fine diventa un incubo? Come mai l'amore sembra spesso deteriorarsi in un amaro conflitto di potere o nella più fredda indifferenza? E perché mai continuiamo a ripetere una volta dopo l'altra sempre gli stessi dolorosi schemi?

L'amore è impossibile da trovare e da sostenere finché non ci siamo confrontati con le nostre paure e abbiamo cominciato a lavorarci. Fino ad allora, le nostre storie d'amore non sono altro che un modo per evitare il confronto con la paura. Riporto qui di seguito tre modi che usiamo comunemente per evitare la paura quando abbiamo a che fare con l'amore e l'intimità:

Ci aggrappiamo alla convinzione che troveremo qualcuno che ci libererà dalla paura e dal dolore – soprattutto dalla paura della solitudine.

Ci illudiamo credendo di essere autosufficienti – pensando che fondamentalmente possiamo farcela da soli.

Ci convinciamo che quando si manifesta un dolore o una paura la responsabilità è di qualcuno o di qualcosa al di fuori di noi.

Tre illusioni riguardo all'amore

Queste sono grandi illusioni da superare. Molto grandi. Molto più grandi di quanto io mi sia mai reso conto. Sono coperte da strati su strati di menzogna. Attraversiamo uno strato solamente per scoprire che sotto ce n'è un altro ancora. Le false credenze e i comportamenti che ne conseguono si rivelano chiaramente non appena ci apriamo a un'altra persona. A meno che non le portiamo alla luce della consapevolezza, queste azioni continuano a sabotare i nostri sforzi di trovare l'amore.

Il sogno romantico

Non avevo mai realizzato quanto fossi profondamente dipendente e condizionato a credere nel sogno romantico. Pensavo che, essendo un ricercatore spirituale così "evoluto", questo schema non mi appartenesse. Non stavo cercando la mia principessa. Ma quando cominciai il lavoro sulla co-dipendenza compresi quanto mi stessi prendendo in giro. L'avevo solo spiritualizzato, stavo cercando "la mia anima gemella". Non so se le anime gemelle esistano davvero, così per me questo concetto era puro romanticismo glorificato. Cominciavo ogni nuova relazione aspettandomi di aver finalmente trovato la donna giusta che stava aspettando me. E per un po' sembrava proprio fosse così. Ma alla fine, quando cominciavano a manifestarsi conflitti e frustrazioni, arrivavano puntualmente la delusione e la disillusione.

Quando cominciamo a conoscere meglio il nostro bambino interiore traumatizzato e in preda al panico, risulta anche più facile capire perché veniamo conseguentemente sedotti da fantasie sul trovare un "compagno perfetto". Solo nel modo di pensare e di sentire del bambino, possiamo immaginare che il sollievo, la pace e il nutrimento che desideriamo così tanto debbano necessariamente provenire dall'esterno.

È fin dall'infanzia che questo sogno ci seduce con incantevoli fiabe. Ci dice: "C'è uno splendido principe (o principessa) che ti aspetta e quando lo (la) troverai tutti i tuoi sogni si avvereranno". A un livello più profondo, quello che la voce sta dicendo è: "Una volta che avrai trovato la persona giusta, i tuoi dolori e la tua solitudine finiranno. Questa persona ti comprenderà e ti amerà profondamente, colmandoti di sostegno, rispetto e sensibilità".

In un'altra versione, altrettanto dannosa, la voce dice: "Non appena c'è un conflitto, è tempo di dividersi. I problemi significano che non si è compatibili l'uno con l'altra e tu, semplicemente, non sei insieme alla persona giusta. Discutere, litigare e cercare di risolvere la questione è una perdita di tempo e di energia. Non c'è niente da risolvere o superare; è tempo di cercarsi qualcun altro/a. Le relazioni non sono fatte per essere una difficoltà o una lotta". Gran parte del nostro condizionamento si basa sulla perpetuazione del mito della storia d'amore ideale, ma in realtà nasconde soltanto la riluttanza ad accettare che la "persona perfetta" non soddisferà tutti i nostri bisogni. Siamo indottrinati con questa fantasia fin dall'infanzia, attraverso libri, canzoni d'amore, programmi televisivi e film.

Riusciamo a mantenere il sogno romantico durante il periodo di luna di miele. Le cose sono ancora abbastanza fresche e noi siamo ancora relativamente innocenti, così che le nostre proiezioni sull'altro non si manifestano immediatamente. Possono ancora restare nel mondo ideale. Oltretutto le fantasie vengono sostenute con molto aiuto da parte degli ormoni. Ma quando la copertura svanisce e il tempo comincia a rivelare che il nostro amato non è così perfetto come credevamo, cominciano i guai. Allora, o ci adattiamo in una qualche sistemazione di co-dipendenza, o passiamo oltre. Arrendersi al sogno romantico è facile, ma non ha niente a che fare con l'arrendersi all'amore. Ho imparato nel modo più duro che il romanticismo non ha alcuna relazione con la realtà. Fintanto che mi aggrappavo alle mie fantasie non dovevo confrontarmi con la mancanza di fiducia, con la paura e il dolore di non essere amato. Potevo cercare rifugio nell'idea che un giorno, qualcuno, in qualche modo... Le fantasie romantiche ci proteggono dalle sensazioni di paura perché ci impediscono di vedere e di sperimentare la vita così com'è. Con le fantasie romantiche proiettiamo sulla vita un'idea di come vorremmo che fosse. Viviamo nella speranza.

Negazione e falsa autosufficienza

Quando, durante la mia crescita, mi guardavo intorno, quello che vedevo erano persone apparentemente molto sicure di sé e autosufficienti. Non si trattava di un ambiente incline a favorire sensazioni, emozioni, sentimenti e la loro espressione. Molti anni dovevano passare prima che io imparassi cosa fosse un bisogno. Le lezioni che ricevetti mi inse-

gnarono che la strada da percorrere nella vita era quella di sviluppare il mio potenziale, lavorare sodo e aiutare gli altri con
il mio lavoro, facendolo al meglio possibile. Lezioni preziose,
ma tristemente carenti nel legittimare la mia vulnerabilità. Le
imparai per bene e divenni sicuro di me e autosufficiente. Ero
un tipo vincente con un rifiuto totale per la mia parte femminile. Naturalmente, quando finalmente mi concedevo di avvicinarmi a una donna, prima o poi la criticavo perché era troppo bisognosa e insicura.

Questo è un modo molto ingannevole di mascherare le proprie paure perché, almeno nella mia esperienza, tale processo nascondeva completamente tutti i timori relativi al contatto ravvicinato e all'abbandono. Non sospettavo nemmeno di
avere dentro di me queste paure. Dentro di me una voce mi
diceva: "Sei in grado di prenderti cura di te stesso. Accetta la
tua solitudine perché le cose stanno così e dimentica i tentativi di trovare qualcuno che ti ami e che ti capisca. Non succederà mai, comunque. Puoi occuparti dei tuoi bisogni meglio di chiunque altro. In realtà non c'è niente che tu non possa fare per te stesso e questo ti risparmia un sacco di problemi. Se entri in una storia d'amore, finirai comunque per ri-
piegare su te stesso, deluso e di nuovo da solo".

Evitavo la paura di aprirmi ai miei bisogni, semplicemente
negandomi di averli. Evitavo di sentirmi vulnerabile o di rischiare di perdere il controllo vivendo, in una sorta di bozzolo costituito da una forte immagine di me, interessi, valore,
sfide e indipendenza. Scoprii più tardi che nella co-dipendenza
questo tipo di persona viene chiamato "anti-dipendente". Gon-
fiamo questa fantasia di autosufficienza con altre dipendenze compulsive come il lavoro, l'alcol, le droghe, il sesso e così
via. Per superare la mia negazione sono dovuto uscire fuori
da quello stato di trance che mi faceva credere che tutto fosse a posto e che i miei bisogni erano stati assecondati. Ciò che
avevo era una vita derubata dell'intimità e della profondità.
D'altronde, quando guardiamo a questo schema con un atteggiamento di comprensione nei confronti del bambino interiore in panico, è facile rendersi conto che può trattarsi di
una naturale forma di protezione per evitare di sentire il dolore dell'abbandono. Il bambino, provando il dolore di non essere accolto, apprezzato, sostenuto o amato, si rifugia nel suo
guscio molto precocemente e trova un modo per sopravvivere che non conta sugli altri per soddisfare i suoi bisogni.

Ma l'illusione dell'autosufficienza ci protegge dalle nostre paure altrettanto efficacemente del sogno romantico. Lo fa nascondendoci nel nostro isolamento, dove non dobbiamo mai riconoscere né affrontare la paura. E finché non usciamo dal nostro isolamento e osiamo avvicinarci a qualcuno, la paura non si risveglia. Il prezzo che paghiamo per questa posizione consiste nel non percepire la nostra vulnerabilità. E, abbastanza semplicemente, se non possiamo sentirci vulnerabili non possiamo avere amore.

La coscienza dell'accusa

Con questa illusione, colpe e problemi sono sempre dell'altra persona, oppure sono l'ambiente o la situazione a non essere giusti. Nello stato di coscienza del bambino risulta naturale dare la colpa al mondo esterno, perché non sentiamo di possedere le risorse per ottenere ciò di cui abbiamo bisogno fino a che non cambiamo qualcosa o qualcuno al di fuori di noi. In quello stato di coscienza, non riusciamo a sentire di avere la capacità di dare a noi stessi ciò di cui abbiamo bisogno. Questa illusione mi sembra la più difficile da superare. Mi sono reso conto che il mio accusare nascondeva un luogo dentro di me nel quale albergava una profonda rabbia, senza neanche conoscerne la causa. Posso ricondurre gran parte di quella rabbia ai miei traumi infantili e un'altra gran parte alla mia irritazione nei confronti dell'esistenza, per i dolori e le frustrazioni che mi provoca. Senza saperlo ho proiettato quella rabbia e quel dolore sulle persone che amavo, sugli amici e su tutte le situazioni in cui mi sentivo frustrato e ignorato. Nel bruciore della delusione o della frustrazione, è stato abbastanza istintivo per me spostarmi verso l'accusare piuttosto che rimanere con il mio dolore. Perché no? Accusare è molto più comodo del sentire il dolore.

Accusare è abbastanza comune, sposta convenientemente l'energia sull'altra persona, così che non dobbiamo guardare a noi stessi. Lo facciamo tutti. In quel momento, probabilmente, non ci viene neanche in mente che potremmo dover osservare qualcosa in noi stessi. Quando qualcuno ci dice di assumerci più responsabilità, noi concordiamo totalmente e poi aggiungiamo: "Ma sono nauseato/a dal modo in cui lei/lui non è mai disponibile per me e sono stanco/a del fatto che non prenda mai in considerazione i suoi problemi". Intellettualmente impariamo le cose molto velocemente, ma quando veniamo messi di fronte al dolore, ecco che salta fuori la tendenza ad accusare. Ci vuole costante consapevolezza per riportare l'attenzione sul nostro mondo interiore e accorgerci che l'altra persona è solo uno specchio, da cui imparare di più su noi stessi. Questa non è una pillola facile da ingoiare.

Naturalmente, smetterla di incolpare gli altri non significa che non dobbiamo porre dei limiti quando ne sentiamo il bisogno. Questa distinzione è una fra le più difficili tra quelle che trattiamo durante i nostri seminari. Accusare non è la stessa cosa che porre dei limiti. Quando pongo un limite l'energia rimane con me. Non la getto addosso all'altra persona facendo un torto. Porre dei limiti accresce il rispetto per se stessi e la dignità, accusare qualcuno no.

La decisione di andare dentro di sé

Romanticismo, autosufficienza e *accusa* sono tre aspetti dello stato di coscienza del bambino che toccano corde molto profonde della nostra psiche. Queste illusioni ci giustificano e danno un senso alla nostra vita. Le fantasie romantiche, il mito dell'autosufficienza o la convinzione che il mondo esterno sia la causa del nostro dolore sono alcuni dei pilastri che sorreggono il modo in cui viviamo e comprendiamo la vita. Abbandonarli significa piombare nell'ignoto. Per di più, li usiamo inconsciamente per rimanere nascosti, protetti e al sicuro. Senza di essi siamo nudi.

È terrificante confrontarsi con le proprie ferite e sono poche le situazioni che le stuzzicano più efficacemente delle relazioni intime. È una vera sollecitazione per i sentimenti di gelosia, di abbandono e di rifiuto: le ferite che ci fanno sentire fraintesi, non amati né sostenuti. Ma sono convinto, per esperienza personale, che quando riportiamo l'energia all'interno e cominciamo sinceramente a guardare noi stessi, la trasformazione accade. Non dobbiamo neanche preoccuparci di riportare alla luce ricordi sepolti dell'infanzia o di vite passate. La nostra vita presente e soprattutto le nostre relazioni significative fanno emergere tutti gli schemi, tutte le ferite, tutto il materiale di cui abbiamo bisogno per lavorare.

Capitolo 10

Il dramma del dipendente e dell'anti-dipendente

Uno dei sistemi più efficaci per evitare di entrare in contatto con la paura e il dolore interiori è quello di perdersi in drammi relazionali senza fine, ripetendo ininterrottamente gli stessi schemi. Fino al momento in cui non scopriamo cosa si cela dietro questi drammi, la nostra vita è piena di continue delusioni e frustrazioni. Diamo uno sguardo a questo dramma. In buona sostanza abbiamo a che fare con il dramma del dipendente e dell'anti-dipendente.

Preparare la scena

Questo dramma non ha inizio finché il periodo della "luna di miele" non è terminato. La luna di miele è uno stato di alterazione, come quello che genera una droga. Siamo persi nelle fantasie, in una serie di proiezioni positive che ancora non sono state danneggiate dal tempo e dalla familiarità. Ci sentiamo aperti e traboccanti d'amore. Ogni persona nuova diventa il contenitore per tutte le proiezioni positive che abbiamo riguardo l'amante ideale. Per un po', fintanto che il sogno dura, le proiezioni reggono. Generalmente durante questa fase i conflitti sono inesistenti o minimi. Il sesso va alla grande e la compatibilità sembra prossima alla perfezione. Le nostre difese calano e ci godiamo un periodo di meravigliosa fusione, qualcosa che tutti noi desideriamo ardentemente. La nostra energia si espande con questa nuova vitalità. Proiettiamo sull'amante molti dei bisogni che nell'infanzia non sono stati soddisfatti e, durante questo periodo, crediamo veramente che ora lo saranno.

Prima o poi l'energia comincia a cambiare, alcune volte schiantandosi al suolo, altre volte indugiando nella disillusione. Abbiamo permesso a qualcuno di avvicinarci, oltrepassando quel certo limite che normalmente, spesso inconsciamente, manteniamo invalicabile nelle relazioni con gli altri. Questa persona ha aperto le nostre porte, almeno temporaneamente e, una volta che ci siamo aperti, siamo anche più esposti alle delusioni. Siamo usciti dal nostro isolamento e ci siamo aperti all'amore. Ma, in questo modo, ci apriamo anche ai nostri traumi, i traumi di abbandono e di invasione. *E un trauma senza consapevolezza porta alla co-dipendenza.* La fine della luna di miele ci può piombare addosso con un'opprimente sensazione di delusione e di disperazione. Realizziamo finalmente che le nostre più profonde aspettative di soddisfazione potrebbero essere disattese e che questa persona non è proprio l'anima gemella ideale che pensavamo fosse. Siamo passati dal regno dei sogni delle proiezioni positive all'incubo di quelle negative. Quello che spesso accade in questi momenti è che ci polarizziamo su una delle due posizioni, su uno dei due stati emozionali. Una persona vuole più amore, unione, attenzione e connessione mentre l'altra desidera fortemente più tempo per stare da solo/a, più spazio e più libertà. Questo è il dramma del "dipendente" e dell'"anti-dipendente".

L'anti-dipendente incontra il dipendente

Una coppia che ha recentemente partecipato a uno dei nostri seminari offre un buon esempio di una situazione che sembra essere quasi universale. John e Cathy si sono amati e hanno convissuto per più di quattro anni. Durante i primi anni della loro relazione si sono entrambi goduti uno stupendo periodo di luna di miele, senza avere conflitti, apprezzandosi reciprocamente e sentendo di aver trovato la propria anima gemella. Dall'ultimo anno, comunque, le cose non sono più andate lisce fra loro. Le differenze riguardo alle loro priorità sono diventate sempre più laceranti e i litigi più frequenti.

Entrambi si sentono frustrati e cominciano a sospettare che qualcosa nella loro relazione sia profondamente sbagliato. John pone la sua libertà, la sua indipendenza e la sua ricerca spirituale al di sopra di tutto e si sente pressato da Cathy. Lei, che apprezza l'intimità e la profondità nel rapporto con il suo amato, sente di non avere la possibilità di passare abbastanza tempo insieme a lui che, a suo parere, raramente è disponibile dal punto di vista emozionale.

Quello che segue è un estratto delle loro interazioni:

Cathy: "Non sopporto quando mi escludi. Passi così tanto tempo a fare le tue piccole cose perché hai una paura enorme che qualcuno ti si avvicini".

John: "Non avrei alcun problema ad avvicinarmi a te se la smettessi di essere così bisognosa. Non sopporto come continui a battere sul tasto della vicinanza e della condivisione, mi fa diventare scemo".

Cathy: "Ti fa diventare scemo perché sei terrorizzato. Se lasciassi avvicinare qualcuno, come faresti a tenere sempre tutto sotto controllo?".

John: "Stronzate! Tu sei interessata al controllo quanto me. Vuoi controllarmi in modo che io sia proprio come tu desideri. Hai così paura di stare da sola che vuoi soltanto nasconderti nella relazione. Questa non è intimità, è dipendenza".

Cathy: "Ah, e il modo in cui tu sei ossessionato dal lavoro e da tutte le tue piccole attività, quella non è una dipendenza?".

John: "Okay, penso che tutti e due abbiamo qualcosa di cui occuparci. Ma non si risolve niente se tu non mediti di più".

Cathy: "Il tuo trip della meditazione è soltanto un'altra scappatoia. Quello di cui abbiamo bisogno è di fare di più l'amore, non di meditare di più".

E così via. Vi suona familiare?

L'anti-dipendente

L'anti-dipendente evita l'intimità perché si è sentito tradito dall'*amore*. Ciò che ha vissuto in nome dell'amore spesso era invece manipolazione, possessività, oppressione, protezione eccessiva o sentirsi usati per colmare i bisogni emozionali dei suoi genitori. Perciò, nella sua attuale relazione, attrae l'amore perché ne ha bisogno, ma poi lo respinge quando gli arriva troppo vicino, o quando avverte anche il minimo bisogno della sua "libertà", così ben coltivata fino ad allora.

Conosco bene il ruolo dell'anti-dipendente perché io stesso l'ho giocato nelle mie precedenti relazioni intime. Avevo sviluppato quasi una fobia per la paura che qualcuno mi si avvicinasse troppo e mi soffocasse. Tutte le donne con cui ho avuto una relazione abbastanza lunga si sono lamentate della stessa cosa. Erano attratte e ammiravano la mia intelligenza, la fiducia in me stesso, la dedizione e l'impegno che mettevo in tutto ciò che facevo, la devozione nella ricerca spirituale e il mio altruismo. Ma mi trovavano troppo rigido e costruito, non disponibile emotivamente e poi si sentivano sempre troppo in basso nella mia lista delle priorità.

Non ero disponibile emotivamente per gli altri perché non lo ero per me stesso. A causa dello shock subìto, mi è sempre risultato difficile entrare in contatto con i miei sentimenti e ancora più difficile condividerli. Essere visti per come si è in realtà ed essere amati è qualcosa verso cui nutro molta diffidenza, per questo mi sono sempre protetto molto e sono stato molto "all'erta". Da un lato desideravo disperatamente aprirmi con una donna, ma ho sempre sospettato che questo avrebbe significato sacrificare la mia libertà e compromettere la mia identità spirituale per una storia d'amore. Ho sempre guardato con diffidenza a tutti i "viaggi" emozionali che sembrano andare di pari passo con le relazioni, detestando il pensiero di essere appesantito da un eccesso di drammatizzazioni. Tuttavia l'alternativa, vivere da solo, mi sembrava comunque arida e poco gratificante. Così continuavo a provare, scontrandomi ogni volta con le stesse barriere. A un certo punto mi sentivo trascinato e cominciavo a tirarmi indietro, rientrando nel mio sicuro rifugio interiore, che conoscevo così bene. Le mie partner reagivano con rabbia e frustrazione, io rispondevo tirandomi indietro ancora di più, sentendomi sempre più soffocato e indignato.

Desideravo ardentemente trovare la verità nelle relazioni, ma quando guardavo fuori dal mio isolamento, alle donne che volevano dividere il loro cuore con me, quello che vedevo era soprattutto dipendenza emozionale, controllo e manipolazione. Sentivo che se mi fossi aperto sarei stato dominato totalmente. Questo mi procurava angoscia allo stato puro. Il mio cuore era chiuso e io non sapevo come comportarmi con il mio bambino interiore affamato e diffidente. Era come se mi fossi costruito da solo una prigione, senza la porta per uscire. Penso che tutto ciò avesse qualcosa a che fare con le cure che avevo ricevuto da mia madre, così iperprotettiva da schermarmi dalle mie paure (e anche dalle sue). Da un certo punto di vista devo averlo desiderato anch'io, ma come risultato ho perso il contatto con me stesso. Avvicinarmi di nuovo a una donna risvegliava la stessa paura di essere controllato o dominato. Ma quello che in realtà mi spaventava di più nell'entrare in contatto con una donna, era farmi carico delle sue paure e fondermi con esse. Cosa che nascondevo con l'accusa di essere stato distolto dalla mia spiritualità e dalla mia creatività. Per confrontarmi con le paure che stavo proiettando sulle altre persone, dovevo aprirmi alle mie stesse paure.

La mia anti-dipendenza aveva anche qualcosa a che fare con il modello di intimità che avevo ereditato da mio padre. Un uomo molto sensibile, che esprimeva la sua anima suonando musica classica e lavorando con la gente (dedicò gran parte della sua vita lavorativa ad aiutare rifugiati ebrei sparsi per il mondo). Ma gli mancavano gli strumenti o la consapevolezza per condividere con gli altri le sue paure e la sua vulnerabilità. Come risultato, anch'io imparai a isolarmi e a nascondere i miei sentimenti. Solo quando cominciai a riconoscere la profondità delle mie paure iniziai veramente a cambiare schema. Da anti-dipendente, mi limitavo semplicemente a reagire alle paure piuttosto che affrontarle. Divenne sempre più chiaro che le paure erano fondate su realtà del passato che io continuavo a ricreare nel presente. Imparando a porre dei limiti e a rischiare, uscendo dai miei vecchi schemi di isolamento, ho potuto cominciare a esplorare a fondo le mie paure dell'intimità.

E ora, piuttosto sorprendentemente, sto sperimentando l'altra faccia della medaglia, ovvero, cosa si prova a sentirsi dipendenti. Nel nostro lavoro, chiamiamo il passaggio dallo stato di anti-dipendente a quello di dipendente "l'attraversamento del primo fiume". Non molto tempo fa ricevetti una chiamata da un conoscente che, come me, tiene seminari. Precedentemente, si occupava di seminari sulla consapevolezza che risultavano essere non molto connessi alla sfera emozionale. Ora, che ha una relazione da un anno, nei suoi seminari ha cominciato a lavorare sull'intimità e sulla capacità di relazionarsi. Mi disse che dopo essersi innamorato così profondamente della donna con la quale sta ora, per la prima volta nella sua vita, stava provando che cosa significasse essere dipendente da qualcuno, sentire sopraggiungere paure sull'aver bisogno di lei, paure di perderla, sentirsi geloso e insicuro.

Il dipendente

Il dipendente si aggrappa perché si dispera per amore. Alla base c'è una profonda ferita d'abbandono che si manifesta sotto forma di panico e che porta a rimanere aggrappato al partner. Questo aggrapparsi, questa gelosia ossessiva o, ancora, questa vigilanza eccessiva sul partner che non ha dei veri e propri motivi di esistere, in realtà nasconde il terrore di essere lasciati o di restare soli. Il comportamento del dipendente è un modo per fuggire dal *provare* e *soffrire* le paure dell'abbandono.

Un'amica, Allison, ha una relazione amorosa da più di dieci anni. È molto innamorata del suo uomo ma, dopo tutto questo tempo, sta ancora cercando di imparare come non avere paura di lui – paura della sua rabbia e del suo rifiuto. Quando è vicina a lui facilmente si perde. Spesso trova difficoltà a essere se stessa o a esprimere le sue sensazioni. Questo si verifica con maggiore intensità quando lui è critico nei suoi confronti. Dal momento che la sua paura di essere rifiutata è così opprimente, Allison non riesce a sopportare il pensiero che il suo uomo possa abbandonarla, così gran parte della sua vita ruota intorno ai bisogni e ai desideri di lui. Da sola o con amici, invece, è più facile per lei essere fiduciosa e sicura di sé. Sebbene in passato abbia avuto molti altri uomini e sia ancora una donna attraente, Allison ha poca fiducia di poter trovare, se perdesse il suo amato, un altro uomo come lui – così sensibile, forte e così impegnato nella ricerca della verità e nella sua crescita spirituale.

In effetti, non ha ancora la più pallida idea di come potrebbe essere la sua vita senza di lui. Basta il solo pensiero a terrorizzarla. Gradualmente, lavorando intensamente, Allison sta cominciando a trovare il coraggio per prendersi gli spazi di cui ha bisogno. In un lento processo, ha imparato ad avere fiducia in se stessa e ha trovato il coraggio di fare ed esprimere ciò di cui ha bisogno, senza essere così terrorizzata dal rifiuto o dalla rabbia.

L'anti-dipendente nella relazione

Entrate nella stanza di un anti-dipendente e la troverete somigliante a un tempio zen – sobria, essenziale, e ordinata. In un angolo, una biblioteca in miniatura di testi zen, in un altro una statua di Buddha seduto in profonda, beata meditazione e, di fronte a essa, un cuscino da meditazione con delle campane tibetane sopra. Tutto molto ordinato, silenzioso e tranquillo (parlo per esperienza). Oppure la stanza potrebbe sembrare un deposito di attrezzature per sport all'aperto – mute e tavole da windsurf, equipaggiamento per l'arrampicata su roccia, racchette da tennis, occhialini per il nuoto.

Individualità, libertà, solitudine e meditazione sono gli dèi dell'anti-dipendente. Egli inoltre razionalizza la sua posizione, instaurando un sistema di convinzioni a sostegno dell'idea che il succo della vita sia entrare nel proprio essere soli. Naturalmente l'anti-dipendente sarà in grado di trovare tutte le pubblicazioni adatte a sostenere questa visione delle cose. "Leggi questo passaggio sulla solitudine..." è possibile che dica alla sua donna, sperando, a ogni nuovo passaggio, di convincerla finalmente della verità del suo punto di vista. Ma tutti questi sono effettivamente falsi dèi, perché il suo stare da solo, la sua libertà e la sua meditazione stanno celando un profondo bisogno di essere toccato, un profondo bisogno di calore e d'affetto. Riusciamo a essere molto disciplinati, ma la disciplina è, solitamente, una compensazione per il vuoto e l'insicurezza annidate in profondità.

È vero, un/una anti-dipendente può aver raggiunto una certa comprensione dell'indipendenza e della libertà. La sua ricerca di una condizione di "non attaccamento" è sincera, ma incompleta perché il suo cuore è chiuso. Può aver imparato a passare lunghi periodi di tempo da solo/a, ma c'è un profondo dolore in questa solitudine. La libertà che sta cercando può arrivare soltanto se include anche l'amore. Ma l'anti-dipendente ha così paura dell'amore che si costruisce delle rigide convinzioni per coprire il profondo terrore di diventare dipendente e perdere il controllo. Non si rende conto dei suoi giochi di potere. Nella sua "autosufficienza", l'anti-dipendente può facilmente umiliare e maltrattare il suo partner perché non è in contatto con il proprio essere ferito. E piuttosto di sentire il proprio dolore, investe tutta la propria energia nell'accusare e nel maltrattare. Se teme che il partner possa andarsene, può anche fare un gesto di apertura, ma si tratta di un gioco. Una volta che ha ripreso il controllo della situazione, torna a comportarsi come prima.

Per alleviare la tensione e il dolore generati dal nascondere incessantemente il sottostante bisogno di contatto emozionale, l'anti-dipendente può cercare sollievo nell'alcol, nella droga o nel lavoro compulsivo. Tuttavia ciò lo esclude ancora di più dal proprio essere e lo fa sprofondare in una spirale che spesso diventa sempre più autodistruttiva. Alla fine, l'amante di un anti-dipendente incomincia a rendersi conto che tutti gli sforzi per stabilire dei contatti emozionali durevoli sono senza speranza. Questi contatti possono verificarsi di tanto in tanto, ma poi lui/lei viene respinto/a così spesso che alla fine se ne allontana esasperato/a. A questo punto l'anti-dipendente può ritrovarsi in ginocchio. Egli può effettivamente arrivare faccia a faccia con la sua profonda solitudine se può permettere a se stesso di percepire il dolore, riconoscere che sta replicando uno schema doloroso, e se incomincia a guardarsi dentro. Ma, di solito, l'anti-dipendente semplicemente accusa l'altro di essere troppo bisognoso, oppure trova qualche altra giustificazione per il fallimento della relazione, alimentando così la sua convinzione che l'amore sia impossibile. Quindi, si perde con qualche distrazione fino a quando non si innamora di nuovo. E allora il film ricomincia da capo. Si ritrova di fronte a un'altra persona, ad ascoltare lo stesso parere e a pensare, sconcertato: "Accidenti, non l'ho già sentito prima, da qualche altra parte?".

Il dipendente nella relazione

La stanza del dipendente non è un tempio zen. Al contrario, spesso si tratta più di un tempio tantrico – luci soffuse, cuscini, fiori, lampade per essenze, quadri con i sutra del Karma indiano. Mentre l'anti-dipendente dà lezioni sulla solitudine, sulla libertà e sull'indipendenza, il dipendente chiacchiera meravigliosamente sulla condivisione, l'intimità e l'apertura. È guerra – zen contro tantra. Come l'anti-dipendente, anche il dipendente ha i suoi falsi dèi. Ciò che chiama intimità e amore non è reale perché scaturisce dalla paura. La paura della solitudine del dipendente può sabotare la relazione tanto quanto la paura dell'intimità che prova l'anti-dipendente. Se queste paure vengono eluse, il dipendente sarà per sempre in cerca di qualcuno che lo protegga dalle sue stesse paure. Ciò che accade è che l'altra persona, o la vita stessa, lo/a costringeranno a tornare a se stesso/a attraverso l'esperienza di sentirsi deprivato o rifiutato.

La paura o, per meglio dire, il terrore del dipendente è quello di sentirsi solo e non amato. I suoi sforzi per ricevere amore sono sovente disperati. Così, diventa spesso compiacente, asservito e mendicante, inchinandosi all'altro per ottenere amore, aspettando e sperando, frustrato. Sta cercando quel tipo speciale che vuole veramente aprirsi, che mette tutto il suo impegno nella relazione e che non relega l'intimità in fondo alla sua lista delle priorità. Quando è da solo/a soffre, ma quando è con un'altra persona è sempre in attesa di qualsiasi briciola d'amore possa ricevere. Una volta entrato in una relazione gli è quasi impossibile rilassarsi, perché gran parte della sua identità, del suo benessere e del suo senso di individualità è impegnata nell'altra persona. I dipendenti pongono pochi limiti e si perdono sempre nell'altro.

Le sue espressioni emozionali, sebbene intense e totali, spesso possono essere un modo per evitare le sensazioni piuttosto che per conviverci. Mentre l'anti-dipendente prova spesso dei sensi di colpa per la sua mancanza di presenza e di sensazioni, il dipendente può usare le sensazioni come sistema per manipolare il suo amato. Spesso quando il dipendente afferma di muoversi da uno spazio di vulnerabilità e di apertura, il suo può essere un gioco di potere, pieno di aspettative, di richieste e di desiderio di controllo. Naturalmente questo comportamento provoca una reazione e, invece dell'amore, il risultato è la Terza guerra mondiale. Il desiderio di intimità del dipendente è sempre contaminato da bisogni per i quali non si sta assumendo alcuna responsabilità. I suoi sforzi per raggiungere l'intimità sono infettati da una sottile manipolazione: l'accusa, diretta all'altro, è di non volersi aprire. Ciò genera un senso di colpa che conduce soltanto a sempre maggiore distanza e conflitti.

La drammatizzazione può essere lo stimolo che ci riporta dentro di noi

Ciò che rende la drammatizzazione così interessante, e rende così difficile uscirne, è il fatto che da entrambe le parti si crede di avere ragione. E, in un certo senso, si ha ragione a metà. Riusciamo a vedere l'ipocrisia e la falsità nell'altra persona ma, sfortunatamente, non in noi stessi. Molte delle mie sessioni di *counseling* sulla co-dipendenza cominciano con le lamentele che ognuno dei partner avanza nei confronti dell'altro. Solitamente i dipendenti si iscrivono a gruppi e sessioni più spesso degli anti-dipendenti, perché investono maggiormente nel lavoro sulla relazione. Gli anti-dipendenti, invece, affrontano la disarmonia della relazione meditando, scalando montagne o lavorando.

Inoltre, quando siamo dipendenti siamo generalmente più

in contatto con il nostro dolore. Per porre fine al dramma, dobbiamo guardarci dentro invece di focalizzare l'attenzione sull'altro. Prima o poi, dopo un sufficiente numero di ripetizioni, cominciamo ad accorgerci che, sebbene i personaggi possano cambiare, il dramma continua. In effetti il dramma è spesso ciò che ci costringe ad affrontare la situazione. Antidipendenti e dipendenti si troveranno a vicenda. Sono due parti che lottano per diventare un insieme completo, e ciascuno ha proiettato la propria parte mancante sull'altro. Queste due tipologie di individui debbono trovarsi per riconoscere nell'altro la parte di sé che è mancante. È questo ciò che produce l'energia dell'attrazione. Quando il corteggiamento ha luogo, l'energia fra i due non è solo biologica. Entra in gioco anche la coscienza superiore di ciascuno dei due, che sta cercando l'opportunità per raggiungere la completezza. Sfortunatamente, spesso ci mancano la consapevolezza e la comprensione necessarie per servirci di questa situazione per guardarci dentro e imparare di più su noi stessi. Al contrario, ci perdiamo nel dramma.

Provare disperazione è un buon punto di partenza

È facile arrivare al punto in cui sentiamo di aver perso ogni speranza di trovare amore nella nostra vita. Tuttavia, per mia esperienza, questo è un buon punto da raggiungere, perché ci offre abbastanza motivazioni per svolgere il lavoro interiore che dobbiamo fare. Questi schemi non si dissolveranno da soli semplicemente guardando ai problemi della relazione, o mettendo in discussione la compatibilità con l'amato/a, oppure rimanendo del parere che sia un problema dell'altro. Non risolveremo la situazione lavorando sull'esterno, ma lavorandoci dall'interno. Non risolveremo questo casino senza andare alla radice. Abbiamo dentro di noi entrambe le tipologie: dipendente e anti-dipendente. Possiamo fare questa scoperta in diverse relazioni o nella stessa. Ma, prima o poi, dovremo anche andare in fondo a entrambe le paure, quella della solitudine e quella dell'intimità. Il dramma del dipendente e dell'anti-dipendente comincia a finire quando finalmente si smette di focalizzare l'attenzione all'esterno – come fonte di felicità e di problemi – e si comincia il lavoro con le proprie ferite da vergogna, shock e abbandono.

Esercizi: esplorare il dipendente e l'anti-dipendente

Prenditi un momento per esaminare i tuoi schemi nella relazione. Nelle relazioni in cui ti sei sentito più profondamente coinvolto, eri prevalentemente dipendente o anti-dipendente?

Probabilmente ti rendi conto di essere stato in entrambi i ruoli ma, scegliendo l'ultima relazione significativa, quale dei due hai interpretato? Se non sei sicuro, scegline uno mentre esaminiamo insieme il modo in cui ci si sente dentro.

L'anti-dipendente

Se hai riscontrato di aver preso una posizione anti-dipendente, concedi a te stesso di sintonizzarti sui modi in cui ti proteggi da qualcuno che ti si sta avvicinando troppo. Riconosci, senza giudicare, che se ti stai proteggendo sotto sotto c'è una profonda e valida paura. Immagina di alzare uno scudo e di utilizzarlo per tenere a distanza la persona a cui sei o sei stato/a legato/a. Senti l'energia dello scudo. Poi senti la persona che sta dietro lo scudo. Da cosa ti stai proteggendo?

Considera le domande seguenti e vedi se ti si addicono.

Temi che perderai te stesso nell'altro? Hai paura di non sapere più quello che vuoi, o di non riuscire più a sentire te stesso?

Hai paura che qualcuno approfitti del tuo cuore? Temi che se apri il tuo cuore l'altra persona ti deprimerà con il suo dolore? Hai paura di doverti prendere cura di lei/lui?

Senti la necessità di avere spazio – spazio per trovare te stesso, per non ricevere richieste, spazio per esplorare la tua creatività e il tuo silenzio? Hai paura di essere soffocato? Temi che non sarai in grado di respirare se lasci entrare qualcuno nel tuo spazio?

Ti provoca irritazione o rabbia sentire le aspettative dell'altro – rabbia perché non vuoi vivere per soddisfare le sue richieste e aspettative? Senti dentro di te la rabbia perché l'altra persona non vuole prendersi la responsabilità del suo dolore?

Sei convinto/a, a un livello profondo, che non sarai mai capito/a e che se ti aprirai verrai maltrattato, manipolato o respinto? Entrando in contatto con il tuo bambino interiore, puoi connetterti a una profonda sfiducia? Il tuo bambino interiore è affamato di amore e accettazione, però ha paura di essere tradito e maltrattato?

Il dipendente

Esplorando l'atteggiamento del dipendente, immagina di assumere una postura da mendicante, con una ciotola per le elemosine nelle mani che si protendono per ricevere amore. Entra in contatto con l'attesa, con la speranza che otterrai l'amore che stai aspettando.

Considera le seguenti domande:

Stai aspettando che arrivi la persona giusta, qualcuno che sia sensibile abbastanza per amarti e aprirsi? O cominci a sentirti triste e senza speranza perché senti che non la troverai mai?

Ti accorgi di cedere la tua dignità e il tuo potere all'altra persona per paura di essere rifiutato/a, o umiliato/a e maltrattato/a? Ti senti terrorizzato/a all'idea di perdere l'amore dell'altra persona?

Provi frustrazione perché non ottieni mai ciò che vuoi; rabbia perché vieni ripetutamente escluso/a, perché ti apri e poi senti che il tuo amato/a il più delle volte si tira indietro? Provi rabbia per tutte le volte che l'altra persona ti riaggancia con ogni mezzo pur non avendo in realtà l'intenzione di stare nella relazione, di esserci veramente?

Hai la sensazione di non essere, fondamentalmente, una persona degna d'amore? Ti senti indegno di essere amato in un modo che ti consenta realmente di rilassarti e di ricevere nutrimento?

Capitolo 11

Compensazioni
Ruoli e comportamenti che utilizziamo per evitare
di sentire la paura

Le compensazioni hanno a che fare con il controllo. Coprono le nostre paure. Sono i modi in cui nascondiamo paura e vergogna a noi stessi e agli altri. Sono i ruoli e i comportamenti, abituali e inconsci, che ci proteggono da una minaccia o dal provare dolore. Era indispensabile per la nostra sopravvivenza e per la nostra sanità mentale che potessimo trovare dei sistemi per sopportare le aggressioni e i traumi che abbiamo subìto da bambini. Le nostre compensazioni sono, fondamentalmente, i modi in cui abbiamo fronteggiato tutte le energie aggressive e insensibili che ci hanno invaso. Abbiamo imparato a compiacere o a chiuderci in noi stessi, a combattere o a provare a controllare questa energia offensiva in ogni modo possibile. Abbiamo appreso questi comportamenti da quello che vedevamo fare dagli altri.

Abbiamo imparato a usare le compensazioni per proteggerci, ma queste ci hanno anche fatto perdere il contatto con noi stessi, perché ci hanno strappato dalla nostra natura e dalla nostra essenza. Ogniqualvolta mettiamo in atto una compensazione, la nostra energia essenziale viene compromessa, non siamo più reali, stiamo solo interpretando un ruolo per metterci al sicuro. Di solito non ne siamo consapevoli. Non riusciamo a distinguere ciò che è vero da ciò che è una compensazione finché non viviamo il reale di nuovo, finché non facciamo ritorno a casa, a noi stessi.

Imparai molto presto a compiacere gli altri e a recitare nel modo in cui si aspettavano che lo facessi. Passò molto tempo prima che mi rendessi conto che quello che stavo facendo e il modo in cui lo facevo non mi appartenevano. Sentivo che c'era qualcosa che non andava, ma non avevo idea di cosa fosse. Non avevo niente da poter porre a confronto. Non avevo alcuna idea di chi fossi realmente. Il mio condizionamento mi aveva insegnato che il mio valore intrinseco era basato su quello che compivo – su ciò che facevo, non su ciò che ero. Così spesi tutte le mie energie per avere successo e compiacere gli altri, mentre una parte più profonda di me rimaneva nascosta ed estromessa.

La nostra compensazione può divenire chiara quando ci accade qualcosa fuori dall'ordinario – quando l'esistenza, in qualche modo, frantuma il nostro controllo. In questi momenti, magari quando perdiamo la persona amata o soffriamo seriamente per essere stati rifiutati in amore o nel lavoro, possiamo svegliarci. Non sono del tutto sicuro di aver capito ciò che alla fine mi ha aiutato a scoprire il vero me stesso ma, a un certo punto, ho cominciato a rendermi conto della differenza tra ciò che sentivo vero e ciò che sentivo falso. Da allora la mia vita ha lentamente e drasticamente cominciato a cambiare. Maggiore è la nostra volontà di permettere che questo processo si verifichi, meno saranno drammatici i metodi che l'esistenza dovrà utilizzare per aiutarci a ritornare al nostro vero Sé.

Le radici della compensazione

Uno dei fattori più importanti che mi hanno aiutato a comprendere le mie compensazioni è stato capire da dove provenivano. Le compensazioni possono darci energia, attenzione, controllo, identità e potere. Noi compensiamo in innumerevoli modi, con innumerevoli ruoli e comportamenti, ma alla radice di tutte le compensazioni c'è la paura. Siamo compiacenti nel tentativo di creare armonia nel nostro ambiente in modo da farlo diventare un luogo sicuro, combattiamo per acquisire una maggiore padronanza in esso, ci chiudiamo in noi stessi per tenere a distanza la minaccia che vi percepiamo, manipoliamo e analizziamo per dare un po' di senso al caos che ci circonda. Ci teniamo occupati perché in questo modo non dobbiamo fermarci a sentire la paura, stabiliamo delle regole per noi stessi e per gli altri per creare sicurezza, conformità e omogeneità, usiamo il potere, i soldi o il sesso per controllare gli altri, "terapizziamo", insegniamo o predichiamo per controllare il nostro mondo.

Le paure che si celano dietro questo continuo ed estenuante comportamento sono:

La paura di non riuscire a controllare gli eventi della nostra vita.

La vergogna che abbiamo nel profondo del sentirci persone che non valgono nulla.

Il dolore del rifiuto e dell'abbandono.

La paura dell'invasione, dell'insensibilità e della mancanza di rispetto.

Esploriamo alcune delle principali compensazioni più in profondità. Mentre descrivo ciascun comportamento, prendetevi un momento per valutare come potreste aver usato quella forma di protezione per mantenere al sicuro il vostro vulnerabile bambino interiore.

1. Compiacere/armonizzare

In questo tipo di atteggiamento, proviamo ad ammorbidire e ad addolcire le minacciose energie esterne. Molti di noi sono stati allevati in un ambiente fortemente maschile e razionale, le pressioni e la rabbia repressa intrinseche a quel tipo di atmosfera ci hanno gettato in uno stato di shock. Cerchiamo per questo di curare la nostra ansia provando ad ammorbidire l'energia offensiva. Siamo compiacenti per evitare di doverci confrontare con qualcuno o ricevere rabbia. I nostri sforzi per creare armonia esprimono anche la volontà, bella e naturale, di generare amore, ma il prezzo da pagare per rinunciare continuamente al nostro potere è molto alto.

Essere compiacenti fa vergognare. Richiede un grande sacrificio della nostra dignità e del nostro amor proprio. Non me ne ero mai reso conto, fino a che non ho cominciato a lavorare sulla mia vergogna e sulla mia umiliazione. Diventare compiacente giocò un ruolo fondamentale nella mia sopravvivenza, ma mi lasciò dentro un senso di castrazione e di vergogna. Mi ero così identificato con quel ruolo da non accorgermi più che quello non ero veramente io. In più, sostenevo la mia autostima pensando di essere una persona veramente carina. Possiamo illuderci pensando che la nostra dolcezza sia spirituale, non violenta e amorevole, senza riconoscere lo svilimento che di solito accompagna questa condotta e le montagne di risentimento che nascondiamo sotto di essa.

2. Controllare/prendersi cura

In questo ruolo, nascondiamo la paura provando a governare il nostro ambiente in ogni modo possibile, tentando di controllarlo e dominarlo. Invece di farci intimidire dall'energia pericolosa, tentiamo di sopraffarla o controllarla. Esistono molti modi in cui possiamo esercitare il controllo. Uno di questi, molto comune, consiste nel giocare la parte del genitore – fare in modo che qualcuno abbia bisogno di noi e diventi dipendente. Un altro è tiranneggiare – usare il nostro potere per sopraffare gli altri con la violenza o la minaccia della violenza, con le parole, i soldi, il sesso, l'intelletto – con qualsiasi cosa funzioni. Posso riconoscere il tiranno che c'è in me nell'ipocrita sicurezza delle mie convinzioni, nella mia rigidità, nella mia attitudine al giudizio, nella mia disciplina e nella mia ambizione, nell'imporre a me stesso e agli altri gli stessi alti livelli che furono imposti a me.

Il risentimento che immagazziniamo essendo compiacenti, lo esterniamo e lo restituiamo agli altri, controllandoli e tiranneggiandoli appena possiamo. Ricordo che quando ero un medico stagista, rimasi scioccato dalla velocità con la quale io stesso e i miei compagni, dottori neofiti, avevamo imparato a maltrattare quelli che erano sotto di noi – gli studenti di medicina, le infermiere, lo staff e specialmente i pazienti. Da studenti, eravamo stati spesso umiliati dagli stagisti e dai medici interni. Ora avevamo l'opportunità di pareggiare i conti. Il dolore di tutte le umiliazioni subite nel nostro passato viene registrato e, in qualche modo, aspetta un'occasione per essere vendicato. Mettiamo in atto le stesse dinamiche nelle nostre relazioni intime. A causa delle sofferenze, degli insulti e dei torti che abbiamo subìto e reprimiamo, il nostro controllore esterna le nostre qualità naturali di leadership e di protezione in maniera distorta.

3. Mentalizzare e analizzare

Un altro fra i più comuni modi nei quali compensiamo è divenire "mentali". L'energia si sposta dal corpo alla testa, dove ci sentiamo sicuri, protetti e padroni della situazione. Mettiamo le nostre esperienze dentro delle scatole, così che la vita non ci sembri troppo opprimente. Pensiamo di conoscere, ma in realtà questo atteggiamento ci preclude ogni vera conoscenza. Non mi ero mai reso conto di quanto potesse essere perverso questo tipo di protezione. Il cinismo e il sarcasmo che spesso accompagnano le difese intellettuali riescono a essere micidiali. Erigiamo un muro tra noi e tutto ciò che è incomprensibile e spaventoso, lo rifiutiamo, spesso diventando violenti nel difendere le nostre convinzioni. Nascondiamo enormi paure e rabbia repressa, nella tensione di far rientrare tutte le cose nelle nostre strutture mentali. Lo so bene. È uno dei principali metodi che ho imparato per proteggermi. Sono stato testimone dell'uso che ne hanno fatto entrambi i miei genitori e, in effetti, penso che sia la difesa più caratteristica del condizionamento ebraico.

In India, all'interno dell'*ashram* dove ho vissuto per molti anni, c'era un programma per i nuovi arrivati. Spesso le persone cominciavano con dei gruppi di terapia e in seguito lavoravano con una qualche mansione all'interno della comunità. I gruppi specifici e i progetti di lavoro raccomandati erano studiati per dare alle persone ciò che a loro era maggiormente necessario per la crescita emozionale e spirituale. La prima volta che giunsi lì, venticinque anni fa, ero pieno di ogni sorta di idee spirituali e psicologiche su come indirizzare la mia crescita. Ma i gruppi e i lavori scelti per me erano tutti tesi a farmi uscire dalla mia testa. Io non ero consapevole di quanto fossi mentale, ma per gli altri era ovvio. Passai quattro anni a fare lavori manuali – falegnameria, pulizie, costruzioni –, ero completamente staccato da qualsiasi cosa avessi fatto nel passato, come la terapia o la medicina. Qualche volta opponevo resistenza e mi lamentavo, ma in qualche modo sapevo che quello era perfetto per me. Ora sono incredibilmente grato per quell'esperienza, anche se personalmente non me la sarei mai procurata.

4. Combattere/ribellarsi

Il "combattente/ribelle" dentro di noi esprime la rabbia del nostro bambino interiore ferito, uscendo allo scoperto per sfidare qualsiasi minaccia d'invasione o di abuso. Quello che dice è: "No!". Il nostro ribelle ci dà coraggio per rompere i legami del condizionamento, per scoprire le pretese, le negazioni e le illusioni che ci circondano ed esplodere – per distruggere tutto ciò che è banale, educato e convenzionale.

Ma nel combattimento e nella ribellione, la nostra rabbia è inconsapevole. Ci perdiamo nella reazione, attaccando e difendendoci, continuamente sospettosi e guardinghi, sempre afflitti dal timore di essere maltrattati e fraintesi. Diventiamo impulsivi e saltiamo alle conclusioni, spesso senza nemmeno darci il tempo per capire quali siano le intenzioni dell'altra persona. La rabbia e la reazione divengono il nostro modo per non provare dolore, paura e impotenza, o angoscia e tristezza nella nostra anima. Il combattente può maturare assuefazione alle avversità. Con una sorta di arroganza giustificata, il ribelle si identifica completamente con la sua negatività. Tutto diventa una lotta ed egli vive nel risentimento, aspettandosi il conflitto e perfino provocandolo.

L'aspetto sano di questo tipo di compensazione è che possiamo essere più connessi con la nostra energia vitale e con la nostra passione interiore e possiamo cominciare a viverle. Siamo usciti dallo stato di abbattimento, ma finché non ci liberiamo della reattività e della paranoia del combattente, questa rimane una parte inconscia della nostra protezione, una parte che ci porta molto isolamento e dolore.

5. Ritirarsi/andare dentro

Uno dei modi più facili per proteggerci è semplicemente quello di astrarci, ritraendoci nel nostro mondo, allontanando l'energia dall'oggetto che costituisce la minaccia, o da un mondo che sembra opprimente, rumoroso, insensibile e troppo veloce. Riconosco questo spazio come un rifugio nascosto molto nel profondo che, dacché ho memoria, è stato più o meno una parte di me. Infatti questo era, ed è tutt'oggi, il mio più profondo spazio di sopravvivenza. La mia caverna, come lo chiamo io. Molto tempo fa ho chiuso i battenti, me ne sono andato e ho imparato a nutrirmi da solo. Mi rendo conto che ogni volta che mi apro sto effettivamente uscendo dalla mia caverna, all'interno della quale sono solo e faccio comodamente gli affari miei.

Quando cominciai a riconoscere questo meccanismo, notai come fossi pronto a ritirarmi nella mia caverna alla più piccola delusione. Le mie amanti erano spesso frustrate e arrabbiate per il mio continuo ritirarmi ogni volta che qualche argomento scottante o scomodo veniva a galla. Non appena mi sentivo minacciato diventavo praticamente irraggiungibile. Probabilmente molti di noi sperimentano che per entrare in relazione in modo intimo è necessario uscire da uno spazio in cui siamo completamente ritirati e terrorizzati dall'idea di aprirci. La solitudine ci dà potere e appagamento, ma non ci nutre.

Il nostro "eremita" porta con sé un forte senso di rassegnazione e disperazione che può risultare quasi impenetrabile. Il nostro ritirarci è collegato molto strettamente al terribile dolore che portiamo dentro di noi. Ma per sentire quel dolore dobbiamo abbandonare la sicurezza della solitudine, o la rassegnazione e lo scoraggiamento. Fintanto che questo tipo di compensazione rimane inconscia, ci tiene isolati dai sentimenti. Ci astraiamo, diveniamo confusi, ci ritiriamo nelle nostre fantasie, regrediamo a uno stato di bambino irresponsabile e rimaniamo disconnessi da noi stessi.

Questo ritirarsi noi lo chiamiamo "la protezione del poeta", perché protegge il poeta che è dentro ciascuno di noi, molto sensibile, solitario e introspettivo. L'aspetto positivo di questa protezione è che l'incredibile quantità di energia, che potrebbe essere altrimenti spesa nel cercare di mettersi d'accordo, nel discutere o nel controllare gli altri, può invece essere usata per scopi creativi e introspettivi. Ma chi si ritira in se stesso è spesso, senza saperlo, anche estremamente impoverito emozionalmente e serba una rabbia inconscia per le passate offese alla propria dignità.

Identificare il nostro film negativo

Le nostre compensazioni non sono soltanto inconsci schemi abituali di protezione, ma formano anche un sistema di convinzioni basato sulla privazione di amore e di sostegno sofferta durante l'infanzia. Questo sistema di convinzioni è come un film che scorre nella nostra testa, determinando il modo in cui vediamo e sentiamo il mondo intorno a noi. Per esempio, quando stiamo compiacendo, siamo convinti che essere diretti e assertivi non sia sicuro. Se stiamo controllando, siamo convinti che se perdessimo il controllo accadrebbe qualcosa di terribile. Quando ci scontriamo, crediamo che la scelta sia lottare o essere controllati. Nel ritirarci, siamo convinti che il mondo sia un posto troppo insensibile in cui aggirarsi. Quando siamo immersi in questo film non vediamo la realtà per come è, ma attraverso la prospettiva di un bambino ferito. Gli schemi e le convinzioni che abbiamo sviluppato in merito alla vita scaturiscono da quelle iniziali sensazioni. Nella nostra inconsapevolezza, e dalla mente del bambino ferito, vediamo ancora il mondo come nella nostra infanzia – queste convinzioni ci tengono ancorati in un modo illusorio, negativo e al tempo stesso familiare.

Un evento nel presente può scatenare una reazione interiore a catena che dà inizio al film e sembra avvalorarne le convinzioni negative. Per esempio, qualcuno ci dice una cosa che interpretiamo come tesa a sminuirci. Immediatamente alziamo la guardia e siamo diffidenti. Quell'affermazione, che sia vera o no, ha dato il via al film perché è arrivata a stimolare uno spazio interiore in cui c'è memoria della nostra innocenza e della nostra fiducia tradite. Ora percepiamo quella persona come nemica. Il film dice: "È meglio che stia attento, se mi apro sarò ferito". Oppure: "Devo prendermi cura di me stesso perché là fuori non c'è nessuno che pensi a me e il mondo non è un luogo amichevole". O, ancora: "Se non mi procuro quello di cui ho bisogno, non lo avrò mai". Oppure: "La gente generalmente è interessata a reprimere la mia creatività e le mie energie vitali, quindi sono io che devo scegliere ciò che voglio" e così via. Una volta che il film è cominciato, è difficile riuscire a fermarlo e, talora, dura molto di più di due ore.

Naturalmente, all'interno delle nostre relazioni intime, queste convinzioni vengono provocate e attivano i nostri meccanismi protettivi di continuo. È come se avessimo il nostro personal computer emozionale, sulla cui tastiera ogni tasto stimola una convinzione negativa differente. Il nostro amante (e gli amici più stretti) battono su questa tastiera tutto il tempo. Basta che tocchino un tasto e noi ce ne andiamo, ci chiudiamo, protetti e ritirati in noi stessi, pronti ad attaccare e a difenderci. È necessaria una bella dose di consapevolezza per rendersi conto che ciò che vediamo non è ciò che è realmente, specialmente quando si tratta di qualcuno molto vicino a noi. Non è neanche facile accorgersi che le nostre convinzioni in realtà inducono gli altri a fare esattamente quello che noi crediamo faranno. Il più delle volte il nostro comportamento difensivo è diventato obsoleto e noi usiamo la nostra protezione anche se spesso non è necessaria.

Il dolore della compensazione ci porta allo scoperto

Di solito, ciò che ci fa uscire dai nostri meccanismi di compensazione automatica è che essi provocano dolore. Questi ruoli ci isolano e tagliano la nostra connessione con il cuore, il nostro come quello degli altri, allontanandoci dal nostro Sé più profondo. Compiacere è umiliante, controllare o vivere in un costante conflitto ci isola e danneggia il nostro cuore, analizzare tutto con la mente interrompe il contatto con la nostra energia vitale e ritirarsi in se stessi, alla fine, conduce a una disperazione profonda, alla depressione o al cinismo. Quando viviamo all'interno delle nostre compensazioni siamo orientati verso l'esterno, perdiamo il contatto con noi stessi e con la possibilità di trovare la nostra reale bellezza. Sfortunatamente, è molto raro che abbandoniamo questi schemi senza che l'esistenza venga a darci una bella bastonata zen – come un amante che ci lascia, un incidente o una malattia che ci capitano all'improvviso.

Abbiamo adottato tutti questi atteggiamenti protettivi per ottenere spazio e amore in un ambiente in cui ci sentivamo spaventati, non amati e non considerati. Li abbiamo sviluppati per non dover sentire quell'intollerabile dolore della nostra infanzia. Quando cominciamo a entrare in connessione con la paura e il dolore, le compensazioni lentamente e naturalmente si dissolvono.

Portare consapevolezza nelle nostre compensazioni

Possiamo iniziare a portare consapevolezza nelle nostre compensazioni semplicemente cominciando a notare quando ci siamo dentro, riconoscendo la paura dietro di esse con amore e senza giudizio. Possiamo arrivare a conoscerle osservandole in azione e prendendo confidenza con la sensazione che ciascuna di esse provoca dentro di noi. Quando siamo compiacenti, il nostro corpo prova una certa sensazione che possiamo imparare a riconoscere. Lo stesso vale per il ritirarsi, il controllare e il combattere. Secondo la mia esperienza, diventare sensibili alle sensazioni corporee che accompagnano questi atteggiamenti è il sistema migliore per identificarli. Possiamo anche osservare come funzionano le compensazioni nelle nostre relazioni più significative. Se non sappiamo come fare, ci basterà chiedere al nostro partner o agli amici più stretti. Loro lo sanno. Questi sono i modi in cui manteniamo le distanze, in cui ci proteggiamo, quelli in cui facciamo vicendevolmente giochi di potere. È necessario districarsi un po' per scoprirli e ci vuole veramente coraggio per liberarsene. Ma possiamo cominciare riconoscendoli e condividendoli quando si presentano.

Lavorare per disfarci delle nostre protezioni e compensazioni necessita impegno e compassione. In qualche modo, questa operazione non si semplifica, anzi si va via via complicando, perché le nostre difese e protezioni diventano sempre più impercettibili. La non volontà di capire le compensazioni in profondità, riconoscendo la paura e il dolore che ci sono sotto, è anche il punto nel quale la maggior parte delle relazioni va in pezzi. Uno dei partner, o entrambi, non hanno la volontà di *guardare ai propri problemi*. Se ci impegniamo serenamente a osservare i nostri angoli bui, possiamo invitare le persone che ci sono più vicine a mostrarceli. Li lasciamo entrare nel processo.

Esercizi e meditazioni: identificare il "compiacente" e il "tiranno"

Identificate nella vostra vita una persona chiave che, in qualche modo, vi spaventa. Può darsi che si tratti di una persona che esercita un qualche potere su di voi, o che vi fa sentire inferiori, deboli o inadeguati. Ora immaginate che questa persona sia seduta di fronte a voi e rispondete alle seguenti domande:

Come ti senti a star seduto di fronte a lui/lei?
Cosa avverti nel tuo corpo?
Come ti senti rispetto a te stesso/a?
Cosa accade alla tua energia?
Come ti poni in relazione con questa persona?
Ti giudichi e tenti di cambiare te stesso/a?

Ora identificate nella vostra vita una persona chiave nei confronti della quale vi sentite in qualche modo superiore. Di nuovo, immaginate di sedervi di fronte a questa e ponetevi le stesse domande.

Meditazione: come impariamo a compensare

Potete fare questo esercizio come una meditazione guidata, chiedendo a un vostro amico di leggervela. Chiudete gli occhi ed entrate delicatamente in uno spazio interiore. Sintonizzatevi con il vostro respiro, osservate con calma inspirazione ed espirazione. Rilassatevi e piano piano stabilizzatevi sul vostro respiro, rilassandovi con esso e lasciando che vi conduca dentro di voi. Lentamente e delicatamente, respirate scendendo man mano più in profondità, sempre più rilassati.

Ora immaginate di essere all'interno di una caverna. Questa caverna è il vostro rifugio, uno spazio protetto e sicuro. In questa caverna siete al sicuro, ma isolati e soli. Nessuno può entrarvi. Avete trovato modi per esprimere la vostra creatività, dentro questa caverna – forse scrivete, o disegnate oppure suonate, qualsiasi cosa vi piaccia fare. Visualizzatevi all'interno della vostra caverna. Che aspetto ha e che sensazioni dà? Guardatevi intorno. Cosa avete messo nella caverna? Ora immaginate di andare verso l'entrata di questa caverna e di guardare fuori. State guardando il mondo fuori dalla caverna. Cosa vedete? C'è nessuno là? Pensate sia sicuro uscire?

Ora immaginate che ci sia qualcuno fuori, una persona verso la quale, per qualche ragione, siete attratti. Piano piano e con circospezione uscite. Uscite aspettandovi di essere salutati con amore e calore. Vi piacerebbe essere notati e apprezzati. Siete giovani, innocenti e insicuri di voi stessi. Vi piacerebbe che questa persona vi desse riconoscimento e approvazione. Invece l'energia che incontrate è sgradevole, carica di giudizio e fa male. Probabilmente questa persona vi parla in un modo che vi sminuisce o vi umilia. Forse si limita a ignorarvi. Forse è troppo occupata e non ha tempo per voi. Magari vi sta dicendo cosa vuole e cosa si aspetta da voi.

Osservate cosa vi succede dentro. Come sentite il dolore? Vi mette in stato di shock? Vi fa arrabbiare? E come reagite a questa persona? Tentate di ammorbidire la sua energia, nell'intento di fare amicizia e ricevere amore? Cercate di compiacerla? Crollate sotto la durezza e la rabbia che vi sentite arrivare addosso? Vi ritirate dentro voi stessi e vi allontanate il più possibile da questa energia aggressiva? Litigate, arrabbiati per la delusione e il tradimento? Prendetevi un momento per riflettere su queste diverse risposte.

Ora immaginate di lasciare questa persona e di ritornare alla vostra caverna. Come va? Vi sembra diversa da prima? Vorreste tornar fuori? Forse non siete sicuri di sapere cosa preferite? Rimanete per un po' con questa sensazione. Ora fate un respiro profondo e lentamente ritornate al presente.

Capitolo 12

Assuefazione
Schemi abituali di protezione

La mia comprensione dell'assuefazione era assolutamente unidimensionale. Prima di fare questo lavoro, non mi era mai venuto in mente che gran parte dei miei comportamenti si fondasse sulla fuga dalle più profonde sensazioni di paura e di dolore. Riconoscevo come ovvia la dipendenza data dall'abuso di qualsiasi sostanza ma, guardando più da vicino, cominciai ad accorgermi che molti dei comportamenti che comunemente consideriamo normali possono essere, di fatto, delle sottili forme di assuefazione. Mi rendo conto per esempio che socializzare, mangiare dolci, giudicare gli altri e analizzare, sono abitudini che prendono piede quando evitiamo di guardarci dentro – modi con i quali riempiamo il nostro tempo e la nostra testa così da riuscire a sottrarci al sentire. Grazie a questo lavoro, ho cominciato a diventare più sensibile ai modi in cui diluisco la mia intensità e a quelli in cui sperpero la mia energia con le distrazioni. La consapevolezza delle ferite sepolte nel profondo, e di quanto sia difficile avervi accesso, ha cambiato la comprensione di gran parte del mio stile di vita.

Tutti noi abbiamo delle assuefazioni, a volte ne siamo coscienti, a volte no. Per intraprendere un viaggio in profondità dentro noi stessi, prima o poi, dobbiamo esaminare con cura e familiarizzare con i comportamenti che solitamente adottiamo per evitare di sentire ciò che si risveglia in noi sul momento e, più precisamente, per evitare di sentire paura e dolore. Mi rendo conto che l'assuefazione è una scelta che compio, consciamente o inconsciamente, per diventare inconsapevole, per non essere presente nel momento. Parlando nei termini del modello che ho presentato, noi siamo inconsapevolmente attratti dall'assuefazione per evitare di entrare nello strato di vulnerabilità. A un livello ancora più profondo, usiamo l'assuefazione nelle sue molteplici forme per evitare di sentire quel vuoto che alla fine tutti dobbiamo affrontare. Visto alla luce del percorso di meditazione e verità, non si tratta solo di sentire la paura e il dolore che evitiamo, ma è sentire quel vuoto interiore che corrisponde al divario tra la mente e la non-mente.

L'assuefazione è una distrazione dalla paura di sentire questo vuoto. È stato scritto molto sull'assuefazione e sulla co-dipendenza. Difatti, il lavoro sulla co-dipendenza è nato dalla ricerca delle ragioni per cui la gente abusava di alcune sostanze. Il mio scopo qui è di osservare quale ruolo gioca l'assuefazione nel nostro viaggio interiore, la sua relazione con la meditazione e i modi in cui la meditazione può guarirla. L'assuefazione fa parte del nostro strato di protezione perché ci impedisce effettivamente di entrare nel nostro stato intermedio. Infatti, essa opera proprio al confine tra lo strato più esterno e quello intermedio, tra la protezione e le sensazioni. L'assuefazione agisce come una barriera energetica per impedire che le paure e il dolore risalgano dal nostro inconscio alla superficie.

Secondo la mia esperienza, non è tanto il dolore, quanto la paura di affrontare le ferite e il vuoto interiore, che ci spinge a tentare di evitarli. È la paura in cui ci dobbiamo imbattere e che dobbiamo attraversare. È la paura di lasciar andare il controllo. Manteniamo la nostra vita in uno stato permanente di semiassuefazione proprio per evitare di essere esposti alla paura. Spesso è sorprendente per i nostri partecipanti quando suggeriamo che abitudini così comuni come fumare sigarette, bere caffè e mangiare dolci, sono inconsciamente motivate dalla paura di affrontare le nostre sensazioni di privazione, indegnità o vuoto. Per me lo fu. Il legame fra il comportamento e le sensazioni che blocchiamo non è così ovvio, perché tutto è divenuto familiare e abituale. Le nostre abitudini di assuefazione sono diventate una cronica cortina di fumo tra la nostra mente conscia e quella inconscia.

Anche se cerchiamo di evitare le nostre sensazioni, la vita ha modo di guidarci comunque al nostro strato dei sentimenti. Se opponiamo resistenza a ciò che la vita vuole insegnarci, le lezioni arrivano in modo molto doloroso. Quando un mio amico fu sul punto di ammazzarsi per un incidente in moto, si rese conto di dover rivedere profondamente il modo in cui stava conducendo la propria vita. Prima o poi, una parte più profonda di noi, la nostra coscienza superiore, ci riconduce alla connessione con le nostre sensazioni e la nostra energia. Le assuefazioni sono il nostro inconscio tentativo di impedire che quell'inevitabile processo si verifichi. Esplorando le nostre assuefazioni con delicatezza e compassione, possiamo attutire il colpo. Portando consapevolezza e comprensione su di esse, possiamo diminuire il potere e l'attrazione che esercitano su di noi perché, interiormente, il desiderio di conoscenza di noi stessi è molto più potente delle nostre paure.

Assuefazioni evidenti e assuefazioni sottili

In alcuni casi è facile identificare la natura delle nostre assuefazioni. Per esempio, quando si tratta di abuso cronico di sostanze non è un grosso problema scoprire ciò che facciamo per nascondere le sensazioni, mentre lo è trovare un modo per smettere. Tuttavia le assuefazioni con le quali siamo più alle prese nella vita quotidiana sono quelle sottili – tutta quella moltitudine di inezie in cui dissipiamo la nostra energia, impedendo a noi stessi di entrare in contatto con le nostre sensazioni più profonde. L'immagine che abbiamo di noi stessi, per esempio, è così profondamente radicata che non ci fermiamo mai a esaminare come la usiamo per evitare di sentire il dolore. Tutti i comportamenti e gli atteggiamenti ai quali ci aggrappiamo per esercitare il controllo sono ciò che costituisce le nostre assuefazioni sottili. Più guardiamo da vicino questi comportamenti e questi atteggiamenti abituali, più questi si presentano come assuefazioni. Quasi tutto ciò che facciamo, persino la meditazione, può diventare un modo per evitare paure e dolore, piuttosto che invitarli a manifestarsi.

Le nostre assuefazioni sono cucite su misura per il nostro temperamento. Alcuni di noi possono scegliere quelle di tipo alimentare – introducendo nel corpo cibo, sostanze chimiche, zucchero eccetera nel tentativo di alleviare il dolore e l'ansia che si vengono a creare quando le sensazioni o l'energia dello strato intermedio cominciano a penetrare e a disturbare lo strato di protezione e di controllo. Una forma di assuefazione predominante può essere quella che ci spinge a strutturare il nostro tempo così ossessivamente tanto da non avere mai tempo per sentire. A meno che le sensazioni non siano molto potenti, la nostra incessante attività ci distrae e mantiene le sensazioni sepolte. Possiamo essere illusi dalla nostra importanza e dall'importanza di ciò che facciamo – assuefatti al potere e al controllo. Il potere è come una droga che ci tiene lontani dalla nostra vulnerabilità. In modo simile, possiamo essere dipendenti dalla nostra immagine, ben lucidata e socialmente gratificante.

Guardando più in profondità nei comportamenti che mi danno assuefazione, ho scoperto che la velocità è stata una delle assuefazioni più significative nella mia vita: tenermi occupato, muovermi velocemente, affollare di impegni il mio tempo e le mie giornate. Rallentare fa paura. Per la maggior parte della mia vita, sono stato troppo occupato e sono andato troppo di corsa persino per fermarmi a considerare tutto questo un'assuefazione. La società occidentale è estremamente dipendente dalla velocità. La mente occidentale è concentrata sul conseguimento di risultati e sul progresso – sull'arrivare da qualche parte. Noi possiamo rafforzare la nostra assuefazione alla velocità con sostanze come il caffè e lo zucchero, ma i valori come il successo e la prestazione – che tengono la mente concentrata sul *fare* invece che sull'*essere* – sono molto più insidiosi delle sostanze che ingeriamo per tenerci in corsa.

Nel caso delle assuefazioni sottili, spesso non è ciò che facciamo, ma il modo in cui lo facciamo, a identificare un comportamento che dà assuefazione. Qualche anno fa, imparai un modo di fare l'amore che si concentrava sul rimanere connessi con il partner e condividere profondamente, spostando l'attenzione dall'orgasmo alla condivisione dell'esperienza, momento per momento. Questo approccio mi rivelò che stavo sottilmente usando l'energia della sessualità con la mia amata come una specie di droga per impedirmi di esplorare e portare alla luce le mie più profonde paure di intimità e di inadeguatezza. Andare a scandagliare le mie assuefazioni, mi aprì vasti e nuovi panorami di intimità, dei quali avevo paura.

Qualunque sia l'assuefazione che utilizziamo, il comune denominatore è che ci impedisce di sentirci vulnerabili. Fuggiamo dal momento perché, se rimanessimo presenti, saremmo costretti ad affrontare le nostre paure. Solo il rallentare per percepire il momento (un lento processo di cambiamento del mio condizionamento occidentale), e l'integrare la meditazione nella mia vita, guarisce gradualmente le mie assuefazioni. Nel passato pensavo che con sufficiente disciplina avrei potuto smettere qualsiasi cosa. Ma scoprii che la disciplina stessa era una delle mie più grandi assuefazioni.

Quando per la prima volta giunsi in India e incontrai il

mio maestro, stavo seguendo un percorso spirituale altamente disciplinato, pienamente convinto del fatto che soltanto se avessi lavorato abbastanza sodo avrei raggiunto la meta. Ma, invece di consigliarmi di continuare a sforzarmi, egli mi disse di fare esattamente il contrario – mollare tutti i miei sforzi e divertirmi. Le mie discipline erano semplicemente un modo per fortificare il mio ego. E aggiunse che sarebbe stato Dio a trovarmi. Quando udii quelle parole, rimasi come folgorato. Mi accorsi che stavo evitando le assuefazioni utilizzando altre assuefazioni. La disciplina, da sola, non è una cura per liberarsene.

Come possiamo guarire dalle nostre assuefazioni? Come facciamo a trovare un modo per vivere la nostra vita in modo pacato, ma deciso, dove non dissipiamo più le nostre energie, ma manteniamo la concentrazione sulla crescita? Per rispondere a queste domande, dobbiamo dare uno sguardo più approfondito alle origini di questi comportamenti da assuefazione.

Ciò che alimenta le nostre assuefazioni

Cosa c'è dietro le nostre assuefazioni? Perché scegliamo di diventare inconsapevoli?

1. La profondità e l'intensità delle nostre paure inconsce

Le nostre paure sono così profonde e spesso così nascoste, che il solo accenno a lasciarle venire in superficie può essere sufficiente a farci desiderare che rimangano sepolte. Man mano che cresce la mia conoscenza riguardo al bambino interiore, particolarmente il mio, riesco a capire quanto le ferite possano essere terrificanti, tanto che talvolta può sembrare un miracolo persino riuscire a trovare il coraggio di affrontarne qualcuna. Le assuefazioni ci riparano dall'ansia e dal dolore. Non possiamo costringerci a far affiorare questo materiale sepolto più velocemente di quanto il nostro essere desideri. Dobbiamo confrontarci con noi stessi con estrema sensibilità e pazienza. Le assuefazioni sono uno dei principali sistemi che adottiamo per mantenere il controllo su ciò che si presenta. Nessun altro, a parte noi stessi, può sapere quanto lasciar affiorare.

Quando finalmente decidiamo di liberarci da qualcuna delle nostre assuefazioni, sicuramente vengono a galla sensazioni che abbiamo represso, emerge il panico e il vuoto che abbiamo dentro. Forse non subito, ma prima o poi accade. Dapprima siamo pieni di entusiasmo perché abbiamo fatto un passo per fermare un comportamento autodistruttivo e possiamo goderci un certo periodo di grazia. Ma di solito, dopo qualche settimana, cominciano le vere difficoltà. Ho visto molti amici smettere di fumare e andare incontro ai momenti più difficili quando, qualche settimana o persino qualche mese dopo, hanno avuto una ricaduta – a causa di un'esperienza che riportava a galla la loro vergogna o la loro insicurezza, o perché cominciavano a sentirsi annoiati dalla privazione che si erano imposti, oppure perché cominciavano ad avere la sensazione di essere troppo rigidi e programmati. Ciascuna di queste situazioni può spingerci a tornare indietro. Senza le assuefazioni siamo molto più a nudo. La nostra vulnerabilità affiora in superficie.

Piccole cose, che in passato possiamo essere stati in grado di ignorare, improvvisamente provocano molto panico. Il panico è spesso mascherato da irritazione. Diventiamo molto più sensibili all'inconsapevolezza che ci circonda, alla violenza e all'insensibilità. Allora diventa facile sentirsi vittime e aver voglia di arrendersi, oppure arrabbiarsi con chiunque. È doloroso mostrare la nostra vulnerabilità. Dobbiamo desiderare veramente che venga fuori. Dato che le nostre paure sono molto intense, non ho trovato nessun sistema semplice per affrontare le assuefazioni. Non esiste alcuna formula semplice. A volte la cosa più creativa e amorevole che possiamo fare per noi stessi è semplicemente smettere. Ma altre volte l'approccio più amorevole è non far altro che osservare il nostro comportamento di assuefazione con tutta la consapevolezza possibile.

Recentemente ho tenuto una sessione con una donna che soffriva perché il suo ex fidanzato non era più interessato a lei. Lui era in qualche modo indeciso, ma aveva affermato di desiderare solo un'amicizia. Lei non riusciva ad accettare che lui non la volesse più come amante. Sprofondò in uno spazio di vittimismo ed era pronta a elemosinare l'attenzione che l'uomo le avrebbe concesso con parsimonia (suppongo che molti di noi, a un certo momento, si siano trovati in una situazione di questo tipo). Lei si sentiva spinta a telefonargli regolarmente e lui le rispondeva sempre con un rifiuto. La donna era sempre più abbattuta e autocritica. Continuare con questo comportamento di assuefazione non le faceva per niente bene e non le era di nessuna utilità. Doveva finirla. Andare avanti con quel comportamento significava non permettere a se stessa di sentire il dolore. La sua sofferenza era parte dell'assuefazione, non si trattava di una reale esperienza di dolore. Quello che doveva fare, invece, era smettere di chiamarlo e sentire tutto ciò che questo avrebbe causato.

Ma, al contrario, spesso osservare con consapevolezza e continuare a fare lavoro interiore è più che sufficiente. Una mia amica è una fumatrice incallita. Lo sa e si rende anche conto che questo comportamento la protegge dal terrore che ha dentro, ma non riesce a smettere. In questo momento della sua vita, per lei sarebbe una violenza tentare di smettere con la disciplina. Sta facendo un lavoro intenso su se stessa, dal quale stanno emergendo molti e pesanti traumi infantili. Con un tale impegno verso la propria crescita interiore, molto probabilmente l'assuefazione cadrà da sola quando lei sarà pronta.

Data la profondità e l'intensità delle nostre paure, la guarigione da qualsiasi assuefazione può realmente cominciare solo quando iniziamo ad accettare che non possiamo cambiare nulla fino a che non scopriamo le radici dei nostri comportamenti. Possiamo effettivamente non essere in grado di cambiare nessuno dei nostri comportamenti ossessivi, ma cominciamo a sentire dolore. La donna dell'esempio precedente può non riuscire a smettere di chiamare il suo ex ragazzo ma, quando esce dall'automatismo, comincia a sentire il dolore di quel bambino interiore che ha così fame d'amore da spingerla a umiliarsi per riceverlo. Rammento molte occasioni in cui sono rimasto intrappolato in un comportamento ossessivo e non c'era semplicemente niente che potessi fare se non accettare la mia impotenza.

2. La vergogna

Una seconda e strettamente collegata fonte di assuefazione proviene dalla vergogna. È come se ci fossero due forze molto potenti dentro di noi – una che si trascina il peso della vergogna e dice "Perché disturbarsi?" e un'altra che porta il nostro cercatore di verità e dice "Continua a impegnarti". Soffriamo per questa lacerazione. Una parte di noi sa che vale la pena perseverare, mantenere il corpo in salute, valorizzare il nostro tempo, seguire un programma di crescita interiore, rimanere concentrati e lavorare su noi stessi. Un'altra parte di noi vuole sentirsi bene subito e non vuole mantenere l'impegno e la concentrazione.

La vergogna rafforza la parte di noi che non vuole assumersi l'impegno di crescere, perché ci ha privato dell'autostima. La vergogna, come abbiamo visto, provoca una radicata mancanza di fiducia in noi stessi e nella vita. Finché non riesco a trovare un senso per rimanere nel momento anche quando fa male, perché disturbarsi? Finché non sono riuscito a trovare un qualche valore nella perseveranza anche durante i momenti di scoraggiamento e fallimento, mi è stato molto più facile smettere, astrarmi e sabotare me stesso. Solo quando ho cominciato a ricevere più nutrimento dal mio rimanere presente, mi sono riscoperto meno attratto da cose che mi danno soltanto una gratificazione immediata.

La perseveranza, la capacità di rimandare la gratificazione e l'abilità di tollerare le frustrazioni vengono dall'essere amati ed educati alla fiducia in noi stessi e nelle nostre energie creative. Se veniamo derubati di ciò, perdiamo un fondamentale senso di fiducia e la capacità di essere centrati. Alcuni dei messaggi più importanti che possiamo trarre dalla nostra infanzia sono:

La profondità dei sentimenti e la possibilità di sentire dolori emozionali sono una parte preziosa della vita perché portano profondità e saggezza.

Niente che valga arriva senza sforzo e perseveranza.

La vita è preziosa – un'opportunità per essere creativi, per dare e ricevere amore.

Non avevo mai compreso l'importanza di sentire dolore; fu qualcosa che colsi solo molto più tardi. Ma imparai il valore della perseveranza. Ricordo mio padre che si esercitava per ore suonando il flauto e studiando le lingue di tutti i numerosi paesi stranieri in cui lavorava quando io ero bambino, e mia madre che trascorreva ore e ore nel suo studio, scolpendo un grande pezzo di marmo. Imparai qualcosa di grande valore allora. Osservai anche la vitalità e l'entusiasmo con cui i miei genitori affrontavano la vita e ne rimasi contagiato. Credo che furono queste lezioni a proteggermi da qualsiasi seria assuefazione, anche nei momenti di profonda disperazione.

3. La mancanza di sostegno per la crescita e la meditazione

Una delle necessità del ricercatore spirituale è trovare un ambiente che fornisca un sostegno per la crescita interiore. Anche se siamo molto disciplinati, da soli non possiamo farcela. Per questa ragione, molti maestri spirituali hanno creato attorno a sé delle comunità che sostengono centratura, struttura e impegno. Senza questo sostegno, siamo naturalmente portati a perdere la centratura necessaria e il nostro sottile comportamento di assuefazione si riafferma. Un ambiente concentrato sulla crescita spirituale ed emotiva riempie di significato il dolore e il vuoto provocato dall'abbandono delle assuefazioni.

Società e cultura nelle quali la maggior parte di noi vive non solo non ci aiutano con il nostro lavoro interiore, ma lo ostacolano. La nostra anima e l'anima della nostra cultura sono malate. Scegliamo le distrazioni e sabotiamo salute ed energia con le assuefazioni perché abbiamo perso il centro della nostra spiritualità e, in aggiunta, abbiamo perso la fiducia nello sviluppo spirituale. Se vogliamo passare dall'assuefazione alla consapevolezza, dobbiamo guarire questa ferita dell'anima. Limitarci a cambiare comportamento non ci porterà a una maggiore consapevolezza e, a meno che non cambi il livello della nostra consapevolezza, il cambiamento non durerà. Se smetto di fare qualcosa perché mi fa sentire in colpa o perché uso la mia disciplina, alla fine questo comportamento si ripresenterà.

Siamo così inclini alle assuefazioni perché la cultura occidentale, in gran parte, ha perso la capacità di comprendere la tranquilla e rilassata disciplina della crescita spirituale. Abbiamo perso la capacità, ancora presente in alcune tradizioni spirituali orientali, di comprendere che la vita è un'occasione per andare più a fondo nella meditazione, è un percorso spirituale, un processo di apprendimento di lezioni spirituali, alcune delle quali estremamente difficili e dolorose. Poiché questa verità non ha avuto una parte importante nel nostro condizionamento, non riusciamo a riconoscere il valore dello sforzo e del dolore. Rimasi molto toccato dalla descrizione di Sogyam Rinpoche, nel suo *Libro tibetano dei morti e dei vivi*, di un bambino di sei anni in procinto di entrare in un monastero, che aspetta pazientemente fuori per ore, prima che il maestro lo inviti a entrare.

La vergogna ci induce a cercare un'euforia momentanea.

Cerchiamo l'esperienza momentanea di essere fuori dalla morsa della vergogna e della paura, senza dover attraversare il doloroso processo di guarigione. Ci porta a cercare delle scorciatoie. Ci piacerebbe godere della nostra autenticità, della nostra vitalità e delle nostre sensazioni senza dover passare attraverso la vergogna e la paura. Per fare ciò, cerchiamo di arrivare a un qualsiasi comportamento compulsivo e di assuefazione che ci faccia sentire di nuovo completi e vivi. Oppure sprofondiamo in una vita fatta di distrazioni, senza alcun obiettivo né intensità di crescita interiore.

Tutti noi dobbiamo scoprire il nostro personale modo per trovare supporto per la nostra crescita. Probabilmente il migliore antidoto all'assuefazione è semplicemente farsi completamente assorbire dalla crescita e dalla ricerca della verità. Non importa quanto sia forte la spinta a evitare vergogna e paura, non importa quanto siano radicate rassegnazione interiore e pigrizia, la ricerca della verità è più potente. Essere assorbiti in un processo di lavoro interiore è probabilmente la cosa più nutriente che possiamo fare per noi stessi. Il nostro essere comincia a fervere, il nostro comportamento di assuefazione comincia a scemare in modo naturale. Ciò genera una propria forza. Noi acquisiamo rispetto per noi stessi.

Trovare la giusta tensione per l'arco

C'è una storia buddhista su di un famoso arciere che andò a stare con Buddha. Quest'uomo si avvicinò al lavoro spirituale con grande intensità, sottoponendo se stesso alle più rigorose austerità fino a quando, a causa del digiuno e degli stenti, fu quasi sul punto di morire. Buddha guardò accadere tutto ciò e alla fine lo chiamò a sé. Chiese all'uomo se riusciva a ricordare, facendo riferimento ai suoi giorni da arciere, in che modo tendeva il suo arco. L'arciere rispose a Buddha che doveva farlo nella giusta misura, né troppo teso né troppo lento. Buddha lo guardò e gli disse che doveva affrontare il viaggio spirituale alla stessa maniera – sufficientemente teso per rimanere all'erta, ma abbastanza lento da essere rilassato. Il suo arco, gli disse, era troppo teso.

Ognuno di noi deve imparare a tendere il proprio arco. Per alcuni di noi è troppo lento – tendiamo a essere troppo indulgenti con noi stessi e trascurati; per altri è troppo teso – siamo troppo disciplinati e seri. In passato ho tenuto il mio arco troppo teso. Affrontai il mio viaggio spirituale con tale e tanta disciplina e rigidità, che il senso dell'umorismo e la capacità di rilassarmi si presero delle periodiche vacanze, sempre più lunghe. Perdere il senso dell'umorismo è un prezzo troppo alto da pagare, qualsiasi sia l'obiettivo. Passai cinque anni senza mangiare zuccheri, senza bere caffè, tè o alcol. Pensavo che l'energia sessuale dovesse essere trasformata in energie "superiori" e tentai di imparare tutti i tipi di tecniche necessarie. Praticavo yoga e meditazione per ore e, per diversi anni, fui convinto che fare qualsiasi altra cosa sarebbe stato una perdita di tempo. Questo modo di pensare alimentò anche la mia repressione e la mia rettitudine, permettendomi di mantenere costantemente il controllo.

In seguito, reagii al controllo e al rigore spostandomi totalmente all'estremo opposto. Il ricercatore spirituale andò in sciopero e io mi abbandonai a tutte quelle cose che prima (e dopo) avevo giudicato con tanta veemenza. Nessuna via di mezzo, solo un continuo rimbalzare avanti e indietro. Fu solo dopo aver incontrato il mio maestro che mi resi conto che la crescita è lasciar andare. Tutto quello che stavo facendo era creare tensione. Ero fissato con l'intensità. Era venuto il momento di affrontare quelle paure e quelle sensazioni che le mie assuefazioni alla disciplina e all'intensità stavano coprendo.

Sembra che ogni situazione debba essere valutata singolarmente e noi dobbiamo chiederci quale sia la via più creativa per entrare in contatto con le sensazioni che stanno al di sotto. A volte dobbiamo realmente fare qualcosa – muoverci fisicamente, farci aiutare da un terapista, cambiare situazione –, qualsiasi cosa si ritenga opportuno. Altre volte l'approccio più creativo per la nostra crescita non è altro che osservare. Tutti noi abbiamo comportamenti di assuefazione. Alcuni sono più dannosi di altri per il nostro corpo, alcuni sono più facili da riconoscere. Quelle assuefazioni che sono socialmente accettabili o addirittura premiate, come il potere, il lavoro, il successo, il possesso di averi scintillanti, o una facciata attraente, possono essere spesso le più difficili da sradicare. Tuttavia, lentamente, sto riscontrando che quando svolgo il mio lavoro interiore e scendo più in profondità nella meditazione, comincia a essere molto più gratificante e appagante rimanere presente e affrontare le sensazioni, piuttosto che evitarle. Secondo la mia esperienza, questo è il momento in cui le assuefazioni cominciano a sparire.

Esercizio: identificare le assuefazioni e lavorare su di esse

Un approccio meditativo per lavorare con le assuefazioni non si focalizza sul comportamento, ma sulla scoperta della sua radice; non consiste nel cambiare alcunché, ma nell'osservare e sentire quello che c'è sotto. Questo approccio può avere inizio cercando attentamente tutti i modi che scegliamo per evitare il momento e le nostre sensazioni più profonde. Esaminando con cura, senza pressione né giudizio. Questi schemi sono profondamente radicati e coprono ferite che la nostra mente cosciente rifiuta energicamente di aprire.

Ecco alcuni punti cui prestare attenzione:

Osserva scrupolosamente quello che fai per distrarti dal momento.

Qual è la paura di stare presente nel momento?

Cosa stai evitando proprio ora?

Quello che stai facendo è veramente creativo, o sembra più il tentativo di evitare qualcosa?

Nota che tipo di causa scatenante (rifiuto, stress, delusione, paura di fallire) ti porta a cadere nell'assuefazione (quando l'assuefazione è divenuta abituale, può succedere che il nesso tra il comportamento e ciò che stai evitando diventi oscuro).

C'è paura, ansia o insicurezza in questo momento?

Come puoi nutrirti in un modo diverso dall'assuefazione?

Parte quarta

LAVORARE CON LA PAURA.
MODI CHE POSSIAMO CAMBIARE

Capitolo 13

Riappropriarsi delle sensazioni

In questa sezione del libro esploreremo tre strumenti per lavorare con le nostre paure e guarirle, per guarire il nostro bambino interiore ferito in panico. Il primo di questi è la capacità di sentire. Molta della nostra paura nasce dal fatto che siamo scollegati da noi stessi, dall'incapacità di sentire noi stessi momento per momento. È necessario trovare un modo per riappropriarsi delle sensazioni, scendendo sotto la vergogna e lo shock, sotto l'intorpidimento nel nostro essere, per poter riscoprire la ricchezza di sentire i nostri stati d'animo – rabbia, gioia, tristezza, vitalità sessuale e anche il semplice silenzio –: tutto ciò alimenta profondamente il nostro potere.

Una cosa è divenire consapevoli di tutte le complesse emozioni che giacciono sopite nel nostro strato intermedio – tutto il dolore, l'energia repressa, la vergogna, lo shock e la paura che tratteniamo dentro di noi – ma tutta un'altra cosa è essere in diretto contatto con esse. La domanda sorge spontanea: come si accede a queste sensazioni? Il processo è diverso per ognuno di noi. Ciascuno di noi ha un'esperienza differente dello shock, della vergogna e del modo in cui queste ferite hanno influenzato la nostra capacità di sentire. Dal momento che io sono stato una persona molto incline allo shock, questo ha sempre rappresentato un problema per me: come riuscire a sentire senza forzare le situazioni o le persone, senza pressioni, senza la necessità di "fare" qualcosa?

I sistemi che abbiamo sviluppato, lavorando con la gente e aiutandola ad accedere alle proprie sensazioni, sono stati fortemente influenzati dal lavoro fatto su me stesso.

Ciò ha condotto a sei elementi di principio:

Creare un'atmosfera senza giudizi o pressioni.
Guarire con la comprensione e l'accettazione.

Creare uno spazio per sentire e convalidare la nostra vergogna e il nostro shock.

Creare un'energia di impegno e una messa a fuoco precisa.

Ascoltare il corpo e fidarsi di esso.

Risvegliare la nostra conoscenza interiore.

Togliere la pressione

Se abbiamo vissuto significativi shock e repressioni delle nostre sensazioni, possiamo trovare grandi difficoltà nel metterci in contatto con esse. Non è mai stato facile per me sentire ed esprimere le mie sensazioni. Mi sono giudicato per non essere capace di piangere facilmente, o per non essere in grado di contattare prontamente la mia rabbia. Ho sempre pensato che la gente sensibile riuscisse a piangere e che quella energica riuscisse ad arrabbiarsi. Io sentivo di non appartenere a nessuna di queste due categorie. Mi sentivo handicappato. Il più piccolo accenno di pressione a sentire era sufficiente a farmi chiudere ancora di più.

Ora riconosco che non ero solo con le mie paure. Se il nostro bambino interiore sente la benché minima pressione a mostrare sentimenti o, in qualche modo, a cambiare, non ci apriremo mai ai nostri spazi interiori più profondi. Possiamo essere in grado di esprimere la rabbia e la tristezza, ma il nostro nucleo rimarrà nascosto. Ci sposteremo verso una compensazione per compiacere o per entrare in contatto con il terapeuta. Al contrario, abbiamo bisogno di essere legittimati a muoverci secondo i nostri tempi e ci deve essere dato spazio assoluto per scoprire il nostro personale modo di sentire ed esprimere le emozioni. Uno psichiatra, incontrato durante il mio tirocinio in psichiatria, fu il primo che mi aiutò ad accorgermi che la mia difficoltà nel sentire ed esprimere le emozioni era causata esclusivamente dal fatto che le sensazioni venivano espresse raramente – o forse mai – nella mia famiglia. Quella fu la prima volta in cui un terapeuta diede valore alla mia relazione con le sensazioni e, grazie a quel riconoscimento, cominciai ad allentare la pressione su me stesso.

Mi spiegò che non si può forzare l'inconscio. Ogni cosa arriva quando è pronta. Io ero convinto che se non avessi forzato non sarebbe successo niente. Mi disse anche che non aveva bisogno di vedermi piangere per sapere che stavo soffrendo. Era tutto quello che avevo bisogno di ascoltare per aprirmi al mio dolore perché, forse per la prima volta, mi sentivo profondamente riconosciuto e compreso. Le sensazioni erano bloccate dentro di me e il mio forzare era una compensazione che non faceva altro che allontanarmi da esse – era più legato al mio condizionamento che non alla mia autenticità. Stavo ancora facendo il "bravo ragazzo".

Usando la dolcezza, il nostro bambino interiore verrà fuori. Ha solo bisogno di sentire che non ci sono minacce, pressioni, né tanto meno aspettative. Allora, con i suoi tempi e i suoi modi, il bambino interiore uscirà allo scoperto, molto lentamente forse, ma lo farà senza dubbio.

Portare comprensione e accettazione

La comprensione di ciò che abbiamo attraversato spiana la strada alla nostra energia, affinché sia rilasciata in modo naturale e spontaneo. Fino a quando non sono venuto a conoscenza dello shock, ho continuato a giudicare la mia insensibilità e la mia paralisi di fronte alla paura. Stavo bene fintanto che mi trovavo "nella mia energia", ma non quando ero stretto nella morsa della paura. Ora so che questa idea di "essere nella mia energia" non aveva in realtà niente a che fare con essa, era una compensazione. È vero, dopo un'intensa ed energetica sessione catartica riuscivo ad attingere a una collettiva vitalità e vivacità. Mi sentivo come se mi fosse stato conferito potere, mi rendevo conto di quanto avevo compromesso me stesso, e improvvisamente trovavo nuovamente il coraggio di riaffermare i miei confini. Nonostante tutto questo fosse molto importante, ancora non raggiungevo il mio nucleo.

Mi sentivo un po' come uno yo-yo. Pieno di energia e sicuro di me in alcuni momenti, abbattuto e immobilizzato in altri. Non stavo sviluppando in maniera costante il mio senso di integrità e centratura. Ma comprendere la vergogna e lo shock, convalidare il mio bambino interiore immobilizzato dalla paura di fronte al giudizio, alla violenza e alle pressioni, cambiò quello stato di cose. Cominciai a comprendere e ad apprezzare me stesso a un livello molto più profondo. Iniziai a non valutare me stesso in base a quanto sembravo vivo. Cominciai ad apprezzare l'essere interiore profondamente sensibile che si nascondeva e che celava le sue paure sotto una maschera di "persona d'azione" altamente competente. La nostra guarigione arriva quando ci abbandoniamo a una piena comprensione, in cui c'è totale accettazione e spazio, senza la minima pressione o critica rispetto al modo in cui dovremmo essere. Grazie a quella comprensione possiamo ritornare a una vera centratura e al silenzio interiore.

Sentire lo shock e la vergogna

Lo shock e la vergogna sono stati della nostra natura emozionale che abbiamo bisogno di legittimare e di sentire. Se non riconosciamo l'importanza di questi stati, condanniamo noi stessi per il fatto di essere abbattuti e di vergognarcene, oppure sfuggiamo alla vergogna e allo shock rifugiandoci in qualche forma di compensazione. In entrambi i casi non c'è spazio per andare oltre. Dobbiamo iniziare da dove siamo, non da dove pensiamo che dovremmo essere. Se si presenta vergogna o shock, quello è ciò che dobbiamo sentire.

Per fare questo dobbiamo applicare una diversa qualità al modo in cui normalmente sentiamo noi stessi.

Di regola, sentiamo quando qualche emozione forte ci tira dentro. La potenza di quell'emozione è sufficiente per sintonizzarci con il nostro intimo, per strapparci dalla nostra protezione inconscia e abituale, e portarci nel momento. Ma quando ci vergogniamo o siamo in stato di shock non riusciamo a sentire le emozioni, c'è un blocco. Tutto quello che percepiamo è un'assenza di sensazioni perché è così che funzionano lo shock e la vergogna. Allora, come ho accennato prima, ci giudichiamo perché non siamo in grado di sentire, perché non "siamo nella nostra energia", perché rimaniamo paralizzati e insensibili, perché non siamo capaci di esprimere noi stessi. Tutto questo non aiuta a sentire nulla. È un circolo vizioso. Possiamo uscirne riconoscendo e sentendo il nostro abbattimento.

Tuttavia, non ci piacciamo quando non siamo in grado di dire quello che vorremmo dire ed essere ciò che vorremmo essere. Basta che qualcuno dica o faccia qualcosa che subito noi ci sentiamo feriti.

Dopo, potremmo essere in grado di pensare a un milione di cose che avremmo voluto dire ma, sul momento, siamo in stato di shock. Quindi ci rimproveriamo per non avere difeso noi stessi. In una tale situazione non si può far altro che sentire lo shock e la vergogna. Questo è precisamente quello di cui dobbiamo fare esperienza. Fino a quando non permetteremo a noi stessi di sentire la ferita della vergogna e dello shock e non ci concederemo lo spazio per immergerci totalmente in essa, questa ferita non guarirà mai. Possiamo trascorrere una vita intera compensando, evitando le sensazioni scomode di shock o di vergogna, ma questo non ci aiuterà a crescere. Ciò che ci aiuta è andare a fondo nella ferita. Continueremo a creare nella nostra vita esperienze che portino in superficie la ferita in modo da poterla esaminare a fondo.

Facendo riferimento a ciò che ho detto nei precedenti capitoli sulla vergogna e sullo shock, queste due sensazioni hanno degli stati molto specifici, unici per ciascuno di noi, che possiamo sentire nel corpo. Dobbiamo però prenderci il tempo necessario per imparare a capire come quelle sensazioni si manifestano. Posso portare un esempio tratto dalla mia esperienza personale. Ho un amico che mi metteva in stato di shock quasi tutte le volte che ci incontravamo. Per un motivo o per l'altro, tendevo a vergognarmi e a sentirmi inferiore ogni volta che ero con lui. Dopo ogni incontro me ne andavo con un terribile stato d'animo, senza mai capire perché. Ma cominciai a riconoscere i sintomi. Prima c'erano i pensieri – i miei giudizi, i dubbi su me stesso e le insicurezze. Poi arrivavano le sensazioni fisiche – sentivo un vuoto nel mio plesso solare, una mancanza di potere e un'energia ridotta. Mi sentivo pesante e confuso, senza dignità, avendo la sensazione di aver compromesso e ceduto il mio potere.

Una parte del processo necessario a riconoscere le sensazioni di vergogna e di shock consiste anche nell'identificare le relative cause scatenanti. Trascorrere del tempo con la propria famiglia, di solito, genera molta vergogna e shock. Ho anche riscontrato che quasi sempre la mia vergogna veniva scatenata dall'aprirmi con persone che non erano in contatto con la propria vergogna e il proprio bambino interiore ferito. A causa delle ferite e delle passate esperienze, il nostro bambino interiore spesso cerca in maniera nevrotica l'approvazione da parte di persone che per noi rappresentano l'autorità e/o il punto di riferimento. Diventiamo delle vittime e così attiriamo vergogna e abuso.

Non è facile sentire la vergogna o lo shock. Sono emozioni imbarazzanti, di cui faremmo volentieri a meno. La difficoltà di percepirle è anche dovuta al fatto che esse non sono energetiche – infatti ci privano della nostra energia. È molto più facile sentire qualcosa di energetico come la tristezza, la rabbia, la sessualità o la gioia. La vergogna e lo shock, per loro natura intrinseca, sono prive di energia. Ciònonostante, questi due fenomeni sono sensazioni cui debbono essere concessi uno spazio e un riconoscimento totale. Nella banca della crescita interiore hanno lo stesso valore di ogni altra "sensazione". A meno che non diamo a noi stessi lo spazio e l'accettazione necessarie a sentirle, non permetteremo che accada mai nient'altro. Dobbiamo essere esattamente dove siamo – scevri da giudizi o aspettative.

Creare impegno e concentrazione

Quando siamo sinceramente intenzionati a guarire, tutta la nostra vita diventa un'arena per evocare le sensazioni che abbiamo sepolto. Quando cominciamo a diventare consapevoli delle ferite che ci portiamo addosso, tutte le sensazioni e la vitalità che abbiamo represso iniziano a venire in superficie. Perfino gli eventi che sembrano più banali nella nostra vita provocheranno sensazioni e reazioni. Una conversazione con un genitore, con la persona che amiamo o con un amico, ora può portare a un potente risveglio delle sensazioni. Una volta che ho cominciato a lavorare con il mio bambino interiore ferito, ho avuto conversazioni sempre meno superficiali con chiunque, soprattutto con le persone più intime. Tutte le volte che parlavo con i miei genitori, riuscivo a sentire che cosa ciò mi provocasse.

È il nostro impegno a guarire che da solo ci porta verso il sentire. È come se stessimo chiedendo all'esistenza di venire in nostro soccorso per aiutarci a riaccendere la nostra natura sensibile, e così accade. Nei nostri seminari, chiediamo semplicemente ai partecipanti di abbandonare qualsiasi pressione o aspettativa nei confronti del sentire, invitandoli a sostituirle solo con la volontà di guarire e di rimanere presenti, qualunque cosa emerga. Molto del lavoro emozionale che facciamo sulle persone consiste nel sistemarle su di un materassino da sole e guidarle, attraverso la meditazione, nella rabbia, nel dolore, nella sessualità, nella gioia e nel silenzio nascosti dentro di loro. Cominciamo con il chiedere loro di portare attenzione e intenzione nel momento e nel processo in cui stanno per essere coinvolti.

Chiediamo loro di permettere che questo momento sia il

più importante della loro vita e di aprirsi per permettere che l'esistenza dia loro tutto ciò di cui hanno bisogno. Quell'impegno, la concentrazione e la volontà di essere presenti sono tutto ciò che serve. Quindi li guidiamo dolcemente verso un viaggio di esplorazione delle ferite interiori, utilizzando le parole, la musica e a volte il respiro, per mettere a fuoco e intensificare l'esplorazione. Questo approccio spesso scatena sensazioni molto intense, in un contesto sicuro e unico per ciascuno dei partecipanti.

Ascoltare il corpo e fidarsene

Smisi di credere che non ero in grado di sentire quando cominciai a essere più consapevole del mio corpo. Stavo registrando le mie sensazioni proprio nel corpo, ogni momento, e tutto quello che avevo bisogno di fare era fermarmi e prestare attenzione. Portiamo sempre dentro di noi questo tesoro nascosto che aspetta soltanto di essere sfruttato. Abbiamo smesso di fidarci del nostro corpo quando abbiamo smesso di fidarci di noi stessi. Insegnare come riprendere a usare questo semplice strumento, imparando a sintonizzarsi sulle sensazioni sottili del corpo, è uno dei capisaldi del metodo da seguire per riappropriarsi delle sensazioni.

Ma che significa ascoltare il corpo e fidarsene? Il nostro corpo è magnificamente sensibile ed è in contatto con il nostro Sé più profondo, molto più di quanto non lo sia la nostra mente.

Il nostro corpo non è crivellato da autocritica e giudizio: si limita a sentire. Questi segnali sottili che arrivano dal corpo forniscono continuamente informazioni sui nostri stati emozionali. Quanto più grandi sono la vergogna e lo shock, tanto più sottili saranno questi segnali, ma se impariamo a sintonizzarci con precisione riusciremo a interpretarli, non importa quanto possano essere sepolti e attenuati. Riscoprire i nostri segnali corporei diventa così una meditazione continua per ognuno di noi. Gran parte di questa meditazione consiste nell'imparare a eliminare l'interferenza della nostra mente rumorosa e autocritica, per tornare ad ascoltare di nuovo.

Questo processo di apprendimento è notevolmente soggettivo. Emozioni come la tristezza, la rabbia, la gioia o la paura possono avere sensazioni fisiche comuni e ricorrenti, localizzate in aree specifiche, che tendono a essere universali; il loro modo di presentarsi è comunque unico per ciascuno di noi. Sono il nostro corpo, la nostra vergogna e il nostro shock a essere unici. Ognuno deve fare la propria scoperta per identificare la sua paura, la sua rabbia, la sua tristezza e il suo silenzio. È una ricerca entusiasmante.

Risvegliare la conoscenza interiore

Sotto tutte queste differenti sensazioni – tristezza, paura, rabbia, gioia – c'è qualcosa di ancora più profondo, una conoscenza interiore che abbiamo perduto. Questa conoscenza interiore è come una luce che ci guida, dicendoci ogni momento che cosa ci dà nutrimento, che cosa è adatto a noi, che cosa sembra giusto e che cosa non lo è. Ci aiuta a sapere dove vogliamo essere, cosa vogliamo fare e dove vogliamo andare. Abbiamo perso i contatti con questa sensibilità perché, generalmente, essa non ha ricevuto sostegno durante l'infanzia. Pare che oggi noi ricreiamo delle nuove esperienze per metterci alla prova, per sfidarci a ritrovare quella sensibilità, e per imparare ad avere di nuovo fiducia in essa.

Dacché ho memoria, non mi sono mai fidato del mio intuito. Ho sempre saputo, dentro di me, quali persone mi davano nutrimento e mi facevano sentire rilassato e quali invece mi rendevano teso e ansioso. Eppure non riuscivo a fidarmi di queste sensazioni. Ho dubitato così tanto di me stesso, in continuazione, da giungere a compromettere la mia integrità, a umiliarmi e a negare il mio valore semplicemente perché non mi fidavo delle mie sensazioni interiori. Spesso mi sono trovato in situazioni in cui avrei dovuto farmi valere e dire "No!", ma non mi fidavo di me stesso.

I nostri istinti sono molto chiari e semplici quando riusciamo a prestare attenzione ai segnali e a fidarcene. I segnali spesso arrivano semplicemente ascoltando e sentendo il corpo. Il corpo sa e ci comunica a suo modo quando ci sentiamo amati, con chi ci sentiamo a nostro agio quando passiamo del tempo insieme e ci apriamo, che cosa ci dà nutrimento. La nostra mente può dire ogni sorta di cose, ascoltando tutto quello che le altre persone possono dire, ma il corpo sa di cosa abbiamo bisogno e che cosa va bene per noi.

Imparare ad ascoltare la nostra conoscenza interiore implica anche imparare ad ascoltare e bilanciare due parti di noi – la parte che vuole la libertà e quella che vuole e ha bisogno di sicurezza e protezione. Il nostro lato incline alla libertà può esercitare pressione su di noi affinché operiamo dei cambiamenti piuttosto radicali nelle nostre vite, attirandoci in un territorio sconosciuto lontano dal sentiero battuto. Questo lato di noi vuole liberarci dalla repressione e dal compromesso con noi stessi, a qualsiasi costo. Vuole tirarci fuori da una relazione che può essere diventata malsana, oppure vuole apportare dei cambiamenti nella nostra situazione di lavoro o nelle nostre condizioni di vita, se queste non stanno più sostenendo la nostra crescita.

Ma questi cambiamenti possono sovraccaricare la parte di noi che ha bisogno di sicurezza – il nostro vulnerabile bambino in panico. Noi dobbiamo rispettare anche i bisogni di sicurezza, protezione e delicatezza del nostro bambino interiore; dobbiamo rispettare anche quella parte di noi che ha paura di rompere i legami e teme l'ignoto. Se impariamo a essere sensibili a entrambe le parti, la crescita avviene senza violenza. Impariamo a muoverci a un ritmo che è in armonia con entrambe. Faremo le mosse e i cambiamenti che abbiamo bisogno di fare, ma il tutto avverrà in modo più fluido.

Combinare intensità e sensibilità

Ognuno di noi compie il proprio personale percorso per "riappropriarsi delle sensazioni". Ma in base alla mia esperienza posso dire che, malgrado le nostre differenze, la profonda accettazione e comprensione, la pazienza, la gentilezza e una presenza solida permettono alla nostra sensibilità di emergere con tutta la vitalità che abbiamo sempre avuto dentro di noi. Abbiamo cercato un metodo di crescita interiore e di cambiamento nelle nostre vite che fosse raffinato come lo strumento con il quale suoniamo. La sensibilità che abbiamo dentro di noi è mirabile. E, allo stesso tempo, la passione e l'intensità delle nostre sensazioni sono potentissime. Nel lavoro di terapia fatto nel passato, ho spesso privilegiato l'intensità a discapito della sensibilità. Ma, con il crescere della meditazione, questo tipo di compromesso non è più stato possibile. L'integrazione dell'intensità con la sensibilità ha stimolato il modo in cui lavoro su me stesso e il lavoro che io e Amana offriamo agli altri.

In passato avevo bisogno di forti esperienze catartiche per entrare in contatto con la mia rabbia. E queste sono servite allo scopo. A volte può essere essenziale per ognuno di noi creare delle forti esperienze che ci conducano più in profondità nella nostra tristezza e nel dolore sepolto dentro di noi. Ma imparare a "riappropriarsi delle sensazioni" è fondamentalmente una meditazione che procede momento per momento, osservando e sentendo le piccole cose che provocano rabbia, dolore, gioia o piacere. Questa è una meditazione che dura per tutte le ore in cui siamo svegli: sentire le impercettibili sensazioni fisiche che ogni emozione risveglia, osservare cosa le scatena e in che modo, fare caso a come esse influenzano la mente, notare che cosa fanno alla nostra energia, notare il nostro attaccamento alla gioia e al piacere e il rifiuto della rabbia o del dolore, osservare come ognuna di queste sensazioni cambia.

Meditazione: riappropriarsi delle sensazioni

Trovate una posizione comoda, seduti o sdraiati. Lasciate che le braccia e le gambe si rilassino e, lentamente, cominciate a scendere in profondità dentro voi stessi. Rilassatevi e andate dentro. Con calma, sintonizzatevi con il vostro corpo. Lasciate che la vostra attenzione si focalizzi su di esso.

Cominciate portando la vostra attenzione al cuore. Sentitelo come una sede di grande compassione e accettazione. Può essere che possiate percepire questa qualità di accettazione come se fosse un'energia irradiata da tutto il vostro essere. Immaginate di immergere tutto il vostro essere in questa energia di accettazione, in questa compassione. Lasciate che questa accettazione crei uno spazio interiore più vasto. Che crei sempre più spazio. E che questa vastità prenda il posto di tutti i giudizi. In modo che ora abbiate più spazio per osservarvi e sentirvi. Che abbiate più spazio per osservare e accettare, più spazio per sentire – per osservare e sentire tutto ciò che trovate dentro di voi.

Con questa ampiezza, con questa accettazione, potete cominciare a notare cosa sta succedendo in questo momento nel corpo. Fate un piccolo passo indietro, portate tutta la vostra consapevolezza al corpo. Che cosa attira la vostra attenzione? Sentite delle tensioni in qualche punto? Se sì, osservatele, sentitele fino in fondo. Vedete se riuscite a lasciar andare tutti i giudizi, limitandovi a stare nella sensazione e a osservarla. Osservate con apertura, curiosità, lasciando andare serenamente tutti i giudizi e le aspettative.

Osservate tutti i pensieri che avete in questo momento. Come fanno sentire il vostro corpo? Quali sensazioni si risvegliano con questi pensieri? Come vi fanno sentire? Tutto questo fa parte dell'osservare e del sentire, osservare e lasciar accadere. Diventando molto sensibili nei confronti del corpo e dei segnali che questo ci invia, non bisogna fare altro che assaporare le sensazioni, ogni momento, percependo anche le più lievi, sentendole molto accuratamente. È una connessione strettissima dei nostri pensieri con le nostre sensazioni, con il nostro corpo, momento per momento.

Siate molto presenti – proprio qui, proprio ora. Con il corpo, con i pensieri, con le sensazioni. Osservando, sentendo e accogliendo tutto ciò che c'è. Sentitelo. Possiamo sintonizzarci in qualsiasi momento. Lasciando che questa meditazione sia continua – una costante consapevolezza del corpo. Dando sempre più fiducia al corpo, imparando semplicemente ad ascoltare, con delicatezza e attentamente. È uno strumento molto sensibile, che ci aiuta a entrare dentro di noi in ogni momento. Ascoltando la nostra verità, ogni emozione e la sensazione fisica a essa connessa, ogni momento.

Cominciate a sintonizzarvi con il vostro mondo interiore. Un mondo di sentimenti e sensazioni.

Osservate i pensieri, ogni pensiero che arriva, sempre con totale accettazione. Pensieri di giudizio, pensieri su qualsiasi cosa, limitatevi a osservarli, ritornando poi a far caso alle sensazioni interiori.

Cominciate a prendere familiarità con le sensazioni e i sentimenti che si manifestano nel corpo, portandoli nella pancia, dando loro molto spazio e libertà di esprimersi. Abbiate grande sensibilità anche nei confronti della più piccola sensazione o sentimento. Non è necessario che accada nulla, limitatevi solo a sentire e ad accogliere. Acquisite familiarità con questo permettere che le sensazioni si manifestino, dando loro spazio, senza giudizio, senza bisogno di cambiare niente. Sentite soltanto, sintonizzandovi e riscoprendo il vostro mondo interiore.

E ora, concedetevi di tornare indietro. Tornate indietro con calma e lentamente, mantenendo però con voi questa consapevolezza del corpo per tutto il tempo. Tornate indietro e aprite gli occhi.

Capitolo 14

La passione del vivere
L'accensione della forza vitale con l'energia e il rischio

Katarina, una partecipante a uno dei nostri seminari, condivise la sua difficoltà ad andare a dormire ogniqualvolta facevamo una meditazione guidata relativa al lavoro sulla vergogna e sullo shock. Aveva già frequentato diversi nostri seminari e cominciava a scoraggiarsi. Amana e io la aiutammo a riconoscere che il problema era nella sua mancanza di energia. Katarina si era abituata a percepire e a vedere se stessa come una persona con un basso livello di energia e non si era resa conto che questo poteva interferire con la sua guarigione. Amana la incoraggiò a cominciare a includere nella sua vita di tutti i giorni attività tese a portare più vitalità nel suo corpo – andava bene qualsiasi cosa le piacesse, per esempio il nuoto, lo yoga, la corsa, la palestra, il ballo o le passeggiate all'aperto nella natura.

Destare la passione

Riteniamo che questo sia un fattore vitale per la trasformazione e la crescita interiore. È necessaria energia per divenire consapevoli ed è necessaria energia per contrastare la spinta verso il basso della nostra vergogna e delle nostre paure. Spesso la vergogna e la paura avviliscono la nostra energia vitale e lasciano uno spazio maggiore ai pensieri negativi, che prendono così il sopravvento nella nostra mente. È necessaria un po' di fatica per uscire da questo schema distruttivo. I modi che scegliamo per avvalerci della nostra energia e incrementarla possono comprendere attività che fanno appello direttamente al corpo per esercitarla. L'energia vitale nel corpo è una sensazione talmente bella che maggiore è l'energia che vi immettiamo, più siamo abituati ad averne, più la desidereremo regolarmente. Quando ci abituiamo a utilizzare e a esercitare il nostro corpo, questo diventa un'incredibile risorsa per sopraffare il profondo schema delle nostre paure e della nostra vergogna.

L'energia che generiamo muovendo il corpo può anche espandersi ad altre aree della nostra esistenza e aiutarci a sentire la passione per la vita e per il vivere, con la quale potremmo aver perso il contatto a causa delle nostre ferite. Muovere il corpo fisicamente spesso può essere il primo passo per accendere questa passione, che poi si estende alla vita quotidiana riempiendola di creatività e divertimento – passione nel crescere, nell'imparare e scoprire cose nuove, passione per i viaggi, per misurarsi in nuove avventure creative come imparare a cantare, a ballare, a dipingere o a fare musica. Si può anche verificare il contrario. Ci appassioniamo di più al vivere per merito della nostra creatività e, per estensione di ciò, diveniamo più consapevoli e attenti all'energia vitale nel corpo. Può essere importante anche cercare un supporto e una guida prima di spiccare questo salto nel viaggio verso il "vivere appassionatamente". Molti dei nostri amici ci hanno raccontato di aver cominciato con un fitness trainer, o un insegnante di canto, di musica o di ballo, e questo li ha spronati a superare riluttanza e paure.

Correre dei rischi per risvegliare la passione

Ricordo di aver visto un film, una volta, con Bill Murray e Richard Dreyfuss intitolato *Tutte le manie di Bob*. Richard Dreyfuss recita la parte di uno psichiatra che ha appena terminato di scrivere un libro, intitolato *Baby Steps*, e lo dà al suo paziente, Bill Murray, per aiutarlo a superare le proprie paure. Il paziente non legge mai il libro (o se lo fa, lo fa fuori campo), ma il solo portarselo appresso è sufficiente per dargli coraggio. Il concetto di "baby steps" – piccoli passi – calza proprio alla perfezione al fine di utilizzare il rischio per guarire la vergogna e lo shock. Questo è tutto ciò che dobbiamo fare: piccoli passi. La lunghezza del passo che facciamo, o il risultato che otteniamo, non fanno alcuna differenza. Anche il passo più piccolo per entrare in contatto con le nostre paure produce energia. L'energia produce crescita e trasformazione. E questo è quello che ci interessa.

L'energia per liberarci dalla coltre di vergogna viene dalla nostra forza vitale. La comprensione e l'accettazione sono il polo passivo, il rischio e il risveglio dell'energia vitale sono il polo attivo del nostro processo di guarigione. Esso fornisce l'energia necessaria alla guarigione accendendo la forza vitale. Questa energia viene dal nostro *hara*, dal nostro centro. Se lasciamo che fluisca al di fuori di noi, essa riafferma naturalmente la nostra dignità e la nostra creatività. La vergogna trattiene verso il basso la nostra forza vitale, tenendo imprigionate le energie che sono state censurate nell'infanzia. Come si è visto, abbiamo concluso inconsapevolmente un accordo, limitando questa energia per avere in cambio amore e approvazione. Ora, ogni volta che vogliamo riaverla indietro e uscire spostandoci dalla nostra zona confortevole e familiare verso l'ignoto, dobbiamo affrontare un immenso senso di colpa e di paura. Possiamo continuare a vivere all'interno dei limiti tracciati dalla nostra vergogna, dalla nostra paura e dal nostro senso di colpa. Oppure possiamo metterli alla prova, correndo dei rischi.

Il rischio porta paura e vergogna

Amana e io eravamo in un centro benessere sulle Alpi e stavamo mangiando a più non posso dopo aver trascorso una lunga giornata facendo escursioni a piedi. Al tavolo accanto al nostro c'era una giovane coppia tedesca che, come noi, aveva passato tutto il giorno facendo trekking ma, non volendo, la loro escursione era durata più a lungo ed era stata più dura di quanto avessero programmato. Il ragazzo soffriva di vertigini e sulla strada del ritorno si erano trovati di fronte a un salto di ottocento metri che avevano dovuto scalare con l'assistenza di funi assicurate alla roccia. Lui tremava come una foglia dalla paura e la sua ragazza, che aveva maggiore esperienza, dovette sorreggerlo affinché ce la facesse. Esiste un modo molto semplice per capire se stiamo rischiando. Il rischio fa emergere la paura. Ogni passo che ci allontana dal conosciuto e dal familiare porta a galla questa paura. Io sono stato aperto alle sfide e le ho cercate perché non volevo essere dominato dalle mie paure. Allo stesso tempo, ho dovuto imparare a rispettare, ad accettare e a convalidare le mie paure. Nel rischio dobbiamo raggiungere un equilibrio fra l'avventura nel nuovo e l'accettazione della parte di noi che ha paura.

Rischiare, inoltre, risveglia vergogna, dubbi e insicurezze, perché il nostro bambino interiore ricorda che, nel passato, sfidare lo status quo ha comportato qualche forma di punizione, umiliazione, giudizio o privazione dell'amore. Questo non è un ostacolo piccolo da superare. Il rischio può essere il fattore scatenante di alcune paure primitive e, nella mente del nostro bambino, questo può essere terrificante. Tuttavia, il prezzo che si paga restando in queste paure è troppo alto. Ogni volta che ho trovato il coraggio di correre il rischio e muovermi con la mia energia vitale, la mia passione e la mia vitalità, le convinzioni negative hanno cominciato a disperdersi e le ripercussioni non sono mai state quelle che mi aspettavo. Questo mi ha sempre portato nella direzione che il mio essere avrebbe naturalmente preso. Naturalmente questo avviene a fatto compiuto. Ogni nuovo ostacolo solleva lo stesso dilemma, ma dobbiamo trovare un modo per spiccare il salto. Correre anche il minore dei rischi comincia a guarire la ferita. Non c'è una ferita tanto grande da non poter essere guarita rischiando. Il rischio ci restituisce fiducia in noi stessi, coraggio e dignità.

Le tre aree di rischio

Non esiste una formula per definire il rischio. Per ciascuno di noi le aree di rischio, in qualsiasi momento della vita, sono differenti; il rischio di una persona può essere l'assuefazione di un'altra. Ma ci sono tre aree nelle quali rischiare cambierà la qualità della nostra vita:

La volontà di essere più vulnerabili – di aprirsi, di esplorare i nostri meccanismi di difesa e protezione, di esporre i nostri lati oscuri e i nostri segreti.

La volontà di vivere con un livello di onestà più alto – di onorare i nostri impegni e le nostre promesse e di condividere anche quando abbiamo paura.

La volontà di essere vivi – di rivendicare la nostra creatività e di attraversare le paure, la vergogna, gli scoraggiamenti e le delusioni che si affacciano inevitabilmente ogni volta che corriamo il rischio di essere vivi e creativi.

In tutte queste aree non sono i risultati a essere importanti, ma la volontà di mettere alla prova i nostri limiti, perché è questo che segnala alla nostra coscienza superiore che siamo pronti a entrare in un nuovo livello di consapevolezza. In ognuna di queste tre aree, c'è un limite all'aver paura. Diamo un'occhiata a qualcuna di queste aree di rischio.

1. Rischiare di essere vulnerabili

Scelgo questa area per cominciare perché, generalmente, il rischio è associato più a qualcosa di maschile. Riconosco che, almeno per me, il rischio più grande è quello di essere vulnerabile – di lasciare cadere i controlli, le mie protezioni, e sentire. Ho fatto molte cose per mettere alla prova le mie paure e i miei limiti, ma niente è stato più spaventoso del prendermi lo spazio per sentire la mia paura e la mia debolezza. È ancora l'area più difficile per me. Riesco a trovare ogni sorta di scusa per evitare di lasciarmi andare nella mia pancia e sentire la mia impotenza, la mia dipendenza, i miei desideri e le mie paure di essere respinto e abbandonato. Posso dare la colpa a qualcuno, litigare, distrarmi, mangiare dolci, trovare il modo di tenermi occupato o guardare un film. Ma quando sono abbastanza cosciente per vedermi in uno di questi comportamenti, diventa più facile percepire la paura che c'è sotto.

Uno degli elementi del rischio di essere vulnerabile consiste nell'esporsi. Tutti quanti noi custodiamo dei segreti che ci rinchiudono nel nostro isolamento e nell'autocondanna. Come ha evidenziato Alice Miller nel suo libro, *Il dramma del bambino dotato e la ricerca del vero sé*, c'è un muro di silenzio intorno alla nostra vergogna. Per abbattere questo muro dobbiamo condividere, dobbiamo dire l'indicibile. Può sembrare terrificante ma, una volta che l'abbiamo fatto, è come se avessimo sollevato un peso enorme dalla nostra anima. Per di più, la nostra vergogna ha serrato il nostro centro energetico della gola. La vergogna ha creato un blocco energetico che ci impedisce di esprimerci. Assumerci il rischio di aprirci ed esporci ci aiuta a guarire quella ferita. ˙

In differenti occasioni della mia vita sono stato capace di confrontarmi con la natura in atti di coraggio, ma aprirmi ed esporre aree della mia vergogna mi è sempre sembrato molto più difficile. Prima di tutto, fino a poco tempo fa, condividere le mie debolezze oppure esporre la mia vulnerabilità non si addiceva affatto all'immagine che avevo di me. Spesso, dal momento che ho l'abitudine a isolarmi nel mio dolore, non so proprio come cominciare a condividere. Non trovo le parole. Ma, profondamente sepolta nella mia psiche ferita (come sospetto nella psiche di ogni anti-dipendente), c'è la convinzione che nessuno sarà disposto ad ascoltare se mi apro. La mia vulnerabilità era nascosta così in profondità da non sapere nemmeno cosa significasse avere qualcuno disposto ad ascoltare.

Pian piano ho dovuto apprendere gli strumenti per aprirmi. È stato un processo lento, ma gratificante. Ho scoperto che con alcune persone le parole e le sensazioni vengono semplicemente fuori. Qualcosa nella loro ricettività, nella loro presenza e nella loro esperienza personale sembra invitare e stimolare la mia apertura. In altre situazioni, non solo trovo difficile condividere, ma non sono nemmeno in contatto con le sensazioni. Rendermi conto di ciò mi ha aiutato a non giudicarmi eccessivamente quando, non riuscendo a esprimermi, aspetto di essere insieme alle persone con le quali il mio cuore può aprirsi più facilmente.

Una cosa: dobbiamo ricordarci delle nostre aspettative. Non c'è mai nessuna garanzia che, quando finalmente ci apriremo, qualcuno sarà disposto ad ascoltare e ci capirà completamente. Se abbiamo questa aspettativa, allora non si tratta di una vera apertura e spesso ne deriverà un rifiuto. Ma quando il dolore dell'isolamento diventa anche più grande della paura dell'umiliazione o di quella di essere respinti, usciamo dalla nostra caverna. Scegliamo di aprirci comunque. Quando possiamo cominciare ad aprirci senza il peso delle aspettative, siamo sulla strada giusta per trovare la comprensione che tanto desideriamo.

2. Rischiare di essere onesti

Quando rischio di essere onesto, rischio anche di essere solo. È sicuramente molto più facile rimanere ipnotizzati nella negazione e vivere in una falsa armonia. In quel caso non rischio di essere scaricato da qualcuno o di subire la sua rabbia. Non devo nemmeno rischiare di fare dei cambiamenti nella mia vita che potrebbero rovesciare la mia barca e farmi perdere qualcosa, o qualcuno. Ma non mi piaccio quando sono disonesto. In passato, ho dovuto adattarmi a un certo livello di disonestà perché non conoscevo altra soluzione. Sono sempre stato circondato dalla disonestà. Ogni situazione sociale cui ho assistito da bambino era piena di disonestà – gente che parlava dietro le spalle, coprendo la falsità con una maschera di buone maniere. Il nostro condizionamento consisteva nel non rischiare di trovarsi in situazioni spiacevoli e disarmoniche. Era meglio fingere che creare attrito.

Il risultato di questo tipo di disonestà è che la nostra energia vitale ne soffre.

Imparare a essere onesti richiede un radicale "ri-condizionamento" del nostro modo di essere con la gente. Mi ha sempre atterrito, e ancora lo fa, dire qualcosa a qualcuno che temo reagirà con resistenza, rabbia o rifiuto. Non mi piacciono né lo scontro né la rabbia. Ma l'alternativa è peggio. Il prezzo che pago per non dire ciò che ho bisogno di dire è troppo alto. Accumulo risentimento e mi chiudo in me stesso. Avverto l'attrito, divento cauto e la mia energia collassa. Per tutti noi che veniamo fuori dalla vergogna e dallo shock, una delle cose più difficili da fare è vivere esprimendo la nostra verità e affrontare qualcuno se siamo stati feriti.

La disonestà fra amici e fra amanti distrugge la relazione. Come cresce la disonestà, crescono in proporzione distanza e risentimento. Con gli amanti, la prima a soffrirne è la relazione sessuale, perché è difficile mentire quando si fa l'amore. Alla fine, a meno di non ripulire tutto, non ci sarà più una relazione, ma una convenzione arida e dolorosa. Diventa una questione di priorità. Con la disonestà possiamo stare sicuri, almeno per un po'. L'onestà compromette questa sicurezza.

È sempre una danza tra il nostro bambino spaventato che ha bisogno di sicurezza e protezione e il nostro cercatore di libertà che vuole verità. Dobbiamo imparare a integrarli e a essere sensibili nei confronti di entrambi. La vergogna ci ha insegnato a tollerare un livello di onestà più basso, perché siamo stati abituati ad avere una scarsa integrità e poca autostima. Il nostro Sé ferito non crede che sopravvivrà vivendo onestamente. Ma una volta deciso che non abbiamo bisogno di continuare a vivere con questa immagine di noi basata sulla vergogna, le cose cambiano.

3. Rischiare di essere vivi

Una notte di parecchi anni fa, stavo ascoltando il mio maestro parlare dell'autenticità e della vitalità. Egli diceva che in tutta l'eternità non ci sarebbe mai stata un'altra persona come ognuno di noi. Tutto quello che dobbiamo fare è scoprire la nostra individualità e viverla, con delicatezza e con amore.

Quanti di noi, pensai fra me e me, si sono mai resi conto di questa verità e l'hanno vissuta realmente? Tutti noi, in ogni momento, abbiamo la possibilità di scegliere di essere presenti e vivi. Ma la nostra vergogna ci ha indotto a rendere insignificanti noi stessi e le nostre vite. Spesso minimizziamo la preziosità di ogni momento che abbiamo per essere vivi, non riconosciamo o non valutiamo il contributo, unico e meraviglioso, che la nostra creatività può portare, e non onoriamo l'importanza di ciascuna delle nostre connessioni più intime.

La nostra energia è stata repressa. Non solo siamo stati schiacciati nell'espressione della nostra autenticità – il flusso della nostra linfa affermativa, sessuale, raggiante e creativa –, ma abbiamo anche ereditato tutte le paure e le repressioni dei nostri genitori e della cultura nella quale siamo stati allevati. Per superare queste forze repressive dobbiamo tuffarci nella nostra energia. È una lotta, ma è una di quelle che sembrano diventare progressivamente più facili se ci proviamo. È stata una lotta intensa per me trovare il coraggio e la fiducia per diventare conduttore di seminari. Ho sempre saputo che questo era ciò che volevo fare e a cui ero portato, ma non avevo fiducia. Affronto ancora le voci della mia vergogna, a ogni nuovo seminario, a ogni nuova esperienza. Ma, sempre di più, le forze creative prendono il sopravvento e mi portano avanti.

Dobbiamo attraversare una serie di prove del fuoco, superando la vergogna, per essere in grado di dare sfogo alla creatività. Le convinzioni negative – che siamo fondamentalmente dei falliti, che non abbiamo nulla che valga da offrire, che gli altri sono molto meglio di noi e che non ce la faremo mai – possono essere talmente forti da menomarci. C'è una potentissima energia creativa dentro ciascuno di noi che desidera intensamente essere espressa e noi non saremo soddisfatti finché non l'avremo fatto. Potremmo avere qualcosa da guarire prima di poter entrare in contatto con quello che c'è dentro di noi, e guarire un altro po' per trovare il coraggio di esprimerlo.

La stessa cosa vale per ogni aspetto dell'energia vitale. Se abbiamo cominciato a esplorare la nostra sessualità oltre i limiti permessi dai condizionamenti, il nostro giudice interiore può cominciare a scagliarci contro fulmini e saette fatti di sensi di colpa e paura. Se ci capita di arrabbiarci, lo spettro della punizione inflitta da un padre, da una madre, da un insegnante o da un prete, può affacciarsi nella nostra mente. Se cominciamo ad addentrarci nel nostro potere, spesso possiamo ricevere il messaggio, profondamente inconscio, che andare avanti avrà conseguenze serie e dannose. Se ci espandiamo nella gioia, se siamo indulgenti con noi stessi, se facciamo qualcosa di irresponsabile, possiamo incorrere nell'indignazione dell'intera cultura collettiva alla quale siamo stati educati. In breve, passare dal nostro comodo falso Sé all'essere reale, vitale e vivo, che è sempre stato dentro di noi, mette molta paura. Piccoli rischi in questa direzione cominciano a sgretolare il potere di tutti questi vecchi schemi. Non penso che la mia vergogna scomparirà mai. Ma posso prendere un po' di distanza da essa e allora non sarà più lei a vivere la mia vita.

Il rischio di rischiare

Quando cominciamo a lavorare su noi stessi, la nostra energia repressa inizia naturalmente a riemergere, chiede di essere espressa e vissuta. Correre dei rischi significa cercare guai, perché rischiare ci scuote da ciò che ci è familiare e dalla vita convenzionale cui abbiamo fatto l'abitudine. Nei casi più estremi, un profondo lavoro interiore comincia a esigere dei cambiamenti di vita più estremi. O seguiamo l'energia, o continuiamo a reprimerla.

Quando rischiamo davvero e seguiamo il corso di ciò che si richiede che accada, apportiamo un'esplosione di nuova vitalità nelle nostre vite – il nuovo è molto più ricco del vecchio che abbiamo abbandonato. Questo non rende la cosa nemmeno minimamente meno spaventosa. Rischiare di seguire la propria energia richiede un coraggio enorme. Significa fare ciò che abbiamo bisogno di fare, dire ciò che abbiamo bisogno di dire e onorare la vitalità che c'è nel nostro corpo. Significa onorare ed esprimere l'energia di ciascuno dei nostri centri – sessuale, emotiva, affermativa, creativa, beatificante e spirituale.

Capitolo 15

Lo stato meditativo della coscienza

Di recente, mi è capitato di tenere una sessione con una persona che stava allontanando da sé la propria compagna perché si era reso conto di essere insostenibilmente bisognoso ed esigente. Per di più, egli era anche geloso della figlia di questa donna, perché lei riusciva a ottenere dalla madre più attenzione di quante non ne ricevesse lui. Egli stesso non sopportava il proprio atteggiamento bisognoso. Lo faceva sentire incapace e debole e si chiedeva come potesse la sua donna amare e rispettare un uomo che non poteva essere uomo.

Sotto le nostre compensazioni, nella maggior parte di noi, c'è un bambino disperatamente bisognoso. Questa almeno è la mia esperienza. Come viviamo con quel bambino, come lo condividiamo e come possiamo guarirlo? Muovendoci da uno spazio di inconsapevolezza, noi prendiamo il nostro panico, le nostre pretese, la nostra disperazione e ne scarichiamo la responsabilità su qualcun altro dicendo: "Ecco, prenditi cura di me". Questo è quello che fanno i bambini e il nostro bambino interiore mosso dalla disperazione si muove esattamente così. Quando ci apriamo con qualcuno, queste sensazioni cominciano ad affiorare. Per guarire il bambino ferito, dobbiamo imparare a fargli da genitore. Questo diventa possibile coltivando lo stato meditativo della coscienza.

Questa guarigione non consiste nel fare qualcosa, ma nell'osservare e sentire. È un processo che richiede di portare alla nostra vulnerabilità e a tutti i drammi, ai dolori e alle difficoltà nelle relazioni, le qualità della meditazione. Ho già descritto precedentemente le qualità dello stato di coscienza in cui ci troviamo quando siamo esclusivamente identificati con il nostro bambino interiore in preda al panico – le paure, le strategie di pretesa, le aspettative, la vergogna, lo shock e la profonda paura dell'abbandono. Fortunatamente quello non è l'unico stato di coscienza presente dentro di noi. C'è anche un Buddha che fiorisce dentro di noi – un meditatore. Possiamo coltivare questo Buddha latente, coltivando la meditazione.

La meditazione ci dà presenza – ci porta ad apprezzare ciò che siamo, al di là di tutte le nostre false personalità condizionate. Quando c'è quella presenza meditativa, qualcosa di profondo dentro al nostro bambino in panico comincia a rilassarsi. Fintanto che continuiamo a vivere identificandoci con le nostre false personalità – il tutore, il compiacente, il playboy, il leader eccetera – il bambino impaurito non ha nessuno che si prenda cura di lui. Semplicemente non c'è una presenza reale che possa alleviare le sue paure. Ma con la presenza che cresce attraverso la meditazione, siamo in grado di tirarci fuori dalla drammatizzazione della nostra vita e accettarla con compassione. Questo ci dà spazio, rimpiazzando con un senso di vastità tutte le pressioni e i giudizi che abbiamo continuamente inflitto a noi stessi.

Anni fa, quando andai in India per la prima volta, praticavo già la meditazione Vipassana. Pensavo che meditare significasse stare seduti su un cuscino, chiudere gli occhi e osservare il respiro. Sedere in silenzio ed entrare dentro di sé è probabilmente il modo migliore per alimentare e coltivare il nostro silenzio interiore, ma il mio maestro mi introdusse a una comprensione molto più vasta di ciò che effettivamente significa la meditazione. Ci sono voluti molti anni per cominciare a capire che la meditazione è uno stato dell'essere, un modo di vivere, e non qualcosa confinato a poche ore passate su uno *zafu* (cuscino da meditazione). Imparare che non devo fare niente per cambiare o per essere amato è probabilmente una delle lezioni più importanti della mia vita. È possibile che sia sufficiente osservare, sentire e lasciar accadere? Questa è la lezione che sto imparando sulla meditazione.

Le qualità della meditazione che ci permettono di guarire

Esistono delle qualità specifiche che la meditazione porta alla nostra coscienza e che guariscono direttamente le nostre ferite. Queste qualità sono: 1) essere testimoni, 2) comprensione, 3) presenza, 4) accettazione, 5) centratura, 6) pazienza e fiducia. Diamo uno sguardo a ognuna di esse.

1. Essere testimoni

Normalmente, quando non ci sentiamo a nostro agio, quando proviamo dolore o ansia, la nostra reazione immediata è cercare di cambiare la situazione. Nello "stato di coscienza del bambino", non tolleriamo queste sensazioni e desideriamo fortemente tirarci fuori da qualsiasi cosa stia causando dolore. Ci vuole un bel cambiamento interiore per non scappare via ma, anzi, rimanere per osservare, sentire e accogliere ciò che sta accadendo. Quando il dolore o l'ansia mi colpiscono, riesco a sentire il mio bambino che mi spinge via con forza ma, gradualmente, posso anche sentire un altro spazio dentro di me che dice: "Aspetta, fermati e lascia che sia così com'è. Puoi imparare rimanendo in questa esperienza e hai lo spazio interiore per contenerla, sentirla e stare con essa". Questo è un cambiamento radicale per le nostre menti, così condizionate dall'energia velocizzante, risolutiva e pragmatica del mondo occidentale.

È facile finire con l'identificarsi totalmente con il nostro processo emozionale. La coscienza meditativa è distaccata e ciò ci fornisce la capacità di contenere il panico, il disagio e il dolore che sono dentro di noi. Con questo distacco non escludiamo le nostre sensazioni, ma diamo loro un maggiore spazio per esistere e il desiderio di scappare dalle sensazioni spiacevoli non è più così impellente. Quando riesco ad aver fiducia nel fatto che ho spazio interiore sufficiente per contenere le sensazioni dolorose e rimanere presente, posso scegliere di non scappare. Il meditatore interiore, lentamente, mi dà quella fiducia.

In passato, per esempio, mi sono difeso dalle sensazioni dolorose quando mi capitava di separarmi per qualche tempo dalla mia compagna. Non avvertivo il dolore della separazione, perché non mi consentivo mai di diventare abbastanza intimo. Infatti solitamente era veramente un sollievo avere spazio per me e non sentirmi obbligato a relazionarmi o ad aprirmi. Recentemente questo è cambiato. Ora la separazione porta dolore, ansia, persino incubi di abbandono che probabilmente sono sempre stati sepolti in profondità dentro di me. Facendo questo lavoro riconosco che, qualunque cosa io faccia, non posso evitare di sentire il vuoto e l'abbandono e sono, così, più disponibile ad accogliere l'esperienza quando si presenta. Riconosco l'ansia e so cosa la sta provocando. Non la giudico così tanto e so anche di avere abbastanza spazio interiore per lasciare che arrivi.

Quando siamo dei testimoni, osserviamo da uno spazio in cui possiamo separare noi stessi dal dramma emozionale, continuando però a sentire. Non stiamo per morire. E, cosa ancora più sorprendente, scopriamo di essere misticamente cullati dall'esistenza. Mi farebbe piacere condividere con voi una breve descrizione dell'essere testimoni che, una volta, udii dal mio maestro durante una lezione:

> Bisogna cominciare osservando il corpo – mentre cammini, mentre siedi, mentre vai a letto, mentre mangi. Bisogna cominciare dalle esperienze più concrete, perché è più facile, e in seguito si può passare a quelle più sottili. Si dovrebbe cominciare osservando i pensieri e, quando si è diventati esperti nell'osservare i pensieri, si può cominciare a osservare le sensazioni. Dopo, quando senti di essere in grado di osservare le sensazioni, allora dovresti passare agli stati d'animo, che sono persino più sottili delle sensazioni e ancora più vaghi.
>
> Il miracolo dell'osservare è che mentre stai osservando il tuo corpo, il tuo osservatore diventa più forte; mentre osservi i pensieri, il tuo osservatore diventa più forte. Quando stai osservando i tuoi stati d'animo, l'osservatore è diventato così forte che può rimanere se stesso, a osservare se stesso, proprio come una candela che, nella notte oscura, non illumina soltanto tutto ciò che ha intorno, ma illumina anche se stessa. Trovare l'osservatore è la più grande conquista nel cammino della spiritualità; perché l'osservatore è proprio la tua anima; l'osservatore è la tua immortalità. (Osho, *The Golden Future*)

2. Comprensione

La parola "comprensione" ha già in sé l'energia. Il solo pronunciarla comunica l'energia. Ammanta la nostra esperienza di compassione. Quando c'è comprensione c'è accettazione e con l'accettazione arriva il rilassamento. La comprensione è un'altra qualità che scaturisce naturalmente dalla meditazione, perché nella meditazione la concentrazione non si pone sul fare qualcosa, ma esclusivamente sull'osservare le cose così come sono. È sufficiente indietreggiare quel tanto che basta per avere un buon colpo d'occhio.

La meditazione mi ha aiutato gradualmente ad addolcire il modo di vedere le cose e addolcendomi sono stato in grado di comprendere il mio bambino interiore. Fintanto che valutavo me stesso a seconda di quanto fossi bravo in ciò che facevo, di quante cose portavo a termine, non c'era spazio per comprendere il mio bambino interiore. La meditazione fa emergere la nostra parte femminile, in cui possono fiorire compassione e comprensione. La severità di giudizio della mia mente derivava dai rigorosi standard che mi imponevo, basati sul successo e sul fallimento. La meditazione mi ha fatto rallentare, creando gradualmente uno spazio maggiore per esprimere la gentilezza interiore.

È questa la parte di me che ha lo spazio per comprendere la vergogna e lo shock. Essa si fa strada attraverso i giudizi più aspri. Lentamente, con questo tipo di consapevolezza, possiamo alleggerire le nostre tensioni e smetterla di sentirci colpevoli e inadeguati a causa dei nostri fallimenti. Con la meditazione il successo e il fallimento diventano meno rilevanti. Cominciamo a vedere la vita come un processo di crescita e tutte le nostre battaglie fanno parte di quel processo. Prima di sviluppare la comprensione, vedevo tutte le mie azioni come un terreno di prova per la mia autostima. Ciò creava una pressione immensa, perché cercavo di diventare quello che supponevo di dover diventare, invece di realizzare quello che in realtà ero. In un certo senso, la mia vita era un'intensa battaglia per mettere alla prova me stesso. Era come trovarsi in costante guerra con i miei giudizi interiori ed esteriori.

3. Presenza

La presenza è l'essenza della meditazione – imparare a stare nel momento, osservandolo e sentendolo così come è. Le nostre paure, il panico e la mancanza di fiducia rendono estremamente difficile fare ciò. Quando cominciai a meditare, mi concentravo diligentemente sull'osservazione del respiro, dei miei pensieri e delle sensazioni fisiche, proprio come i miei insegnanti mi stavano addestrando a fare (da studente bravo e diligente, quale sono sempre stato). Mi misuravo in base a quanto bene riuscivo a farlo. Se ero irrequieto e deconcentrato, mi giudicavo. Non mi rendevo conto che la mia irrequietezza era un sintomo delle paure del mio bambino interiore che, per una qualche ragione, erano state provocate.

Scoprire il panico del mio bambino interiore ha fatto diventare la pratica della meditazione una storia molto differente per me. Ora riesco a riconoscere da dove arrivano distrazione, ansia e mancanza di pace mentale, non solo quando sono seduto in meditazione, ma sempre. Questi momenti saggiano la mia capacità di essere presente con quello che c'è – con tutto il panico del mio bambino ferito. Il lavoro sul bambino interiore mi ha portato una comprensione veramente nuova della presenza e della meditazione – più difficile, ma molto più viva e ricca.

Per esperienza, assumersi il delicato impegno di rimanere presente è profondamente curativo per il nostro bambino interiore. Le nostre paure ci separano da noi stessi. Imparare a rimanere presenti guarisce quella ferita. È facile quando ci sentiamo a nostro agio e interiormente soddisfatti, ma è estremamente difficile quando si scatena dolore o paura. Normalmente, quando qualcosa ci coinvolge emotivamente, lo sentiamo nella pancia. Per la maggior parte di noi questo meccanismo è stato compromesso e distrutto durante l'infanzia. Perdere questo meccanismo ci impedisce di rimanere in contatto con le nostre sensazioni in ogni momento.

Legittimare e onorare noi stessi comincia con il riconoscere, consentire e accettare qualunque cosa stia accadendo nel nostro corpo, nella nostra pancia, in ogni momento. È così che cominciamo a ritornare a casa. Il primo passo, ancora prima di essere in grado di esprimere qualsiasi cosa, è quello di connettersi con l'interno.

Per uno come me, proveniente dallo shock e dalla vergogna, la percezione di essere arrabbiato o triste era un mistero assoluto. Se mi veniva chiesto di esprimere o condividere le mie sensazioni, andavo sempre più in stato di shock. Quando mi concentrai sull'apprendimento della presenza, iniziai a liberarmi dalla pressione di dover esprimere qualcosa finché non fossi stato in grado di connettermi al mio Sé interiore.

La presenza è consapevolezza senza giudizio. Nel momento in cui io convalido ciò che sta accadendo, invece di giudicare me stesso perché non provo altre sensazioni o perché non ne sento di più, creo lo spazio perché altro ancora possa essere rivelato.

Dal momento che non ho avuto questo spazio da bambino e non me lo sono dato da adulto, ho dovuto cominciare *ex novo*. Ora al posto di "Senti questo e fai quello!", c'è "Vediamo cosa sta succedendo qua dentro". Riesco a sentire la coltre di vergogna, e comincio a seguirne le tracce fino a risalire a un evento, a una conversazione, a un'umiliazione subita o a una delusione. Comincio a sentire il dolore o la rabbia di essermi vergognato, e a reagire. Riesco anche a rendermi conto più spesso quando "perdo la mia energia" – quando sto compromettendo la mia dignità per avere considerazione, approvazione o amore. Ho fatto attenzione a cosa provocava quella perdita e, semplicemente coltivando questa consapevolezza, è cessata. Il punto di partenza è stato riconoscere l'importanza di rimanere presente.

4. Accettazione

Entrando dentro di noi a esplorare, cominciamo a vedere alcuni nostri aspetti che spesso non sono facili da accettare. Non c'è da meravigliarsi, vista la profondità della nostra inconsapevolezza, se evitiamo di guardarci dentro. "Ciò di cui siamo fatti" – i nostri obblighi e le nostre ossessioni, i modi in cui siamo insensibili verso gli altri, i modi in cui ci facciamo del male, e quelli in cui ripetiamo gli stessi comportamenti e gli stessi schemi in continuazione – è doloroso da riconoscere. Scivoliamo continuamente all'indietro, al nostro stato infantile, alle strategie, alla sensazione di scoraggiamento, alle pretese, alle protezioni, alla vergogna e allo shock. Quando ciò accade, la nostra mente che giudica è sempre lì, pronta a condannarci. Quando riconosciamo qualcosa dentro di noi che non ci piace, l'impulso naturale è desiderare di cambiarla.

Nell'approccio meditativo alla guarigione, il cambiamento è secondario. Quello che importa è osservare e accettare ciò che è, come scienziati dell'anima e del mondo interiore. Osservare e accettare sono gli strumenti di questa ricerca. Se siamo concentrati sul cambiamento, non viviamo nel momento e non possiamo scoprire noi stessi. Continueremo ad alternare successi e fallimenti, a vergognarci, a compromettere la nostra dignità, a essere insensibili, incoscienti e irresponsabili, volta dopo volta. Non è facile osservare tutto questo. Preferiremmo di gran lunga che smettesse. Secondo la mia esperienza, un reale cambiamento avviene lentamente. *Avviene da solo, una volta che abbiamo trovato la capacità di osservare e accettare.*

5. Centratura

Probabilmente la sfida più grande nella guarigione del nostro bambino è semplicemente imparare a darci lo spazio per sentire senza reagire. Noi lo chiamiamo "contenere le sensazioni". Invece di reagire, se riusciamo a stare semplicemente con quello che stiamo sentendo, permettendogli di diventare più profondo e rimanendo a osservare, accade qualcosa del tutto stupefacente. Qualcosa dentro di noi comincia a rilassarsi. Quando arrivano le sensazioni sgradevoli, ogni cellula del nostro corpo vuole liberarsene, la mente comincia a mettere insieme ogni genere di pensiero terrificante e noi troviamo il modo di fuggire. Ignorando questi pensieri e ignorando il nostro impulso a scappare, o a lottare, noi coltiviamo il nostro stato meditativo della coscienza. Questo è un processo di trasformazione.

Tuttavia rimanere centrati richiede una certa abilità. La vergogna ci ha privato del contatto con il nostro centro. Sintonizzarci con le sensazioni del corpo e con la pancia ci riporterà gradualmente e progressivamente al nostro centro. Essere in contatto con il nostro centro è fonte di autostima e di radicamento. Ci permette di contenere il panico e di non reagire. Nel mio personale processo, forse a causa della profondità del mio shock, questo accade molto lentamente. Talvolta mi sento sopraffatto dal panico e ci vuole ogni grammo della consapevolezza di cui sono capace per rimanere a osservare. Ma riesco anche a sentire che il tempo speso a rallentare, sedendo in silenzio e sintonizzandomi sulle frequenze interiori, mi sta guarendo. Devo soltanto essere paziente con me stesso.

6. Pazienza e fiducia

Nel mondo della meditazione esiste un senso del tempo differente da quello che c'è, diciamo, sull'autostrada di Los Angeles. Sarebbe inutile cercare di convincere qualcuno, imbottigliato nel traffico con il cellulare in mano, della veridicità del vecchio detto zen che afferma: "Seduto in silenzio, senza fare niente, la primavera arriva e l'erba cresce da sola". La pazienza non è mai stata il mio forte. Quando ero bambino, mia madre era solita dire ai miei insegnanti: "Una cosa che posso dire di lui è che non riesce a starsene seduto fermo. Deve sempre fare qualcosa".

Nella guarigione del nostro bambino interiore, niente accade velocemente. È un processo lento e delicato. Questo vale anche per la meditazione. Se meditiamo con uno scopo, saremo presto stanchi e frustrati. In entrambi i casi, sia nel lavoro sul bambino interiore sia nell'approfondire la nostra meditazione, dobbiamo solo goderci il processo. Possono passare lunghi periodi di tempo senza che notiamo alcuna variazione evidente nel nostro comportamento, nei nostri atteggiamenti verso noi stessi e verso gli altri. Può diventare davvero frustrante e scoraggiante. Ma poi, improvvisamente, qualcosa cambia radicalmente – il nostro lavoro comincia a fluire, le ricompense esterne arrivano oppure riusciamo a creare una vita amorosa più profonda, che ci dà più nutrimento.

Nei primi giorni del lavoro di terapia su me stesso, i cambiamenti sembravano più radicali. Stavo attraversando dei processi molto forti che avevano messo in moto un'incredibile quantità di energia repressa. Ma una volta che ho cominciato a lavorare sulla co-dipendenza e sul bambino interiore, ad affrontare la mia vergogna e il mio shock, le mie paure dell'abbandono e dell'intimità, a esplorare spazi di profonda paura e di vuoto, i cambiamenti non mi sono più sembrati così veloci né radicali. Tuttavia sento che sono più profondi. Il lavoro fatto in precedenza aveva soddisfatto la mia fame di risultati rapidi, ma con il lavoro sul bambino interiore ho dovuto imparare la pazienza.

Mi rendo conto che l'andare di fretta, il pianificare, l'ambizione, vengono tutti dal mio bambino in panico. La pazienza proviene da una profonda fiducia che tutto ciò che è destino che accada e che deve accadere, accadrà e lo farà a tempo debito. La pazienza e la fiducia sono strettamente intrecciate. Sedermi in meditazione con il mio maestro e percepire le qualità di assenza di tempo, di lentezza e di centratura che lui emanava, lentamente mi ha insegnato la pazienza e la fiducia. Nessuna fretta, nessuna programmazione, nient'altro che questo momento. Trasportata nel campo del connettersi e del guarire la nostra co-dipendenza, questa qualità ha un profondo impatto.

A un certo livello, il nostro bambino interiore rimarrà affamato e in preda al panico. Quello che cambia è il nostro stato meditativo che diventa più forte, e la nostra fiducia che diventa più profonda. Non si tratta nemmeno di fidarsi di qualcuno in particolare, ma di sviluppare uno spazio per la fiducia in generale. In alcuni momenti ho questo spazio, che sembra crescere con la meditazione. Nessuno può darmelo, devo trovarlo dentro di me. È come una caccia al tesoro. Questa calma nel nucleo centrale del nostro essere eclissa tutti i nostri traumi emozionali, le paure e i dubbi.

Evolversi dal panico alla meditazione

La meditazione è una delle risorse più potenti che abbiamo per guarire e trovare noi stessi. Ci dà uno spazio interiore per stare con la nostra paura e il nostro dolore. La vita può assestarci dei colpi devastanti, ma invece di rispondere alle avversità, alla delusione, al rifiuto e allo smarrimento con un atteggiamento di scoraggiamento e vittimismo nei confronti della malvagità della gente e della vita, possiamo accettarle. Possiamo smetterla di fare le vittime. Il dolore può inasprirci ma, se lo consideriamo come una benedizione perché ci porta a guardarci dentro, riusciamo a dargli un senso.

Se cominciamo a prenderci del tempo per entrare dentro noi stessi e sentire quello che c'è, coltiviamo la capacità di ascoltare. Diventiamo più sensibili nei confronti dei nostri bisogni, delle nostre sensazioni e dei bisogni e delle sensazioni degli altri. Prima di sviluppare la coscienza meditativa, tutto ciò che abbiamo veramente è un bambino in preda al panico mascherato da "adulto" in compensazione, che evita inconsciamente il confronto con le proprie sensazioni. La meditazione trasforma questo "adulto" in un vero adulto. La nostra capacità meditativa ci mette in condizione di abbracciare il nostro bambino con un'energia che gli permette di sentirsi visto, accudito e protetto.

La meditazione non deve essere rigorosa, seria o strenua. È solo una celebrazione della nostra natura. Più coltiviamo lo spazio interiore, più questo si apre, fino a diventare qualcosa di cui sentiamo il bisogno e il desiderio. Gradualmente la meditazione sembra proprio diventare una parte della nostra vita – non solo una pratica che eseguiamo per un certo numero di minuti al giorno, ma un vero e proprio modo di vivere. La consapevolezza del nostro corpo, dei nostri pensieri, delle sensazioni e delle azioni, diventa il fulcro della nostra vita.

Meditazione: coltivare il testimone

Vi suggerisco di farvi leggere queste istruzioni da un amico, oppure di leggerle lentamente registrandole per poterle poi riascoltare.

Cominciate trovando una posizione comoda per il vostro corpo. Chiudete gli occhi e fate un respiro profondo, inspirando profondamente ed espirando. Cominciate concedendovi lo spazio per rilassarvi, entrando dentro di voi e iniziando a rallentare e a rilassarvi. Se provate sonnolenza, inviatevi gentilmente il messaggio di rimanere svegli e attenti, svegli e consapevoli mentre vi rilassate ed entrate dentro voi stessi.

Ora, lasciate che l'attenzione si rivolga al respiro e cominciate a osservarlo, notando come entra ed esce dal vostro corpo, completamente oltre il vostro controllo. Entra ed esce totalmente da solo. E osservando il respiro, cominciate a lasciarvi cadere nel suo ritmo naturale, mentre entra ed esce da solo. Ogni momento un nuovo respiro, che entra e che esce, sollevandosi e abbassandosi.

Mentre osservate come il respiro viene e va in modo completamente autonomo, potete cominciare a lasciarvi andare, ad abbandonare il bisogno di controllo, a lasciar andare l'idea di dover dirigere costantemente, o controllare, o proteggere. Lasciate andare. Un respiro entra e lascia il corpo, completamente per conto suo. È entrato nel corpo al momento della vostra nascita e uscirà al momento della vostra morte. Viene e va da solo, governato da un potere molto più potente della vostra volontà.

Il respiro può portarci in uno spazio in cui possiamo osservare, proprio come un testimone. Continuate quindi a sprofondare in questo spazio interiore, da dove potete osservare, osservare soltanto. E, da questo profondo spazio interiore, spogliatevi dei vostri giudizi e delle vostre opinioni. Diventate semplicemente degli spettatori. Sentite la pace che arriva mentre vi lasciate andare per calarvi nel ruolo del testimone. Osservate da vicino.

Mentre fate un passo indietro per osservare, potete anche osservare la vostra mente che fa girare un pensiero dopo l'altro, osservate la mente con tutte le sue complessità, le sue preoccupazioni, le sue ansie. Limitatevi a diventare un testimone della mente. Osservando i vostri pensieri, senza bisogno di fare nulla, essendone semplicemente testimoni.

E quando, con il respiro, entrate nello spazio del testimone, potete cominciare a distaccarvi dall'intenso dramma della vostra vita – vedendolo, sentendolo e, ora, solo osservandolo. Rendetevi conto che la vostra vita si sta svolgendo come deve svolgersi, non c'è bisogno di interferire, basta osservare. E mentre vi calate nello spazio del testimone, potete sentire la serenità di questo distacco, il rilassamento profondo nel vostro essere.

Qualsiasi cosa vi venga in mente, limitatevi a osservarla.

Se notate che state in qualche modo giudicando, concedetevi di osservare anche i giudizi. Osservate semplicemente la mente che giudica. Potete ritirarvi dal tumulto e dagli impegni della vostra vita, uscendo dal percorso obbligato.

Calandovi nel vostro testimone interiore, potete trovare una forza immensa per affrontare i momenti difficili. Trovate un luogo in cui potete limitarvi a respirare e a osservare senza sentire il bisogno di fare niente. Osservate e rimanete centrati. Centrati ed equilibrati, permettendovi di affrontare le situazioni rimanendo molto calmi. I pensieri arrivano, le sensazioni arrivano e voi osservate soltanto. Questo spazio, il posto del nostro testimone interiore, è dentro ciascuno di noi e aspetta solo di essere scoperto.

Prendetevi il tempo per rallentare e rilassarvi. Prendetevi il tempo per sganciarvi dall'agitazione della vita, dalla compulsione dei vostri pensieri. Non prenderli così sul serio, non prendete niente così sul serio. Datevi il tempo di fare un passo indietro e di rilassarvi, datevi il tempo di arrestare il fare incessante, semplicemente osservando, lasciando che le cose accadano senza intervenire. Siate nel momento, proprio qui, proprio ora. Adattatevi a ogni respiro, a ogni momento. Molto semplicemente.

Ora lasciate che la vostra attenzione ritorni al respiro. Osservate il respiro che viene e va, osservate la pancia che si solleva e si abbassa. Si solleva nell'inspirazione, si abbassa nell'espirazione. Lentamente ritornate al corpo. Sentite il corpo. Tornate indietro, molto lentamente e gradualmente. Fate un respiro profondo e tornate indietro, completamente svegli e attenti.

Meditazione: ritornare alla pancia

Chiudete gli occhi. Accomodatevi in modo che le vostre braccia e le vostre gambe siano in una posizione rilassata e confortevole. Ora, delicatamente andate dentro voi stessi e rilassatevi attraverso il respiro, osservando l'inspirazione e l'espirazione. Mentre vi adattate al respiro, sentite il delicato sollevarsi e abbassarsi della vostra pancia. Sollevarsi nell'inspirazione, abbassarsi nell'espirazione. Lentamente e delicatamente, inspirate, espirate, sollevando e abbassando. In modo molto rilassato, senza alcuno sforzo.

Molto, molto lentamente e delicatamente, lasciate che la

vostra attenzione si concentri sulla pancia, sentendo la pancia, sentendo il sollevarsi e l'abbassarsi, sentendo il respiro mentre entra ed esce, sentendo la pancia.

E mentre vi focalizzate sulla pancia, sentendola, vedete se potete farla diventare più ampia. Immaginate che la pancia sia come una grossa ciotola, molto spaziosa e molto rilassata. Concedetele spazio, spazio per ogni sentimento, per tutti i pensieri, per tutte le sensazioni che arrivano, con un'accettazione totale. Nessun giudizio, solo accettazione.

Concedetevi di visualizzare questa grossa ciotola nella vostra pancia – uno spazio in cui potete contenere tutte le sensazioni. Questa ciotola è grande abbastanza per contenere ogni sensazione che sopraggiunge. Questo è il posto dove tenere le sensazioni e osservarle. Non importa quanto siano forti le sensazioni, potete tenerle proprio qui, nella pancia. Permettetevelo, senza giudicare.

Ora visualizzate la fiamma di una candela nel centro della vostra pancia, una candela che brucia molto forte e salda. Immaginate che tutto intorno a questa candela ci possano essere uragani di emozioni, pensieri, caos di ogni tipo, ma niente è in grado di disturbare la sua fiamma. Essa continua a bruciare con la stessa forza, con la stessa luminosità, non importa quello che succede fuori. Niente la tocca. Datevi la possibilità di sentire l'intensità di questa fiamma, la fermezza di questa fiamma.

Il nostro centro è come la fiamma di questa candela, il nostro osservatore è come la fiamma di questa candela. Essa osserva, sente, lascia accadere, ma rimane calma e rilassata. Senza giudizi, senza bisogno di reagire, senza necessità di andare in panico. Soltanto osservando, sentendo, lasciando accadere. Centrata, rilassata, calma e composta. Questo spazio è dentro ciascuno di noi e aspetta solo di essere rivelato, aspetta solo di essere scoperto.

E ora, facendo un respiro profondo, permettetevi di tornare indietro, molto dolcemente. Tornate indietro lentamente e aprite gli occhi.

Parte quinta

METTERSI IN RELAZIONE AL DI LÀ DELLA PAURA. LA STRADA VERSO L'AMORE CONSAPEVOLE

Capitolo 16

Il labirinto della proiezione

Alla base dei nostri conflitti e delle difficoltà nelle relazioni ci sono la paura e la sua cugina più prossima, l'insicurezza. Una volta che abbiamo cominciato a capire, accettare e sentire la paura, abbiamo anche spianato la strada a un modo di relazionarci totalmente nuovo – con consapevolezza invece che spinti da reazioni. Nell'ultima sezione di questo percorso, porteremo l'esplorazione delle nostre paure nel campo delle relazioni e troveremo dei modi per entrare in relazione al di là della paura. Le ferite ci sono state causate dagli altri. Sfortunatamente, non possiamo guarire le nostre paure e la nostra sfiducia semplicemente abbracciando un albero. Non abbiamo subìto maltrattamenti da parte di un albero. Dobbiamo ricostruire la nostra fiducia esattamente dove è stata danneggiata, ovvero con le persone.

Il nostro metterci in relazione è dominato dalla paura. Nascondiamo questa paura con delle proiezioni. Capire le proiezioni è una parte essenziale del percorso che ci porterà fuori dalla paura e dalla co-dipendenza.

Quando siamo in una proiezione con qualcuno, non siamo con noi stessi e non siamo nel nostro centro. Abbiamo ceduto il nostro potere a quella persona. Per riprenderci quel potere e ritrovare il nostro centro, dobbiamo disfare la proiezione. È come se la persona sulla quale stiamo facendo la proiezione detenesse un pezzo di noi che dobbiamo rivendicare affrontando la proiezione stessa. Per fare ciò, dobbiamo identificare la paura che si cela dietro ogni proiezione.

Proiettiamo il nostro bisogno di essere accuditi

Il nostro bambino ferito è una macchina da proiezioni. Alla base di molte di esse c'è il desiderio di ricevere quelle cure che i genitori non ci hanno mai dato. Si può manifestare in qualunque modo: esigendo, idolatrando, compiacendo, ribellandosi. Tutte reazioni al genitore di cui il nostro bambino ferito ha tanta fame. Lo facciamo con i nostri amori, con gli amici e con le figure autorevoli, di solito in modo inconscio, e nascosto da tutte le nostre compensazioni. Dopotutto, pensiamo, siamo adulti e non abbiamo questi problemi immaturi e irrisolti. Ma sono proprio le nostre relazioni più significative che possono aiutarci a entrare in contatto con tutte le proiezioni inconsce che facciamo, costringendoci a osservarle.

Profondamente dentro di sé, il nostro bambino ha un desiderio straziante di essere capito, amato e sostenuto, invece di essere controllato, ignorato o manipolato. Quel bisogno in sé non è il vero problema. Il problema è il modo in cui lo affrontiamo. Una delle bellezze e dei paradossi dell'intimità è che possiamo realmente ottenere le cure di cui abbiamo bisogno. Ma solo dopo aver riconosciuto le nostre proiezioni. Sappiamo già che, a causa dei bisogni insoddisfatti della nostra infanzia, noi nutriamo aspettative. Per soddisfarle, regrediamo inconsapevolmente allo stadio di bambini bisognosi, o appiccicosi, o esigenti, oppure reattivi. In quello spazio di regressione e di aspettativa, noi proiettiamo il nostro desiderio e la nostra fame su chiunque corrisponda ai requisiti. Il nostro bambino affamato proietta su un amico o su un amante il genitore che non abbiamo mai avuto. Questa persona non lo apprezza molto e ci respinge.

Quando questi meccanismi inconsci sono in atto, entrambe le persone, in qualsiasi tipo di relazione, si sentono facilmente ferite e si ritirano nelle proprie paure e difese. La fiducia se n'è andata e l'amore non può sopravvivere. Lo facciamo tutti. Come si fa a ottenere le cure del genitore di cui abbiamo disperatamente bisogno e, allo stesso tempo, dare a noi stessi e ai nostri partner la libertà e il rispetto che altrettanto disperatamente ci sono necessari? Vogliamo dare amore e vogliamo dare all'altro/a tutto lo spazio di cui ha bisogno.

Ma prima che ciò possa accadere, dobbiamo comprendere più precisamente in che modo l'altra persona stuzzica le nostre ferite non sanate del passato, in che modo provoca le nostre difese, le nostre paure, i nostri dolori e le nostre delusioni. Diventando consapevoli delle nostre proiezioni, arriviamo effettivamente a fare da genitore al nostro bambino, perché cominciamo ad assumerci le responsabilità per i nostri bisogni, piuttosto che aspettarci inconsciamente che se ne occupi un'altra persona. Esaminiamo con cura alcuni dei modi in cui maggiormente viene proiettato il nostro bisogno di essere accuditi.

La ripetizione di vecchi schemi

La prima mossa da fare è semplicemente cominciare a identificare i nostri schemi ripetitivi all'interno della relazione. Molto tempo fa, Freud scoprì che abbiamo una pulsione irresistibile a rimettere in scena lo schema di relazione delle nostre prime esperienze, specialmente quello con i nostri genitori, all'interno delle relazioni più recenti e significative. Egli la denominò "coazione a ripetere". Replicheremo tutte le relazioni dominanti della nostra infanzia perché abbiamo bisogno di completare ciò che in quelle situazioni è rimasto incompleto. Abbiamo bisogno di approfondire le nostre lezioni non portate a termine.

Questo è più evidente in una relazione d'amore nella quale, in qualche modo, stiamo completando ciò che non è stato sanato con uno o con entrambi i genitori, in particolar modo con il genitore del sesso opposto. Noi attireremo persone che, per una ragione o per l'altra, riportano in superficie le ferite che derivarono da quella relazione. La ferita è fondamentalmente una qualche forma di relazione incompleta o inadeguata con i genitori. Questo fenomeno si manifesta anche con figure che rappresentano l'autorità. Come mai? Perché vogliamo ricevere da loro il sostegno e la guida che non abbiamo mai ricevuto da bambini. Al contrario, ciò che spesso otteniamo è maggiore controllo e repressione. Quindi reagiamo ribellandoci, oppure abbattendoci.

Ho imparato qualcosa dei miei schemi con le donne cercando di comprendere e di sentire, il più profondamente possibile, la mia relazione con mia madre. Nel mio lavoro sull'infanzia arrivai a comprendere che ero fuso con mia madre e, a causa di ciò, in tutte le mie successive relazioni profonde con le donne ho avuto paura, o, per meglio dire, sono stato terrorizzato, sia di unirmi sia di separarmi. Mia madre, senza saperlo e con tutte le migliori intenzioni, era soffocante. Ha sempre fatto quello che le riusciva meglio: la madre. Intelligente, intuitiva, autorevole e generalmente convinta di aver ragione su tutte le cose, era sicuramente una forza potente.

Da allora non ho fatto altro che scappare, una volta dopo l'altra, una donna dopo l'altra.

Ricordo un piccolo incidente che accadde quando avevo ventidue anni. Stavo andando in autostop sul monte Sinai – tappa che faceva parte di una visita guidata al deserto che circonda il monte. I miei genitori allora vivevano in Israele, e Israele aveva appena annesso il deserto del Sinai. Mia madre mi suggerì di usare delle scarpe da tennis per l'escursione, mentre io presi i sandali. Durante l'ascesa al monte, mi rammaricai di non essermi messo le scarpe da tennis. Ancora una volta mia madre aveva ragione. Ma era una scelta semplice, o rovinarsi i piedi o sentirsi castrati. Scelsi di rovinarmi i piedi.

Naturalmente, le mie fidanzate sono sempre state donne forti, intelligenti e potenzialmente dominatrici. Per qualche tempo mi limitai a reagire ai conflitti di potere con lo shock oppure con la ribellione, o anche con qualche confusa miscela di entrambe le cose. E davo la colpa a loro, ogni volta che potevo. Non mi venne mai nemmeno una volta in mente che stavo creando queste esperienze per imparare qualcosa. Stavo soltanto rimettendo in atto la mia ferita di castrazione. Partecipando personalmente, e anche guidando, seminari maschili, ho riscontrato che tutti gli uomini, in un modo o nell'altro, devono affrontare la loro relazione con la propria madre effettiva e con la figura universale di madre. In maniera approfondita. E uno degli aspetti confortanti del lavorare con altri uomini è scoprire di non essere solo. Ogni uomo ha la propria ferita di castrazione legata alla madre e la ricrea nelle sue relazioni intime con le donne.

La maggior parte degli uomini che ho conosciuto è terrorizzata, a un livello profondo e inconscio, all'idea di aprirsi a una donna e inventa ogni tipo di stratagemma per evitarlo. Possiamo diventare abbattuti, offensivi oppure isolarci, ma si tratta soltanto di variazioni sul tema della stessa ferita. Dal momento che una parte di noi vuole disperatamente una madre, diventare vulnerabili con una donna suscita castrazione, ed è un'esperienza terrificante. È uno dei più grandi *koan* zen per tutti gli uomini. Per evitare le paure faremo qualsiasi cosa ci dia l'illusione del potere e del controllo. Per essere in grado di aprirci profondamente a una donna dobbiamo trovare una forza e un potere reali – sia la forza di rimanere in piedi da soli sia il coraggio di immergerci profondamente in una donna.

Anche le donne rimettono in scena la propria storia di abuso con il loro padre, spesso trovandosi attratte e coinvolte da un uomo che ha la tendenza, aperta o velata, a trattarle in maniera simile a quella in cui le trattava il padre. Spesso questo prende le sembianze della rievocazione del dolore della loro vittimizzazione e della sofferenza senza via di uscita per il ricorrente abuso. Oppure si traduce in un premuroso prendersi cura. O, ancora, nell'assumere un ruolo da tiranno, vendicandosi di un padre passivo, incapace e non disponibile.

Possiamo interrompere la ripetizione degli schemi divenendo consapevoli delle nostre paure

Una volta che abbiamo identificato gli schemi, la domanda che segue è: come impedire loro di ripresentarsi? Questo è l'interrogativo che in questo lavoro si presenta più spesso di ogni altro. Gli schemi distruttivi provengono dalle nostre ferite. Un modo per fermarne la ripetizione consiste nell'esplorare la nostra relazione con il genitore del sesso opposto, il più intimamente, energeticamente e approfonditamente possibile. Senza consapevolezza e comprensione i nostri schemi rimangono masochistici o offensivi. Ma se comprendiamo perché lo stiamo facendo e ci mettiamo in contatto energetico con la vergogna dentro di noi e con le nostre paure di abbandono, possiamo trasformare lo schema invece di perpetuare la nostra sofferenza. Ci sono lezioni che dobbiamo imparare. E la relazione è sicuramente una delle più importanti vie per farlo.

Non abbiamo altra scelta se non quella di ripetere gli schemi, finché non avremo imparato tutto ciò che abbiamo bisogno di imparare. Dobbiamo apprendere queste lezioni energeticamente, non solo intellettualmente – sentendo la vergogna e lo shock. Quanto più possiamo rimproverarci di non trovare qualcosa che appaia più armonioso, più fluente e meno conflittuale, tanto più noi stessi creiamo la situazione esatta che vogliamo e abbiamo bisogno che sia. La nostra coscienza superiore sa che siamo qui per crescere e creerà quelle situazioni per stimolarci in tal senso.

Dissociazione tra genitore buono e genitore cattivo

La storia della proiezione si fa più complicata. Non solo essa determina chi attireremo, ma regola anche le modalità delle nostre relazioni. Dal punto di vista del nostro bambino ferito noi vediamo nell'altro una di queste due cose: il genitore buono o il genitore cattivo. Il nostro bambino interiore vuole e ha bisogno di essere amato e sostenuto. Quando ottiene ciò dal partner, egli lo vede come un genitore buono e affettuoso. Altrimenti, lo vede come un genitore cattivo che lo respinge.

Per me, la mamma buona è calda, seducente e amorevole, intuitivamente comprensiva e di sostegno, considera il suo percorso spirituale e la sua meditazione come il fulcro più importante della sua vita, ma è anche capace di essere totalmente presente per me (non sempre ma spesso); è sensibile e capace di condividere le sue sensazioni con me; è anche in grado di darmi molto spazio e tempo per stare da solo; è devota e impegnata nei miei confronti. Quando non mi mostra queste qualità, si trasforma nella mamma cattiva. Quando c'è la mamma buona sono felice; quando c'è la mamma cattiva sono arrabbiato, depresso e soggetto a sbalzi di umore.

Ovviamente nessuno può soddisfare il bisogno di un genitore buono che il nostro bambino interiore ferito sente. Ma questo non ci fa smettere di provarci. Il nostro adulto razionale può riconoscere che non è possibile, ma il nostro bambino no. Così il nostro bambino interiore, quando non ottiene il genitore buono, reagisce: fa i capricci, mette il muso, si ritrae, piange, fa finta che la cosa non gli importi, si vendica e così via. E questa reazione può essere provocata semplicemente da un fraintendimento, un commento, una distrazione energetica del nostro amante verso la minima cosa che possa farci sentire non amati. Allora il genitore buono si trasforma nel genitore che respinge. Il sole se ne è andato dietro le nuvole. E noi possiamo non avere la più pallida idea del perché facciamo tutto questo, o persino non accorgerci che lo stiamo facendo. Il nostro bambino ha poco interesse e poca comprensione per la complessità, e inoltre non è in sintonia con i bisogni del nostro amante o del nostro amico. L'altra persona, percependo questa proiezione, naturalmente si sente mancare lo spazio. Ma, a suo modo, sta facendo la stessa cosa. C'è da meravigliarsi se la nostra luna di miele finisce?

Avendo fatto il training in psichiatria, pensavo che questo genere di "dissociazione", così come viene chiamata, fosse qualcosa che accomuna persone con seri disturbi della personalità e gravi traumi infantili. Immaginate la mia sorpresa quando mi sono accorto che stavo facendo lo stesso. Non una volta sola, ma tutto il tempo. E non solo con la mia amante, ma anche con gli amici intimi. Un momento mi sento in totale armonia e il momento successivo mi sento abbandonato e tradito. Come ha descritto John Bradshaw nel suo libro *Creating Love*, una volta che ci troviamo in questo spazio di regressione del bambino ferito, noi sentiamo e vediamo cose che non sono state dette e che non stanno accadendo, mentre non sentiamo quello che viene detto e non vediamo ciò che succede realmente. Siamo perduti all'interno del nostro film di dolore e, da quella prospettiva, non possiamo vivere la realtà.

Qualche anno fa lavoravo con una donna che per me era una combinazione di terapeuta, mentore e figura materna e che aveva una potente influenza nella mia vita. A un certo punto però avvertii che aveva smesso di guidarmi e cominciai a sentirmi non capito e non sostenuto. Avevo anche la sensazione che alcuni dei suoi problemi stessero contaminando il suo lavoro con me. Mi sentii abbandonato e da quello spazio di dolore e di rabbia reagii, spingendola fuori della mia vita e diventando critico nei suoi confronti.

Col senno di poi, vedo questa storia in modo molto differente. Agli occhi del mio bambino interiore ferito, lei era passata dal ruolo di genitore buono a quello del cattivo. Ora riesco a vedere che era tempo per me di interrompere quel contatto e di cominciare a camminare con le mie gambe, ma all'epoca la separazione fu molto dolorosa. Piuttosto che sentire il dolore le feci torto, la misi nella mia proiezione del cattivo genitore. Trovo che questo genere di proiezione, questo genere di dissociazione sia abbastanza universale. L'abilità sta nell'afferrarla e nell'essere in grado di fare un passo indietro, essere consapevoli del nostro bambino interiore ferito, e capire cosa stia generando la sua sensazione di abbandono.

Ribellarsi

La trama si infittisce. Il nostro bambino ferito non sta solo cercando un genitore perfetto; una volta che ha trovato un presunto sospetto, continua a dissociarlo fra genitore buono e genitore cattivo. Noi vogliamo anche ribellarci al genitore. Vogliamo respingere il suo amore. È un modo per metterlo alla prova, per vedere se ci ama davvero, se è in grado di gestirci anche quando non siamo simpatici, consenzienti e ubbidienti. Porre limiti, con fermezza ma con amore, è un punto molto importante dell'essere un buon genitore e molti di noi non l'hanno mai sperimentato. Per questo ne abbiamo fame. Vogliamo scoprire se qualcuno ci ama abbastanza da tenerci testa, perché ribellarci, quando eravamo bambini, costava troppo.

Ora, nelle nostre relazioni, qualche volta facciamo il bambino buono e ubbidiente, adattandoci e scendendo a compromessi per assicurarci l'amore del nostro amante (genitore). Poi ci stanchiamo di questo ruolo e ci trasformiamo nel bambino ribelle e reattivo. Una volta che crediamo di esserci assicurati l'amore, allora non è più rischioso metterlo alla prova, così possiamo fare la parte del ribelle che prima non osavamo fare. Questa situazione si presenta con gli amanti, con gli amici e particolarmente con le figure che rappresentano l'autorità. Un motivo per cui creiamo delle figure con autorità nella nostra vita è per ribellarci contro di esse – contro le regole che hanno fissato, contro le restrizioni che hanno imposto e contro i consigli che hanno dato. Andiamo in cerca di guide e di strutture e poi ci ribelliamo a esse. Vogliamo il sostegno e l'approvazione di figure di autorità e poi critichiamo la loro guida per il fatto di non essere perfetta.

Nonostante la persona sulla quale facciamo proiezioni possa essere o non essere simile al nostro genitore originale, nella mente del nostro bambino siamo sicuri che lo sia. In passato, nelle situazioni in cui mi trovavo a fare proiezioni su persone con autorità, riuscivo a sentire dentro di me sensazioni contrastanti. Una parte di me voleva arrendersi e aprirsi per ricevere insegnamento e guida, mentre l'altra era sempre in guardia per non essere controllata o inibita. È una ferita profonda. Nel momento in cui sentivo che la mia energia era stata ingiustamente limitata, andavo fuori di testa. È stato un continuo processo di apprendimento per riacquisire potere avendo fiducia in me stesso. Più avevo fiducia in me stesso, meno dovevo cedere il mio potere. Ora trovo che posso ancora rimanere aperto e ricevere una guida, ma non tradisco più me stesso.

Schemi vincolanti

Molto spesso quando siamo in una relazione di lunga durata ci cristallizziamo all'interno di ruoli. Questo è ciò che Hal Stone nel suo libro *Embracing Each Other* ha definito uno "schema vincolante". Esistono diversi tipi di schemi vincolanti, ma il più comune è il legame tra genitore e bambino. In questi ruoli, noi ci perdiamo in una proiezione. Nel ruolo del bambino, come ho detto, vediamo il nostro amante come un genitore che spesso è simile in maniera significativa ai nostri genitori originali. Nel ruolo del genitore, assumiamo spesso le caratteristiche di uno o di entrambi i nostri genitori e reagiamo al nostro amante come i nostri genitori reagivano con noi quando eravamo bambini. Questo è anche il modo in cui reagiamo al nostro bambino interiore.

La maggior parte delle relazioni diventa vincolata. È naturale perché, una volta che la luna di miele è finita, le nostre paure e insicurezze irrisolte ci rendono dipendenti l'uno dall'altra in modo nevrotico. Ma la bellezza del vincolo è che ci rende consapevoli del nostro materiale irrisolto. Qualsiasi situazione irrisolta e incompiuta affiorerà nelle nostre relazioni sotto forma di questi schemi vincolanti. Comunque, uno schema vincolante non identificato e non affrontato diventa la morte dell'amore e della vitalità in qualsiasi relazione. Il paradosso è che spesso, se non ci vincoliamo, non possiamo evolverci attraverso ciò di cui abbiamo bisogno. Dobbiamo vincolarci perché il legame porta in superficie il dolore e i bisogni. Inoltre, per una volta, il tipo di sicurezza che viene fornita dal vincolo può essere esattamente ciò di cui il nostro bambino ferito ha bisogno. Suppongo che tutti noi ci siamo trovati in situazioni vincolanti. È proprio perché i bisogni del nostro bambino ferito sono così grandi e così nascosti che la maggior parte delle relazioni a lungo termine diventa vincolata.

Ma vincolarsi porta problemi. Dobbiamo esserne consapevoli. La sicurezza uccide l'energia e spesso la sessualità è il primo aspetto che ne soffre. Genitore e bambino non sono gli amanti ideali. Il genitore accumula risentimento perché ha la sensazione di essere l'unico a dare. Il bambino accumula risentimento perché si sente dipendente o trattato con condiscendenza. Presto o tardi uno dei due turberà lo status quo. Una persona romperà inevitabilmente il vincolo perché, nel profondo, una situazione vincolata non è veritiera e non è viva. Il genitore si nasconde dietro il suo ruolo per sentirsi più in controllo e per gratificare l'immagine che ha di sé. Non vuole mostrare – né a se stesso né agli altri – di essere troppo bisognoso e ferito. È semplicemente troppo spaventato per ammettere di avere altrettanto bisogno di un genitore e nasconde la sua vulnerabilità ricoprendo proprio quel ruolo. Il bambino si nasconde nel suo ruolo e non vuole crescere, né assumersi la responsabilità nei confronti della propria vita. Appena uno dei due riconosce la situazione, si muoverà in un modo o nell'altro per rompere lo schema, trovando un'altra amante, uscendo dalla relazione o creando conflitto.

Le nostre storie d'amore (e le nostre amicizie più intime) non sono più una situazione genitore-bambino, ma sono una relazione amico-amico. Con consapevolezza possiamo, a turno, sia farci da genitori sia esporre e condividere l'uno all'altra il nostro bambino. Quando portiamo consapevolezza in questi ruoli, la nostra parte genitore diventa naturalmente in grado di dare nutrimento o di porre dei limiti in maniera gentile e centrata. Al tempo stesso, la nostra parte bambino ha la possibilità di onorare ed esprimere la propria vulnerabilità, il proprio spirito ribelle e giocoso in una maniera ugualmente centrata e gentile, facendolo in un modo che ci avvicina l'un l'altro.

Vendicarsi

Ora arriviamo al cavaliere oscuro (e alla notte oscura) nel gioco delle proiezioni – quel posto dentro di noi nel quale stiamo aspettando di vendicarci. Qualcuno una volta ha detto che le relazioni sono composte al 90 per cento da vendetta. Penso che sia un po' esagerato, ma dobbiamo essere coscienti di questa tendenza. La quantità di energia che tratteniamo dentro di noi come risentimento e rabbia inespressa dalla nostra infanzia è grande e spesso non ne siamo consapevoli fino a quando non affiora nelle nostre relazioni. Siccome abbiamo represso la rabbia per essere stati umiliati, maltrattati e traditi da bambini, ce ne andiamo in giro portando dentro di noi una schiera di missili Tomahawk che aspettano soltanto di essere lanciati!

Il nostro amato/a, o chiunque provochi questa ferita, diviene il bersaglio di tutta questa energia repressa. In una seduta che ho tenuto di recente un uomo raccontò di come fosse incapace di avvicinarsi a una donna. La più piccola cosa lo faceva arrabbiare e tendeva a reagire con veemenza anche alla minima critica. Esplorando più in profondità, scoprimmo che sua madre era stata dispotica e l'aveva fatto profondamente vergognare della propria sessualità con il suo repressivo condizionamento cattolico.

Da bambini eravamo troppo delegittimati, scioccati e compromessi per esprimere o perfino sentire qualcuna di queste sensazioni. Nelle nostre attuali relazioni ci vuole solitamente un po' di tempo prima che le proiezioni vengano in superficie, ma prima o poi comunque accade. È allora che l'altra persona diventa una complicata combinazione tra il nostro genitore interiorizzato e quello che questa persona realmente è. Lui o lei vengono così confusi con coloro che ci ferirono nel passato. Finalmente abbiamo un'opportunità per vendicarci. Tutta questa rabbia interiore comincia a uscire in modi che possono essere micidiali – abuso verbale o fisico, sarcasmo, facendo dispetti, trattando con condiscendenza, escludendo, paragonando o facendo l'amore con altri, facendo sentire sessualmente inadeguato il nostro partner, e così via.

Possiamo lavorare per guarire la nostra energia di vendetta solo se siamo consapevoli della sua presenza. Ho scoperto che esplorare i modi diretti e indiretti con cui la mia rabbia si manifesta è uno dei mezzi più importanti attraverso i quali posso accedere alla mia rabbia repressa. Il mio schema è di ritirarmi nello shock quando mi sento ferito. Poi mi vendico e punisco per lo più tagliando i ponti e ritirando la mia energia, oppure facendo commenti sprezzanti. Caspita! Spesso nemmeno mi rendo conto di farlo. Tuttavia, lavorandoci sopra, posso riconoscere sempre di più l'energia della vendetta. È molto in profondità ma, quando viene provocata, sembra essere senza fine. Malgrado ciò, una volta che posso esprimere l'energia, la situazione cambia.

Ognuno di noi ha il proprio modo di esprimere vendetta e di far trapelare tutto il risentimento represso legato alle offese del passato. Durante una sessione con una coppia una donna lamentava di sentirsi umiliata dall'atteggiamento dispettoso del suo ragazzo. Egli era totalmente inconsapevole di fare qualcosa di offensivo. Pensava che i suoi dispetti fossero soltanto un gioco. Fu una sorpresa assoluta per lui il fatto che lei se ne sentisse disturbata. In un altro caso, un uomo con il quale stavo lavorando si sentiva estremamente diffidente nei confronti di ogni donna che cercasse di controllarlo, dominarlo o proteggerlo eccessivamente. Si accorse che il legame con sua madre era estremamente stretto e, a un livello profondo, sentiva una fusione tra i loro confini. Sua madre era una donna molto forte e tendeva a controllare, così, invece di incoraggiare la sua indipendenza, lo teneva subdolamente legato a lei. Lui non aveva spazio per sviluppare fiducia in se stesso o per commettere i propri sbagli. Ora si trova a essere attratto da donne altrettanto forti e potenzialmente inclini al controllo. Ogni volta che si sente manipolato o controllato, collassa e finisce in stato di shock. Quando si riprende dallo shock, cosa che avviene in un tempo sempre più breve da quando lavora sulle sue sensazioni interiori, comincia a tornare più in contatto con la sua rabbia e reagisce impetuosamente e irrazionalmente anche al solo sospetto di manipolazione o controllo. Qualche volta riesce a distinguere l'amante dalla madre, ma spesso, soprattutto quando le sue ferite sono state provocate, non ce la fa.

Proiettare sugli altri parti di noi non vissute

C'è un altro importante tassello nella storia delle proiezioni, un altro modo per comprenderne la complessità. Noi proiettiamo sugli altri, e soprattutto sui nostri amanti, anche parti di noi che abbiamo dentro ma non vengono vissute. Nei suoi scritti Hal Stone chiama queste parti "Sé rinnegati". Questa proiezione è potenzialmente un'intensa fonte di crescita oppure di guai, a seconda di quanta consapevolezza e comprensione abbiamo nell'accedervi. Il nostro Sé conscio è soltanto una piccola parte della nostra coscienza. Uno dei modi più significativi che abbiamo per scoprire parti di noi nascoste è quello di attrarre amanti e amici che incarnano questi aspetti.

Quando ero alle superiori, mi "innamorai" (sarebbe più corretto dire che rimasi affascinato) di una ragazza che sedeva in classe nel banco dietro al mio. Lei era ogni cosa che io non ero – selvaggia, pazza e imprevedibile. Io ero concentrato negli studi e nello sport, e miravo a entrare in un college della Ivy League [lega che raccoglie le otto più prestigiose ed elitarie università private degli Stati Uniti, *N.d.T.*]. A lei non poteva importare di meno: era interessata alla recitazione e all'arte, e non era influenzata dal conformismo o dall'approvazione convenzionale. Al contrario, si ribellava contro tutti questi condizionamenti. Questa ribellione, insieme alla sua vitalità e alla sua bellezza, mi catturarono e mi affascinarono. La rincorsi per quasi due anni senza grande successo con il cuore affranto. Ogni canzone rock d'amore che ascoltavo sembrava parlasse di me. Anni dopo, mi innamorai di nuovo disperatamente di un'altra artista selvaggia e pazza. La proiezione di queste parti di me non vissute era ancora in atto. Il mio condizionamento aveva incoraggiato le parti di me altamente responsabili, ordinate e disciplinate, a discapito di quella selvaggia.

Troviamo le parti di noi stessi che vediamo riflesse negli altri sia attraenti sia ripugnanti. Questo è ciò che ce le fa piacere o meno. Ne siamo attratti perché vogliamo riscoprire le parti di noi non vissute e le troviamo repellenti perché il nostro condizionamento ci ha insegnato a rifiutarle. Potevo riconoscere questo divario ogni volta che mi trovavo con qualcuno che sentivo essere molto più selvaggio, spontaneo e libero di quanto io fossi mai stato. Una parte di me era totalmente attratta da questa energia, un'altra la giudicava irresponsabile – selvaggio contro responsabile.

Un mio amico ha una relazione con una donna molto emotiva, talvolta isterica. Lei è molto più in contatto di lui con le proprie sensazioni, ma usa le sue emozioni anche per manipolarlo, proprio come faceva sua madre. Lui reagisce evitando le proprie sensazioni e smettendo di ascoltarla ogni volta che diventa emotiva. Naturalmente questo la fa arrabbiare. Lui non si sta rendendo conto di proiettare su di lei la propria natura emotiva. Considera le emozioni come strumenti attraverso i quali può venire manipolato – da sua madre quando era bambino, dalla sua ragazza ora. Ma comportandosi da struzzo non guarisce certo la sua ferita. Lavorando insieme, ha cominciato a riscoprire la sua natura emotiva, riconoscendo la proiezione. Quando trova il proprio modo per sentire ed esprimere le emozioni, è meno soggetto a essere manipolato attraverso di esse.

Ho notato che, fino a quando non sono stato in grado di entrare in connessione con il mio bambino vulnerabile, giudicavo gli altri per la loro vulnerabilità, considerandola una debolezza. Nella mia prima relazione a lungo termine non riuscivo a rendermi conto che le emozioni, depressioni e paure della mia compagna stavano rispecchiando il mio bambino interiore con il quale non ero in contatto. La giudicavo troppo "lunatica", "pesante" e fissata sulle sue sensazioni. In effetti, lei fu la mia prima vera insegnante del cuore. Ma allora non lo sapevo. Nel corso degli anni, ho esplorato la mia parte femminile e sono rimasto impressionato da quanto sia incredibilmente timida e insicura. Non sapevo di essere così sensibile e nascosto. Avevo così tanto giudicato e coperto questa parte di me con il ruolo di maschio aggressivo orientato al successo, che non trovava spazio per venir fuori.

Successivamente, ho riconosciuto quanto fosse sottovalutato il femminile nella mia famiglia e con esso tutti i suoi valori: ricettività, intuito, irrazionalità e, soprattutto, la percezione e l'espressione delle emozioni. Da allora ho cominciato a comunicare molto di più con la mia parte femminile. La incontro quando sono silenzioso e meditativo, o quando ascolto il mio maestro spirituale. E la riconosco nella mia amante. Mi sono anche reso conto che l'elemento più profondo nel mio lavoro per riscoprire il mio essere uomo è venuto dall'imparare ad apprezzare di nuovo la mia parte femminile.

Ognuna delle più importanti relazioni nelle quali sono stato ha riflettuto parti di me con le quali non ero in contatto. Ma di rado ho avuto abbastanza comprensione della proiezione da rendermi conto di cosa stessi facendo. Dal momento che gran parte del nostro bambino interiore è sepolto nell'inconscio, è difficile vedere come molte delle persone con le quali siamo in intimità abbiano un bambino interiore molto simile al nostro. Le altre persone, essendo il nostro specchio, ci danno un'opportunità per comprendere i bisogni, la fame, le paure, come anche la forza, il lato selvaggio e la sensibilità del bambino interiore che abbiamo sepolto sotto la nostra protezione. Ciò che rifiutiamo o ammiriamo in loro è ciò che rifiutiamo e reprimiamo in noi stessi. Comprendere questa proiezione diventa un modo attraverso il quale possiamo recuperare quelle perdute parti di noi stessi. Senza questa comprensione, solitamente cadiamo in un incubo di accusa e conflitto.

Nelle nostre proiezioni spesso mettiamo in atto un'incessante guerra interiore fra la mente condizionata dalla paura e la mente libera. Giudichiamo gli altri per la libertà che ci vorremmo prendere ma che non ci prendiamo perché abbiamo troppa paura. Mi imbarazza ammettere che molti dei miei giudizi sugli altri sono basati su questa proiezione. Quando mi perdo in un giudizio, devo riportare indietro me stesso, ricordarmi che c'è una proiezione in corso e dare un'occhiata a ciò che sto reprimendo in quel momento. Invece di attenermi a ruoli familiari e sicuri e attaccare gli altri per tutto ciò a cui la mia ristrettezza mentale non può relazionarsi, posso iniziare a utilizzare gli altri per espandermi.

Imparare a distinguere il fattore scatenante dalla fonte originale

Le nostre proiezioni nascondono molta della paura che ci portiamo dentro di non riuscire a ottenere ciò di cui abbiamo bisogno. La persona che è oggetto della nostra proiezione stuzzica di solito le nostre paure (e aspettative) di essere traditi, controllati, fraintesi, maltrattati o abbandonati. Provate a pensare all'ultima volta in cui vi siete sentiti feriti da qualcuno. Non è forse vero che questa persona ha risvegliato le vostre paure in un modo che si era già verificato molte altre volte nella vostra vita? Le nostre relazioni sono altamente insidiose. Le carichiamo molto più di quanto non sembri. Perché? Perché stiamo cercando il genitore perfetto e rimaniamo delusi una volta dopo l'altra. Ma, di solito, non siamo consapevoli dell'intensità delle emozioni che abbiamo represso fino a quando la ferita non viene stuzzicata.

Una proiezione è una rievocazione del passato. Una parte rilevante della nostra guarigione avviene quando cominciamo a distinguere il fattore scatenante dalla fonte originale. Quando una persona provoca una delle nostre ferite, sembra che sia proprio lei (o lui) a causare il dolore. È lui (o lei) il problema, non il genitore o il fratello o l'insegnante o il compagno di classe che, tanti anni prima, ci ha ferito. Spesso la nostra proiezione è scatenata dal fatto che la persona nella nostra vita attuale ha alcune caratteristiche simili alla persona che ci ferì originariamente.

La nostra reazione è sproporzionata allo stimolo. Noi entriamo in ogni relazione già sensibilizzati a essere trattati come lo siamo stati da bambini. Lo noto con me stesso: appena mi sento controllato, reagisco. Non vedo la realtà, vedo tutte le persone che hanno sempre cercato di controllarmi. Il mio carico emozionale è alimentato dalla convinzione, originata dalla mia esperienza durante l'infanzia, che nessuno mi capisca veramente. Il trucco sta nel non perdersi nella proiezione. Forse ci stanno controllando, maltrattando, abbandonando; o forse lo stiamo immaginando. Probabilmente è un po' di entrambe le cose. Gli altri si sentono intrappolati dalla nostra proiezione. Sentono di non essere visti per quello che sono, si arrabbiano o si allontanano.

Naturalmente, non ci sono vittime innocenti in questo gioco. Bisogna sempre essere in due per giocare. Ci intrappoliamo a vicenda nelle proiezioni, che sia con gli amanti, con gli amici o con persone che hanno autorità. Anche loro hanno la loro parte. Ma una volta che entrambe le persone, in qualsiasi tipo di relazione, riescono a identificare lo schema e cominciano ad assumersi qualche responsabilità per la loro parte nel dramma, la guarigione avviene. Allora possiamo iniziare ad assumerci le responsabilità delle nostre emozioni, piuttosto che incolpare l'altro per la rabbia o per il dolore che sta venendo a galla.

Dobbiamo continuare a indagare sulla nostra negazione

Se qualcosa sta bloccando il nostro cuore, spesso l'ostacolo è una proiezione inconscia, da una parte o da entrambe, che non è stata ancora chiarita e discussa. Spesso la rabbia, il dolore e le sensazioni di tradimento che proviamo con altre persone provengono dai nostri bisogni e dai nostri desideri, molti dei quali sono stati repressi e negati da noi stessi. Manteniamo inconsce le nostre proiezioni perché non vogliamo proprio ammettere e accettare quanto il nostro bambino interiore sia veramente bisognoso. Questo bisogno va contro ciò che reputiamo accettabile, attraente e spirituale.

Carla, per esempio, ha riversato sul suo amante la proiezione inconscia che lui si prenderà cura di lei e le darà tutto ciò di cui ha bisogno. Questo atteggiamento va in senso contrario rispetto alla sua idea cosciente di come vorrebbe essere nel rapporto con un uomo – indipendente e autosufficiente. Ma il suo bambino interiore non era presente quando lei ha formulato queste convinzioni. Il suo bambino vuole che ci si prenda cura di lui. Messa a confronto con il suo desiderio di essere accudita, Carla negherebbe. Quando il suo amante disattende le sue aspettative di essere trattata come una principessa, lei si arrabbia molto. Lavorando per portare queste proiezioni alla luce della consapevolezza, Carla ha scoperto di trattenere dentro di sé il dolore di non aver mai avuto un padre che le desse il conforto e la sicurezza di cui aveva bisogno quando era bambina. Dare spazio al dolore l'ha aiutata a reagire in maniera differente quando, nella sua attuale relazione, le sue aspettative non vengono soddisfatte. Invece di scaricare la colpa sul suo compagno, sente il dolore che viene provocato e lo condivide.

Stephen conduce seminari, con grande carisma e capacità. Ma non riesce a vedere che sotto la sua immagine c'è un bambino disperatamente solo e affamato, desideroso d'amore. Egli continua a nascondere questi bisogni dietro il suo successo di terapeuta di gruppo, passando da una breve storia d'amore a un'altra. Non riesce proprio ad accorgersi di ciò che sta negando. Per entrare in contatto con questi bisogni, Stephen dovrebbe lasciar cadere la propria immagine per raggiungere il suo bambino interiore ferito.

Per penetrare a fondo nella nostra negazione e arrivare ad accettare i nostri bisogni, può essere utile domandarci che cosa stiamo cercando realmente. Com'è il nostro genitore ideale?

Ecco alcune domande che possono aiutare:

Come facciamo a sapere quando ci sentiamo sicuri, amati, percepiti e sostenuti?

Quand'è che sentiamo che l'altra persona ci tiene nel suo cuore e che lì c'è spazio per noi?

E che sensazione abbiamo quando stiamo facendo lo stesso per l'altro?

Charles venne in cerca d'aiuto perché quella che era la sua ragazza da due anni lo stava lasciando. Lei si lamentava del fatto che lui non si apriva abbastanza e si stava stancando di provare a trovare una connessione. Cinque anni prima, Charles era profondamente innamorato di una donna che lo aveva lasciato per un altro uomo. Lui allora decise che non sarebbe mai più diventato così bisognoso, si ritirò nella sua musica e lentamente si rimise in sesto. Ma la ferita era ancora lì e lui ancora troppo spaventato per aprirsi. Era sicuro che se avesse mostrato alla sua nuova amante quanto fosse bisognoso, lei lo avrebbe sicuramente respinto, proprio come aveva fatto l'altra. I nostri bisogni non se ne vanno, anche se facciamo finta di essere forti. Se riusciamo ad abbracciare il nostro bambino bisognoso, cominciando a sentire e ad accettare la fame, la paura e il dolore interiori, noi torniamo a noi stessi e, nello scambio, riceviamo amore dagli altri.

Dalla proiezione alla completezza

Tutti noi facciamo proiezioni. Evolverci da ciò, o lasciarci trascinare sempre più nella miseria della drammatizzazione, dipende dalla comprensione che abbiamo rispetto a ciò che stiamo facendo. O ci fossilizziamo negli schemi della proiezione, o usiamo la proiezione stessa per continuare a imparare sempre di più su noi stessi.

La proiezione può essere un terreno fertile per l'esplorazione di sé e la crescita, oppure per il conflitto e la stagnazione. Una volta il mio maestro disse che solo quando comprendiamo le nostre proiezioni, le relazioni possono evolversi nella condivisione del silenzio. Sembra una meta lontanissima! Tuttavia, chi può dirlo? In questo momento, tutto ciò che possiamo fare è sviluppare compassionevolmente sempre più comprensione al riguardo.

Esercizio 1: identificare gli schemi ripetitivi

Prendetevi un po' di tempo per andare a esaminare attentamente le vostre relazioni più significative, a cominciare dalle storie d'amore. Probabilmente le domande che seguono potranno aiutarvi. Potreste trovare utile appuntare le vostre risposte mentre procedete.

Quando passi in rassegna queste relazioni, quella in cui sei ora (se in questo momento sei legato a qualcuno sentimentalmente) e quelle del passato, noti che sei stato trattato in modo simile?

In quali modi hai lasciato che gli altri abusassero di te, ti maltrattassero o ti fraintendessero?

In quali modi sei sceso a compromessi con te stesso/a?

In quali modi sei stato tu ad assumere atteggiamenti offensivi? Hai riconosciuto degli schemi familiari nel farlo?

Hai sempre ricevuto continuamente lo stesso feedback dai tuoi partner? Hai reagito nello stesso modo ogni volta?

Applichi uno schema nel tuo modo di proteggerti?

Quali sono le tue convinzioni negative sull'amore e sull'apertura che vengono riaffermate volta dopo volta?

Continuando l'esercizio, analizzate le relazioni più significative in cui siete coinvolti nel presente: la relazione con gli amici più stretti, con il vostro capo, con i vostri figli. Potete notare qualche similitudine fra queste relazioni e quelle della vostra infanzia?

Per esempio:

Nelle relazioni con gli amici più stretti c'è qualcosa che ti ricordi una relazione con un fratello o una sorella?

Con le figure che rappresentano l'autorità, c'è qualcosa che ti ricordi le tue relazioni con tuo padre o con un tuo fratello/sorella?

Con i tuoi figli, puoi vedere qualche similitudine fra il tuo comportamento con loro e quello che i tuoi genitori avevano con te?

Fate caso alle similitudini e scrivetele. Probabilmente, senza esserne consapevoli, avete creato queste relazioni nella vostra vita al fine di completare qualcosa. Spesso quelle che sembrano le più difficili – delle quali faremmo volentieri a meno – sono effettivamente quelle da cui abbiamo di più da imparare. Prendetevi un po' di tempo per vedere, in ciascuna di queste relazioni, quale potrebbe essere la lezione.

Esercizio 2: scoprire il vostro genitore interiorizzato

Sedetevi di fronte a due cuscini, uno sulla destra e l'altro sulla sinistra. Fate che uno dei due cuscini rappresenti il vostro genitore interiorizzato e l'altro il vostro bambino vulnerabile. Sedetevi sul cuscino del genitore, di fronte al bambino e cominciate a parlargli. Quindi, in seguito, sedetevi sul cuscino del bambino e rispondete. Continuate a fare avanti e indietro, lasciando che lo spazio si approfondisca e notando ciò che viene a galla. Cosa dice il genitore al bambino? Che tipo di energia invia al bambino? Come reagisce il bambino? E cosa succede alla sua energia?

Esercizio 3: identificare le parti non vissute di voi stessi

Su di un pezzo di carta bianca scrivete una lista composta da:

1. Le caratteristiche che vi piacciono di più nelle persone.
2. Le caratteristiche che vi piacciono di meno.

Quando vi circondate di persone che hanno le caratteristiche del punto 1, probabilmente vi sentite a casa, nutriti e

amati. Alcune di queste potrebbero essere qualità che voi avete, ma che non vivete quanto vi piacerebbe.

Quando attraete persone con le caratteristiche del punto
2, avete l'opportunità di guardare parti di voi che non volete
vedere. Ora:

Fate una lista di ciò che vi attrae in un partner.
Fate una lista delle qualità che trovate nei vostri partner.

Confrontate queste due liste. Le voci che sono presenti in
entrambe le liste possono essere parti non vissute di voi stessi che voi trovate attraenti, le voci che si trovano solo sulla seconda lista possono essere parti non esplorate di voi stessi,
che voi stessi giudicate.

Capitolo 17

Rispetto e confini – Prima parte
Rispettare noi stessi

Aprirsi genera paura. Una delle paure più grandi, che abbiamo certamente sperimentato tutti, è che se ci apriamo verremo invasi, maltrattati o, in qualche modo, qualcuno ne approfitterà. Desideriamo aprirci, ma non vogliamo essere feriti. Se restiamo nel nostro mondo chiuso, protetto e isolato, possiamo per lo meno tentare di non farci ferire. Ma questo atteggiamento non funziona più, soprattutto a questo punto del nostro viaggio. Quindi, cosa fare? Ho scoperto che la questione apre una porta su di un aspetto fondamentale del lavoro su noi stessi. Quando usciamo dall'isolamento e comprendiamo che imparare a relazionarci fa parte del nostro processo di guarigione, uno dei nostri compiti è imparare il rispetto, per noi stessi e per gli altri. Ciò è difficile, perché desideri contrastanti ci spingono a scontrarci l'uno con l'altro. Come possiamo creare un mondo per noi stessi nel quale possiamo soddisfare i nostri bisogni e rispettare quelli delle persone che ci sono vicine? Credo che questa sia una delle più importanti lezioni che dobbiamo imparare – più e più volte.

Due lati del pretendere

La questione del rispetto mette in moto due differenti tipi di energia dentro di noi. Una è mossa dalla sensazione che finché non mi impadronirò di ciò che voglio non l'avrò mai. L'altra è profondamente scioccata, non ha la capacità e la fiducia necessaria per dire no ed è convinta che tutti gli altri stiano sempre approfittando di noi. Una dice: "Non reprimermi. Voglio muovere la mia energia!" e "Voglio ciò che voglio e lo voglio adesso!". L'altra invece dice: "Ti prego, non lasciarmi. Ti darò tutto ciò che vuoi". Poi arriva il risentimento e la sensazione che "Non ci si può fidare di nessuno".

La prima porta con sé il convincimento che tutti stiano tentando di soffocare la nostra energia e soggiogarci. La seconda è convinta che nessuno rispetti il nostro spazio e la nostra integrità. Potrebbe sembrarci di non avere dentro di noi entrambe queste voci, perché potremmo avere represso una delle due. Ma è così. Nonostante ciò, in qualsiasi momento può accadere che noi ci identifichiamo con una, e il nostro amato o amico con l'altra. Sono due ferite non sanate che chiedono di essere affrontate e risolte. Suppongo anche che esse ci riportino a lezioni karmiche che non abbiamo ancora appreso e sulle quali dobbiamo lavorare – imparare a rispettare i bisogni degli altri e imparare a rispettare i nostri.

Noi non ci rispettiamo a vicenda. Come mai? Perché i nostri bisogni legati alla sopravvivenza ci rendono ciechi. Se tutti vivessimo la nostra natura di Buddha, conducendo una vita in totale consapevolezza, potremmo esistere in questo mondo in uno stato di perfetta innocenza, vulnerabilità e apertura. Sfortunatamente il mondo non è così, almeno non ancora. Convinti che per sopravvivere dobbiamo prenderci cura e proteggere noi stessi, siamo spesso meno che sensibili gli uni verso gli altri. Ci invadiamo a vicenda. Quando eravamo bambini, i nostri confini non sono stati rispettati. Così, ovviamente, abbiamo perso la capacità di rispettarli – i nostri e quelli di chiunque altro. Possiamo essere completamente ignari di entrambi.

Ecco un esempio: alcuni anni fa, un amico prese a prestito il mio stereo portatile senza chiedermelo. Tornai a casa e mi accorsi che era sparito – non un biglietto, niente. Non riuscivo a capire cosa fosse successo. Ovviamente pensai di averlo perso, o che qualcuno l'avesse rubato. Qualche giorno dopo, il mio amico mi disse: "Oh, a proposito, ho preso in prestito il tuo stereo per qualche giorno. Te lo riporto domani, va bene?". Sollevato per aver scoperto dove fosse finito, e siccome sono una persona tanto "carina" risposi: "Sì, certo, nessun problema". Immediatamente dissi a me stesso che non avrei dovuto essere così permaloso da prendermela se qualcuno si prendeva qualcosa di mio in prestito, soprattutto un così caro amico. Ma la cosa mi disturbò interiormente e la volta successiva che vidi il mio amico mi sentii distante da lui.

Noi interpretiamo entrambe le parti di questo dramma – sia quella di chi è invaso, sia quella di chi invade. Dobbiamo imparare come porre i nostri limiti – risolutamente e con garbo, e dobbiamo imparare come essere sensibili ai bisogni e allo spazio altrui, restando al tempo stesso sensibili nei confronti dei nostri. Esploriamo ora queste due aree.

La guarigione del plesso solare

Guadagniamo rispetto per noi stessi quando impariamo ad amarci e a considerarci abbastanza da onorare il nostro valore. Quando riscopriamo il nostro valore, rispettiamo naturalmente i nostri confini e troviamo l'abilità e il coraggio per proteggere il nostro spazio. Prima di ciò, ci alterniamo tra l'essere vittima e l'essere tiranno. La vittima trasmette un'energia che stimola vergogna, il tiranno induce gli altri alla vergogna per evitare di sentire la propria. Prima di lavorare sulla co-dipendenza, non avevo una precisa cognizione dei confini, miei o degli altri. Mi lasciavo invadere senza capire cosa stesse succedendo e invadevo lo spazio altrui senza troppa delicatezza. Pensavo proprio di essere una persona buona e generosa. Naturalmente, non potevo spiegarmi il rancore e le sensazioni umilianti che c'erano dentro di me.

Dalla parte della vittima, raramente riuscivo persino a riconoscere di essere stato invaso. Nei momenti in cui riconoscevo di sentirmi disturbato da ciò che qualcuno aveva detto o fatto, tendevo a minimizzare e facevo finta che davvero non me ne importasse. Oppure tentavo di negare il mio dolore e lo giustificavo razionalmente. Ognuno di questi atteggiamenti era più facile del dovermi confrontare con l'altra persona. Ora avrei potuto ascoltarmi mentre dicevo: "Oh, non è così importante", o "Immagino di dover imparare a essere più generoso e a perdonare di più", oppure "Oh, l'hanno fatto sicuramente senza pensarci".

Sotto la nostra incapacità di porre dei limiti si nasconde la paura di perdere l'amore dell'altra persona, o la paura che gli altri possano arrabbiarsi con noi, tagliarci fuori o invalidare ciò che stiamo dicendo. La voce sussurra cose del tipo: "Se io dico come mi sento o se mi faccio valere, verrò punito, annullato, escluso, violato, aggredito, fatto oggetto di collera o maltrattato". A causa della vergogna, noi semplicemente perdiamo il contatto con le nostre sensazioni e il nostro spazio. Il nostro bisogno di amore e di approvazione era così disperato che abbiamo ridotto le nostre necessità in uno spazio sempre più piccolo. Attiriamo invasione perché non stiamo vivendo la nostra energia. Quando veniamo invasi, noi non lo riconosciamo e continuiamo a ri-eseguire il nostro programma interiore secondo il quale i nostri confini non sono abbastanza importanti da essere rispettati. Per il bambino ferito, il rispetto di sé appare una priorità molto meno importante dell'amore. Amore e attenzione sono questione di vita o di morte. Il rispetto di sé è un lusso.

Ma per il nostro essere, il rispetto di sé è linfa vitale. Una volta, durante un seminario per uomini tenuto da Robert Bly, egli menzionò l'importanza di dire interiormente "Aspetta un attimo!", quando accade qualcosa che non ci sembra giusto. Mi piacque molto. Mi rendo conto che la mia ossessione a compiacere o a ritirarmi quando mi sento ferito è così forte che ci vuole ben più di "aspettare un attimo" per modificare lo schema. Ma già il solo concedere a me stesso lo spazio per sentire e per verificare cosa accade in me ha fatto una grande differenza. Nel mio personale processo per recuperare il rispetto di me stesso, mi sono accorto di precisi passi che ho dovuto compiere. Ci sono fasi fortemente sovrapposte, ciononostante è evidente una chiara progressione da una all'altra.

Fase 1: riconoscere quando siamo invasi e ristabilire i nostri confini

Regredivo e diventavo compiacente nelle situazioni che, a causa del mio shock, trovavo terrificanti – per la paura di violenza o scontro, rabbia o disarmonia. Quando iniziai a lavorare con la mia vergogna e lo shock, cominciai ad accorgermi esattamente di come mi sentivo subito dopo essere stato invaso. Mi rallegravo di essere in connessione con qualcuno, ma dopo mi sentivo malissimo. Allora dovevo tornare indietro fino al momento in cui sentivo di essermi svenduto. Ero troppo assuefatto alla concordia per accorgermene sul momento.

Accusiamo gli altri di farci vergognare, ma non è un problema degli altri. È la nostra lezione per imparare il rispetto verso noi stessi.

Posso ricordarmi di molte occasioni nelle quali mi sono vergognato e non sono stato capace di dire nulla. A causa della paura e del mio bisogno di approvazione, emanavo vibrazioni che attiravano umiliazione e mancanza di rispetto. Riconoscendo di aver dato il via a tutto questo con il mio messaggio non verbale, iniziai a percepire la mia vergogna.

Il primo passo fu semplicemente quello di imparare a riconoscere quando avevo permesso che mi si facesse vergognare. Per fare ciò dovetti riconoscere e legittimare lo spazio della vergogna e dello shock – sentirlo nel corpo e sentire cosa faceva alla mia energia, come mi faceva sentire interiormente e nei confronti di me stesso. In breve, avevo bisogno di imparare a riconoscere l'attacco.

Parte del riconoscere quando mi sentivo oggetto della vergogna o di un attacco richiese l'apprendere cosa fossero i confini. Fu una vera sorpresa per me rendermi conto che certi atteggiamenti – non ascoltare quando qualcuno ci parla, non rispettare gli accordi presi, far aspettare qualcuno a lungo, non onorare i debiti se non ci vengono rammentati, prendere qualcosa a qualcuno senza averlo chiesto – sono tutte invasioni di confini. Se da piccoli abbiamo avuto a disposizione uno spazio fisico troppo piccolo, possiamo esserci sentiti costantemente rinchiusi oppure possiamo semplicemente esserci adattati negando noi stessi. Se da bambini, in qualunque modo, siamo stati sessualmente abusati, reimparare a legittimare i nostri confini sessuali è un'impresa monumentale. Se siamo stati abusati emozionalmente, perché ci è stato insegnato a sentirci in colpa per i sentimenti di qualcun altro, oppure perché ci è stato detto cosa sentire o cosa pensare, continueremo a sentirci in colpa quando affermeremo noi stessi.

Riscoprire e rispettare i miei confini è stato un continuo processo di ritorno a me stesso e alla fiducia nelle sensazioni della mia pancia, che sa quando qualcosa non va.

Fase 2: sentire e lavorare con il fuoco

Se la nostra capacità di provare ed esprimere la rabbia è repressa, siamo tagliati fuori dalla nostra forza e ciò ci porta a crollare e sprofondare nell'umiliazione. Quando cominciai a riprendermi dal mio shock, la rabbia che si celava sotto cominciò ad affiorare. Imparare a dire no e riappropriarsi del rispetto di sé significa riconnettersi con la rabbia che il nostro bambino si porta dentro per tutte le umiliazioni e le invasioni subite. A dispetto di qualunque strategia di sopravvivenza sviluppata per affrontare gli attacchi alla nostra integrità, il nostro bambino interiore non ha dimenticato un solo affronto. Dove va a finire tutto questo risentimento? Dentro di noi, sepolto sotto il senso di colpa e la paura. Poi trapela in tutti i possibili modi indiretti, come l'essere passivi/aggressivi, lunatici, dispettosi, lamentosi, sarcastici e violenti. Creeremo situazioni che provocheranno e risveglieranno la rabbia. Poi dipenderà da noi quanto saremo creativi nell'usarla, una volta che sarà stata provocata.

Mi ricordo di un evento della mia vita nel quale questo processo si è manifestato. Stavo lavorando in una scuola di terapia, ed ero uno dei principali terapeuti. Il direttore e io eravamo amici, ci rispettavamo molto, ma avevamo un differente approccio nel lavorare con la gente – io ero più orientato verso un lavoro psicologico, lui invece più focalizzato su quello esoterico. A un certo punto, il mio amico mandò la sua ragazza a uno dei miei seminari, con l'apparente incarico di assistente. In realtà, aveva un piano nascosto per creare una presentazione del lavoro nella scuola che fosse più uniforme e in linea con il suo tipo di impostazione. In un primo momento accolsi favorevolmente questa situazione come un'opportunità di crescita, ma ben presto mi resi conto che la sua amica aveva ben poca comprensione del mio modo di lavorare ed era lì per influenzarmi piuttosto che per aiutarmi. Mi sentii totalmente invaso e così lo dissi al mio amico. Lui si scusò e ammise immediatamente la sua mancanza di chiarezza. In superficie, tutto sembrava risolto e a posto. Ma non lo era per me, perché l'incidente era andato a risvegliare una profonda ferita interiore.

Covai rabbia e risentimento. Con il passare del tempo, cominciai a capire che l'accaduto aveva toccato la mia profonda ferita data dal sentirmi ignorato e non rispettato, che era frutto di anni di rabbia repressa in occasioni simili, nelle quali non avevo affermato me stesso e la mia creatività. Ero arrabbiato nei miei confronti per tutte le volte in cui non avevo rispettato o difeso me stesso e furioso con coloro che ritenevo mi ignorassero o non mi rispettassero. Questo tipo di provocazione si verifica in tutte le nostre relazioni e particolarmente in quelle amorose. Se gli amanti non litigano di tanto in tanto, significa che qualcosa è stato represso. Noi siamo certi di premere i tasti l'uno dell'altro e di attivare le nostre aree di dolore. Possiamo riuscire a mantenere l'armonia giusto fino a quando le ferite del passato non cominciano a riaffiorare. Grazie a Dio! Senza la combustione, penso che finiremmo tutti per morire di noia.

Le nostre relazioni provocano la nostra rabbia perché abbiamo bisogno di tirar fuori questa energia dalla repressione e rivendicarla. Ma come possiamo avere a che fare con il fuoco una volta che è stato provocato? Per guarire il nostro plesso solare dal collasso, abbiamo bisogno di provare quel naturale sentimento del "NO! imperativo" ogniqualvolta i nostri confini vengono violati. Ma come farlo senza che la nostra relazione degeneri in biasimo e abuso, come invece spesso succede? Dobbiamo riaccendere la miccia – lavorando per rientrare in contatto con la rabbia che è stata repressa. Idealmente, possiamo creare uno spazio sicuro e contenuto per liberarla. Per riconnetterci con questa energia, non importa se gridiamo contro qualcuno o a un cuscino. Ma, per lo meno nella mia esperienza, in realtà quando la rabbia viene provocata esplode e probabilmente abbiamo bisogno di attraversare un periodo durante il quale reagiamo ed esprimiamo la nostra rabbia nei confronti della persona che l'ha provocata. So di averlo fatto. Se avessi smesso di riflettere sul "giusto" modo per lavorare con la mia rabbia, questa sarebbe tornata a essere repressa. Sembra che reagire mi abbia aiutato a riconoscerla.

Fase 3: ritornare al nostro centro

Comunque, non saniamo la nostra vergogna né recuperiamo il rispetto per noi stessi reagendo e sbraitando contro chi ha provocato la nostra rabbia. La guariamo tornando a noi stessi, passando gradualmente dalla fase di reazione, nella quale ci sentiamo sfruttati, al semplice sentire e fidarci di noi stessi. Passando quindi gradualmente dalla difesa alla centratura. Nella prima fase stiamo fondamentalmente alimentando la mania di reagire, arrabbiarsi e trovare ragioni per restare protetti. Nella seconda, siamo a casa con noi stessi, abbastanza per sapere cosa è giusto per noi e per non avere più bisogno della protezione.

Recentemente ho tenuto una sessione con una coppia che aveva appena terminato un seminario ed era sul punto di trovare una soluzione per risolvere i propri conflitti. Non avevano difficoltà a esprimere rabbia l'uno con l'altra. Ma era molto difficile per entrambi fidarsi abbastanza da mostrare il proprio dolore. Nella sessione lavorammo cercando di scoprire in che modo ognuno di loro avrebbe potuto togliersi di dosso i colori di guerra e sentire la vulnerabilità che c'era sotto. All'origine della nostra rabbia c'è quasi sempre una profonda comprensione del reale motivo della rabbia stessa, insieme a molta vulnerabilità e dolore.

In altre situazioni, è vero il contrario – è motivo di crescita per entrambi correre il rischio di esprimere vicendevolmente la rabbia. Due miei amici sono stati insieme per quattro anni ma, a causa del loro condizionamento, erano entrambi terrorizzati all'idea di esprimere o ricevere rabbia. Rabbia e risentimento si erano accumulati, come generalmente accade nelle coppie che sono state insieme per qualche tempo. Invece di esprimere questo risentimento in modo diretto, mettevano in atto vendette indirette. Potevano escludersi sessualmente, diventare dispettosi e lunatici, lamentarsi della situazione con gli amici ma non con l'altro, e così via. Una volta che trovarono il coraggio di esprimere la loro irritazione e il loro risentimento direttamente, la relazione migliorò considerevolmente.

Per chi di noi ha represso la propria rabbia a causa di paura e abbattimento, esprimerla direttamente diventa una terapia d'urto. Da bambini, quando esprimevamo rabbia, ottenevamo in cambio rifiuto o punizione. Ora possiamo imparare a esprimerla e scoprire che non solo possiamo resistere nel fuoco senza morire, ma anche che l'altra persona potrebbe essere ancora lì. Spesso la gente, una volta che ha recuperato la propria capacità di arrabbiarsi, ha la sensazione di aver guarito la propria ferita della vergogna. Vorrei che fosse così facile. Passare dall'abbattimento alla capacità di ricevere ed esprimere rabbia è un passo che rende euforici. Ciò non significa che abbiamo ritrovato il nostro potere, ma ci stiamo avvicinando. Ci dà la forza per difendere noi stessi, abbiamo la forza di proteggere la nostra vulnerabilità.

Da bambino, ero spesso preso in giro da mio fratello maggiore. Quella esperienza lasciò una ferita, quella di aspettarsi di essere preso in giro di nuovo. Poteva capitare con amici, che richiamavano la proiezione di mio fratello. Uno, con il quale si scatenava questo tipo di proiezione, era solito farmi il verso ogni volta che dicevo cose che trovava ridicole. La prima volta non dissi niente, ero in shock. Ma restando nella sensazione, mi accorsi che sotto il mio shock c'era ira furibonda – un vulcano d'ira associato a tutte le volte in cui, da bambino, ero stato preso in giro e non avevo reagito. Lavorai da solo sulla rabbia, ma quando accadde nuovamente fui in grado di esprimere le mie sensazioni al mio amico. Egli si scusò e fu grato che mi fossi confrontato con lui su questo punto, perché poté rendersi conto che quello era il modo nel quale aveva trattato suo fratello minore da bambino.

Alla fine del processo di guarigione del nostro plesso solare, di riscoperta del nostro valore e del rispetto di noi stessi, arriviamo a un punto nel quale siamo in grado di essere risoluti, centrati e autorevoli in un modo che non è contaminato da proiezioni, e possiamo essere vulnerabili anziché reattivi. Risolutezza e vulnerabilità sono due modalità differenti del porre limiti da questo spazio guarito e sono appropriate in differenti situazioni. Diamo un'occhiata a entrambe.

Rispondere da uno spazio centrato è il naturale risultato del sapere chiaramente cosa vogliamo, di cosa abbiamo bisogno e cosa sentiamo. L'intento non è quello di ferire, umiliare, attaccare, accusare o punire l'altra persona, ma quello di portare maggiore consapevolezza in una situazione e rispondere da uno spazio che arriva direttamente dalla nostra integrità e dal rispetto di noi stessi. Quando sono connesso con centrata autoaffermazione, l'energia è localizzata nella mia pancia. Posso provare o non provare rabbia, ma questa in ogni caso non offusca la mia lucidità. Occasioni per imparare una centrata autoaffermazione si presentano di continuo sia con amici sia con amanti, conoscenti e persone con le quali lavoriamo. Queste situazioni hanno rappresentato per me un incessante banco di prova per affermare la mia dignità e autostima, non permettendo che le cose scivolassero via, minimizzando o negando la loro importanza.

Nelle nostre relazioni più intime, possiamo spesso spostarci nella vulnerabilità appena ci sentiamo invasi o non rispettati. Ci sono momenti, molti momenti, nei quali uno di noi o entrambi siamo persi nel nostro bambino ferito e pretendiamo attenzione, manipoliamo, siamo regressi o vendicativi e non riusciamo a uscire dal ruolo. Non c'è spazio o consapevolezza, in quel momento, per vedere o sentire cosa stiamo facendo.

Il massimo grado del nostro potere e del rispetto verso noi stessi non arriva fino a quando non siamo in grado di sentire il dolore che si cela al di sotto della rabbia e riusciamo a esprimerlo. Fino ad allora, ci sarà sempre una tensione interiore e probabilmente baseremo il nostro potere sull'essere in grado di dire no. Ma questo tipo di forza continua a essere basato sulla reazione e sulla sfiducia. Il vero potere arriva da uno spazio di rilassamento interiore, dal fidarsi ancora e dal concedere a noi stessi di essere vulnerabili anche se non c'è garanzia che verremo trattati come ci piacerebbe. Energeticamente questo significa abbassarsi dal plesso solare, dove stanno rabbia, reazione e protezione, alla pancia, dove possiamo entrare in contatto con la nostra vulnerabilità e il dolore.

Gradualmente, inizio a vedere quanto è profonda e antica questa ferita che deriva dal sentire sfiducia e mancanza di rispetto dentro di me. Sta tuttora guarendo. E può ancora essere facilmente provocata tutte le volte che qualcuno nella mia vita preme lo stesso tasto. Alla rabbia si accompagna molta tristezza, per quel ragazzino che era così insicuro e aveva così poca fiducia in se stesso da annullarsi. E lacrime, per quel ragazzino che tanto ha dovuto lottare e sopportare per poter esprimere il suo vero Sé. Come si può riportare tutto questo nel campo del porre dei limiti? È sicuro, o anche appropriato, condividere il nostro dolore e la nostra vulnerabilità? Con la mia compagna e gli amici più intimi, riesco a comunicare al meglio quando posso dire: "Fa male o mi fa male quando tu...". Noi spesso ci prendiamo del tempo per chiedere all'altro se ha spazio proprio in quel momento per ascoltare mentre condividiamo la ferita e diciamo cosa non ci piace.

Approfondire l'intimità con un amante o un amico dipende effettivamente dall'essere in grado di condividere in questo modo, essere in grado di porre dei limiti da uno spazio amorevole e di fiducia. Stiamo tutti provando, meglio che possiamo, a portare ancora più amore nella nostra vita e molto di ciò ha a che fare con il restare aperti e condividere, anche se ci siamo sentiti invasi o non rispettati.

Non molto tempo fa ho avuto dei conflitti con due miei amici. Mi sono sentito invaso e non rispettato a causa di patti non mantenuti e della sensazione di venire sottovalutato. In passato avrei probabilmente ignorato una cosa del genere, ma questo non funziona più per me. All'inizio ero offeso, ferito e sentivo di volermi isolare da entrambi. La mia prima reazione al sentirmi offeso è sempre stata quella di chiudermi ed escludere l'altro – il mio vecchio modo, la mia familiare reazione al sentirmi ferito – quella parte di me che dice: "Dimenticali, non hai alcun bisogno di loro nella tua vita". Ma lavorare su queste due situazioni mi ha impartito alcune preziose lezioni, lezioni che probabilmente tutti possiamo apprendere affrontando la paura di porre dei limiti e imparando a rivendicare la nostra dignità e integrità.

Con uno dei due amici, potei rendermi conto che era importante continuare a comunicare quando succedeva qualcosa tra di noi. C'è una pretenziosa parte di me che non vuole doverlo fare e che si aspetta che quando qualcuno dice di amarmi, sarà sempre sensibile nei miei confronti. Si è trattato di un modo per evitare responsabilità. Io mi aspetto che gli altri, specialmente quelli che mi sono più vicini, siano sensibili, giusti e onesti. E quando non lo sono mi sento tradito. Andarmene in giro con queste aspettative è stato un modo per restare in uno stato regresso e infantile. Il mio bambino interiore non vuole ammettere e accettare che il mondo, semplicemente, non sempre è onesto, giusto e sensibile.

Per di più, io ero (e in qualche misura sono tuttora) in un ingannevole stato di speranza: le persone con cui mi apro non mi feriranno. Invece di vedere ogni persona e situazione per quello che è, vi ho proiettato sopra la mia speranza e le mie pretese. E ciò mi ha messo ripetutamente nei guai. Non volendo vedere chiaramente, sono entrato in relazione con amanti e amici da uno spazio di bambino regresso, che voleva essere trattato lealmente. Quando ho trovato il coraggio e mi sono impegnato per condividere il mio dolore, solitamente mi sono sentito compreso e accettato. Questo è quello che è successo in questo caso. Potei usare gli eventi che avevano provocato il mio dolore per rendermi conto dei miei punti deboli e riconoscere la mia parte nella storia. Ma ancora più importante, ciò rafforzò qualcosa che sto continuando a imparare – esprimermi chiaramente e ripetutamente quando, tra me e un'altra persona, accade qualcosa che non va.

Con la seconda persona era coinvolto qualcosa di più del solo porre dei limiti. Ero carico di inconsce aspettative e proiezioni nei suoi confronti, con le quali non ero per niente in contatto. Non ero consapevole di quanto egli provocasse dentro di me la ferita legata al sentirmi inferiore e non rispettato, ed ero troppo orgoglioso per ammetterlo con lui. Avevo bisogno di entrare in contatto con le mie proiezioni, mettere da parte il mio orgoglio ed espormi. Spesso quando ci sentiamo invasi da qualcuno, sentiamo anche la profonda mancanza di quelle persone con cui non siamo in contatto. Questa mancanza provoca la vergogna, ma siamo troppo orgogliosi o troppo testardi per rendercene conto. In questo caso porre dei limiti non è abbastanza perché non stiamo andando alla radice.

Questa situazione si presenta frequentemente con i genitori. Quasi tutti noi dobbiamo attraversare un periodo in cui, in un modo o nell'altro, poniamo loro dei limiti. Però dobbiamo anche entrare in contatto con ciò che noi ancora vogliamo e ci aspettiamo da loro. Porre dei limiti sana ben poco la ferita della vergogna se non abbiamo riconosciuto la proiezione. Una mia amica si infuria quando suo padre la critica per come si guadagna da vivere. Ma continua a prendere soldi da lui, che di conseguenza mantiene il suo potere in questo campo. Per anni, mi sono sentito ferito quando mio padre non accettava il mio stile di vita alternativo e faceva commenti disapprovandolo. Dietro il mio dolore c'era il desiderio, non riconosciuto, che egli mi accettasse e rispettasse per le scelte che avevo fatto.

In questi casi, la nostra vergogna proviene sia dal non assumerci la responsabilità della nostra vita sia dal non sapere come dire no. Mi resi conto che la mia vergogna mi impediva di vedermi e sentirmi come una persona in grado di affrontare la vita. Non sentivo quella forza interiore necessaria per vedere e affrontare ogni situazione per quello che era ed è. E così regredii e non mi assunsi pienamente le mie responsabilità. Questa vergogna mi faceva desiderare ancora di avere un genitore. Ma piuttosto di ammettere tutto questo e lavorarci sopra, scelsi di sentirmi tradito quando le persone non erano come io mi aspettavo fossero. In tutti questi casi il punto importante è che il rispetto di sé non dipende da come o chi siamo con l'altro, ma più da come siamo con noi stessi.

In questa fase finale del porre dei limiti, c'è la consapevolezza che il nostro metterci in relazione con gli altri non è una lotta, ma un'opportunità per percepire la nostra vulnerabilità. Una volta che il plesso solare è guarito, non abbiamo più bisogno di provare che siamo in grado di difendere il nostro bambino ferito da ulteriori abusi. La tensione se ne è andata, la guerra è finita e le nostre risposte non sono contaminate da reazioni dettate da risentimenti repressi. Se ci sentiamo invasi e c'è spazio per condividere il dolore, possiamo condividerlo. Se non c'è spazio, allora possiamo comportarci con centrata risolutezza.

Le fasi che ho descritto sono un processo continuo e sovrapposto. Spesso non raggiungo tuttora un punto nel quale sono chiaro e non reattivo. Sono ancora pieno di tensione e rabbia dentro. Mi offendo, escludo, mi imbroncio, mi vendico e punisco – in poche parole, continuo a fare tutte quelle cose che non farei se fossi consapevole. Ma posso osservare tutto questo con un poco più di distanza. E invece di rimanere in stato di shock e di risentimento nascosto, posso sentirlo ed esprimerlo. Molto più spesso, ora, sono anche in grado di esprimere il dolore.

Sentire l'energia ed esprimere il dolore sembra essere una delle più importanti fonti per recuperare il rispetto di noi stessi. Alla fine ho scoperto che arriviamo a un punto nel quale possiamo renderci conto che nessuno sta approfittando di noi. Persino questa idea è ancora un prodotto della vergogna e dello shock. È parte della trance, per uscire dalla quale dobbiamo percepire noi stessi in modo differente – essere coscienti del nostro centro e della nostra dignità. Accade lentamente e, di pari passo, paranoia e sfiducia diminuiscono sempre più. Quando guariamo, diventiamo più capaci di esprimere direttamente come ci sentiamo. La guarigione è abbandonare la reazione, la protezione e l'attacco, ed entrare nella nostra vulnerabilità, spostandoci dal plesso solare alla pancia.

Una nuova immagine di sé

Lavorando sulla vergogna scoprii che mi identificavo profondamente con un'immagine di me, quella di una persona da far vergognare. Ero qualcuno che poteva e doveva essere umiliato. Poi l'immagine cambiò, divenni una persona che doveva sempre farsi valere per evitare che qualcuno se ne approfittasse. Ma tutto ciò era parte della stessa identità, carica di vergogna e vittimismo. A causa di questa immagine di me, ero disonesto, evitavo di scontrarmi, non onoravo gli impegni presi con me stesso o con gli altri, diluivo la mia energia con distrazioni e assuefazioni, oppure mi astraevo. Lavorando sulla vergogna, qualcosa cambiò. Smisi di pensare a me stesso come a una persona degna solo di vergogna.

Fino a che le nostre ferite determinate dalla vergogna non vengono guarite ricreiamo situazioni per noi offensive, come ripetizione di esperienze precedenti. Non sono queste il problema. È la nostra narcisistica lesione, l'offesa al rispetto di noi stessi, il vero problema. La guarigione arriva mettendosi in contatto con il dolore che c'è dentro di noi e, finalmente, trovando abbastanza centratura interiore per far sì che gli abusi cessino di accadere. Fermiamo ciò che ci offende dall'esterno facendo un lavoro interiore, conoscendo e sentendo la vergogna, arrivando a sentire noi stessi sempre di più, e amando il piccolo bambino ferito che ci portiamo dentro.

Capitolo 18

Rispetto e confini – Seconda parte
Rispettare gli altri

La maggior parte di noi non solo viene invasa, ma invade a sua volta. Sembra che la cosa vada sempre in entrambe le direzioni. Trovo che l'area del rispettare gli altri e rendersi conto di come inconsciamente invadiamo i loro confini, sia una di quelle in cui ci scontriamo con i nostri più grandi punti deboli. Penso che sia perché il nostro panico è molto profondo. Il panico per la sopravvivenza ci trasmette la sensazione che i nostri bisogni debbano essere soddisfatti a ogni costo. Essere sensibili ai bisogni e allo spazio dell'altro sembra troppo minaccioso.

Se messo di fronte alla nostra mancanza di sensibilità, il nostro bambino che reagisce e pretende risponde con: "Guarda, io devo muovermi nella mia energia. Non posso stare sempre a limitarmi. Se tu ti arrabbi o ti addolori, la responsabilità è tua". Oppure, rispondiamo con totale negazione: "Cosa intendi quando dici che sono stato insensibile nei tuoi confronti? Non ho idea di che cosa tu stia parlando". O ci sentiamo in colpa.

Nel profondo, penso che ben conosciamo le nostre sacche di egoismo e i modi con i quali mettiamo i nostri bisogni davanti a tutto, a spese degli altri. Alcune di queste vengono nascoste dalla negazione, ma molte fluttuano di tanto in tanto nella nostra consapevolezza. Segretamente, possiamo provare vergogna per il nostro egocentrismo e la nostra oltraggiosità. Ma tutto ciò non cambia così facilmente.

Nello sviluppo del mio lavoro sul rispetto per gli altri ho individuato tre diversi aspetti.

1. Arrivare alla radice

Un aspetto molto importante nell'esplorazione della nostra insensibilità è scoprire le sue radici. Ho trovato che ci sono due radici fondamentali – la prima è la paura e la seconda è l'essere condizionati a reprimere la propria vulnerabilità e a imparare a sopravvivere a ogni costo.

Nello stato di coscienza del bambino ferito, noi ci fondiamo sulla paura. Quando le nostre azioni mancano di rispetto verso gli altri, ci muoviamo guidati da questa paura. Fino a che ci comportiamo in questo modo, per quanto desideriamo essere sensibili e rispettosi, tutte le nostre buone intenzioni sono inutili perché non vanno alla radice. Per sanare le nostre insensibilità dobbiamo comprendere da dove arrivano, piuttosto che giudicarle o tentare di correggerle. Ho sempre avuto la sensazione di essere egoista in molti atteggiamenti e, nel profondo, di vedere ben poco al di là del ristretto contesto dei miei desideri e bisogni. Lo nascondevo molto bene, ma mi sentivo terribilmente in colpa al riguardo.

Ero condizionato a essere generoso e premuroso verso gli altri e, in qualche modo, ero in continua ribellione verso questa impostazione. Per quanto volessi essere sensibile verso gli altri, il mio egoismo era in parte un modo per dire che non volevo essere "buono". Volevo trovare me stesso prima.

La moralità non è un sostituto della scoperta di sé, nonostante la nostra cultura tenti di farne una cosa sola.

Sensibilità, compassione, premura e consapevolezza verso gli altri vengono dalla consapevolezza verso se stessi. Per dare il via al processo di apprendimento della compassione, dobbiamo cambiar pelle, disfarci del nostro condizionamento e scoprire chi siamo. Prima di allora, spinti dal senso di colpa, possiamo anche lanciarci in sforzi per tentare di essere gentili, premurosi e virtuosi, ma è del tutto inutile. Quando per la prima volta incontrai il mio maestro, fui sollevato udendolo sfidare tutti questi approcci moralistici al "giusto" vivere. Ciò di cui abbiamo bisogno, diceva, è consapevolezza, non moralità. Le giuste azioni nasceranno da sole. Diversamente, continueremo a reprimere.

Inconsapevolezza e mancanza di sensibilità verso gli altri appaiono perché, nello stato di coscienza del bambino, siamo fortemente focalizzati sulla nostra stessa sopravvivenza. Possiamo prenderci cura delle nostre paure e insicurezze con la meditazione o con il concedere a noi stessi di accettare e riconoscere la paura, oppure possiamo spostarci nelle nostre strategie di sopravvivenza. La meditazione offre al bambino interiore in panico una presenza nutriente e contenitiva, che rilassa la paura e ci accudisce con coscienza meditativa. In assenza della meditazione, prendono il sopravvento le nostre strategie di sopravvivenza che, per loro natura, non sono per niente sensibili nei confronti degli altri.

La nostra mancanza di sensibilità e rispetto derivano anche da un profondo condizionamento. Questo è solitamente modellato sull'energia e il comportamento che abbiamo appreso da chi si è occupato di noi durante l'infanzia. Se uno dei nostri genitori è stato dispotico noi non solo siamo divenuti delle vittime, ma abbiamo anche imparato a essere dispotici a nostra volta. Noi spesso diveniamo sia la vittima che il carnefice. Dipende soltanto dalla persona con cui siamo. C'è una meravigliosa scena in un film di Danny Kaye nella quale un ufficiale maltratta il suo diretto sottoposto che, a sua volta, fa lo stesso con chi viene dopo di lui, e così via. Quando alla fine la cosa arriva a Danny Kaye, che sta in fondo alla scala gerarchica, lui non ha nessuno da maltrattare e così prende a calci un povero cane che ha la sola colpa di trovarsi lì vicino. La maggior parte di noi fa lo stesso nella propria vita, recitando del tutto inconsapevolmente un dramma dell'infanzia. Tornare a noi stessi con amore e comprensione cambia questo stato di cose. Questa presenza ci consente maggior spazio interiore, maggiore capacità di tirarci fuori da comportamenti inconsapevoli. L'ho vista lavorare dentro di me.

2. Suscitare reazioni

Con maggiore spazio interiore, noi siamo anche maggiormente in grado di esplorare la nostra inconsapevolezza. Siamo meno identificati con le nostre strategie e possiamo guardare a esse con maggiore obbiettività. Se c'è una sincera volontà di scoprire e lavorare con la parte di noi che è irrispettosa, inconsapevole, pretenziosa ed egoista, qualcosa cambia. Per fare ciò, dobbiamo osservare in azione il nostro bambino reattivo/che pretende. Un modo per farlo è suscitare reazioni.

Ritengo che raggiungiamo un punto di svolta nella nostra trasformazione verso la consapevolezza, quando apriamo la nostra insensibilità e inconsapevolezza alla reazione di coloro che ci sono vicini. È come fare un'aperta ammissione a noi stessi, così come agli altri, che abbiamo angoli bui e che desideriamo aiuto per vedere attraverso di essi. Stiamo alimentando un profondo desiderio di condurre la nostra esistenza in un modo meno violento. Ho trovato di gran supporto nella mia vita l'essere in un gruppo di amici che hanno assunto questo tipo di impegno verso la propria crescita, quello di dare e ricevere pareri vicendevolmente.

Apertamente, o solo energeticamente, possiamo chiedere ai nostri partner o amici: "In quali modi senti che sono insensibile o irrispettoso nei tuoi confronti, o in quali modi senti che invado i tuoi confini?".

Questa domanda crea una struttura nella quale una persona si apre a un amorevole feedback, mentre all'altra viene concesso il permesso di condividere qualcosa di cui normalmente è difficile parlare. In pratica, nella nostra vita di tutti i giorni possiamo fare un patto con amici e amanti, quello di farci notare l'un l'altro, senza attaccare, quando manchiamo di rispetto a qualcuno. Portare allo scoperto la nostra inconsapevolezza e insensibilità, esporle per ricevere un feedback e non essere così attaccati all'idea di essere santi, sono comportamenti che costruiscono molta fiducia e intimità. Possiamo infuriarci con qualcuno perché è stato irrispettoso nei nostri confronti, ma spesso la rabbia svanisce nell'istante in cui sentiamo che lui/lei sta sinceramente desiderando di comprendere in che modo può averci ferito.

Alcuni di noi sono stati molto potenti da bambini, abili nel manipolare e controllare i genitori e l'ambiente circostante in modo da ottenere ciò che volevano. Visto che funzionava così bene, naturalmente continuiamo a farlo nelle nostre relazioni di oggi, con partner e amici. Da qualche parte, probabilmente stiamo segretamente cercando qualcuno forte abbastanza da porci dei limiti. Le nostre relazioni diventano lotte di potere. Nessuna guarigione ha inizio fino a che non abbiamo la sincera volontà di occuparci dei nostri problemi, senza aspettare che qualcuno ci richiami a farlo. Le nostre insensibilità sono angoli bui, aree di testardaggine nella struttura della nostra personalità che spesso appaiono impenetrabili. Talvolta sembra che i nostri più profondi meccanismi di sopravvivenza proprio non vogliano venire alla luce ed essere sanati. Tuttavia, se il nostro impegno di guarigione e di apertura è serio, questi angoli bui si dissolveranno.

3. Sentire il dolore dell'inconsapevolezza

A livello più profondo, lo strumento più potente per arrivare a rispettare gli altri è senza dubbio percepire il dolore della nostra inconsapevolezza. Alcuni dei momenti più dolorosi della mia vita sono stati quelli in cui ho riconosciuto il dolore che, con la mia insensibilità, ho causato alle persone che più mi erano vicine. Un episodio si distingue in particolare. Quando ero adolescente, ero un appassionato di tennis. Mia madre stava tenendo la prima importante mostra delle sue sculture e io arrivai tardi all'inaugurazione perché stavo finendo una partita. Non avevo per niente compreso quanto l'avessi ferita e quanto significasse per lei fino a quando, il giorno dopo e con le lacrime agli occhi, mi confessò che avrebbe desiderato che io arrivassi in tempo. Me ne andai nella mia stanza e piansi. Mi colpì quanto io fossi centrato solo su me stesso, non solo in quella occasione ma in molte altre situazioni della mia vita.

Sospetto che non vogliamo sentire o vedere la nostra insensibilità perché temiamo che ci possa far sentire malissimo nei nostri confronti. Quando concedo a me stesso di sentire quel dolore, la prima cosa che si scatena in me è un gran senso di colpa e vergogna. Comincio facilmente a giudicarmi – "Come ho potuto essere così insensibile?", "Sono un pessimo elemento, totalmente egoista e senza riguardo", "Chi mai può amare e rispettare qualcuno così noncurante degli altri?" –, alcune delle più comuni frasi che mi saltano in testa? Facilmente posso pure finire a cercare di difendere automaticamente me stesso.

Tuttavia è importante trovare quello spazio interiore in cui possiamo accettare e mettere a nudo la nostra insensibilità. Se riusciamo ad accettarla, possiamo guarirla. Siamo tutti sulla strada della guarigione, gran parte della quale è accettare che talvolta ancora ci accade di non essere consapevoli. È soltanto la non consapevolezza che genera insensibilità. Ed è proprio il dolore di vedere come feriamo gli altri che ci guarisce. È abbastanza forte e profondo da eludere le nostre difese e le nostre ossessioni sulla sopravvivenza, e induce un profondo mutamento nella nostra coscienza.

*Quando lasciamo tracce di sangue sulla nostra scia, non ot-
teniamo quell'amore e quel rispetto di sé che così disperatamente stiamo cercando.*

Non ho trovato alcuna scorciatoia per imparare le lezioni
di consapevolezza e rispetto. Accade lentamente, come parte
di un impegno globale volto a portare maggior consapevolezza e luce nella mia vita. Certamente devo dare a me stesso molto spazio per commettere errori e per essere inconsapevole,
ricordando che un bambino in panico non è consapevole ed è
ossessionato dal soddisfare i propri bisogni. Con una più
profonda comprensione e meditazione, le paure divengono
meno impellenti e meno dominanti.

Il rispetto arriva dall'ampiezza dello spazio

In questi due capitoli abbiamo visto come riguadagnare
rispetto di sé onorando i nostri confini e la nostra integrità,
imparando a essere più generosi, gentili e rispettosi dei sentimenti altrui. Fondamentalmente non si tratta di due differenti
processi, ma dello stesso. Diventando più consapevoli dei nostri confini, diventiamo più consapevoli di quelli degli altri.
Provando dolore quando invadiamo lo spazio di un altro, riconosciamo il dolore quando è il nostro a essere invaso. In entrambi i casi è un tornare a casa, è rendersi conto che le paure non devono necessariamente guidare la nostra vita – la paura di confrontarci o esporre noi stessi agli altri, la paura di riconoscere la nostra stessa insensibilità. Con la meditazione
creiamo più spazio nella nostra pancia, più distanza, acquisiamo una maggior capacità di disidentificarci dal bambino
in panico che compromette se stesso e invade gli altri. Un ampio spazio interiore restituisce rispetto.

Esercizio 1: condividere ciò che tratteniamo

Scegli le persone più significative della tua vita e immagina che, una per volta, si siedano di fronte a te.

Cosa non hai condiviso con questa persona?
C'è qualcosa che stai evitando di dirle?
Cosa ti porta a trattenerti?

C'è qualche modo in cui senti che questa persona è insensibile nei tuoi confronti?

Quando condividi, scopri se compaiono rabbia o protezione. Osserva da quale parte del corpo arriva questa energia.

È difficile rimanere vulnerabile con questa persona? Perché?

Esercizio 2: la consapevolezza del rispetto

Scegli alcune delle persone più significative della tua vita, incluso il tuo amato/a, e scrivi i modi nei quali senti di non essere sensibile o rispettoso/a nei confronti del loro spazio. Osserva come ottieni da loro ciò che desideri. Quali strategie usi?

Capitolo 19

La delicata danza del fondersi e del separarsi

La nostra capacità di stare da soli non è realmente messa alla prova fino a quando non ci siamo aperti a qualcuno e, ancor di più, quando rimaniamo aperti. Prima di ciò, la solitudine è più isolamento che altro. L'intimità ci mette di fronte alla terrorizzante paura della perdita o del rifiuto. Ci porta faccia a faccia anche con la nostra paura che, se ci apriremo, finiremo con il perderci nell'altra persona. Affrontare queste due paure, la paura della separazione e quella di essere inghiottiti, è una delle primarie sfide e ricompense dell'intimità. Una relazione intima è certamente una delle arene in cui possiamo guarire queste fondamentali ferite.

Le paure della separazione

Quando esploro la mia personale paura di separazione, scopro che c'è un forte desiderio nel profondo di sapere che la persona che mi ama non se ne andrà mai. Neppure per un attimo. Voglio sentire che non sarò mai respinto o abbandonato. Sospetto che molti di noi abbiano paure simili. Le paure si manifestano nelle nostre relazioni in ogni genere di situazione, importante o meno – da qualcosa di apparentemente banale tipo il modo nel quale ci lasciamo quando stiamo per separarci, a qualcosa di rilevante come quando sospettiamo che il nostro amato sia interessato a qualcuno oppure non ci ami più. Se troviamo il coraggio di aprirci, ciò porta a galla una paura sempre presente, quella che l'altra persona ci possa lasciare in qualunque momento.

Mentre ero nel mio ruolo di anti-dipendente, non avevo alcuna idea di come stessi traumatizzando le mie amanti ogni volta che reagivo con una delle mie crisi di "indipendenza".

Ero così disconnesso dalle mie paure che non potevo rendermi conto di come stessi provocando così tanta ansia da separazione nelle mie partner. Ma nascondendomi dietro la mia anti-dipendenza, anch'io stavo provando esattamente la stessa paura che provavano loro. Il mio essere anti-dipendente stava coprendo la mia paura che in qualunque momento la mia amante avrebbe potuto lasciarmi. Non ero assolutamente in contatto con essa. Fino a quando non mi concessi di aprirmi, solo allora potei finalmente percepire le mie paure di rifiuto e la mia indegnità. La nostra vergogna, le nostre insicurezze, le paure di abbandono e rifiuto sono così forti che anche la minima mancanza di empatia da parte dei nostri amanti può scatenare e giustificare le nostre paure. Le nostre paure di separazione coglieranno al volo anche il più piccolo pretesto per farci sentire rifiutati o abbandonati. Separarsi è terrificante perché non abbiamo alcuna certezza che l'amore ritornerà. Quindi ci aggrappiamo.

Spesso mi sono chiesto da dove provenisse così tanta paura. Nel mio training di psichiatria, ho imparato che la paura di separazione proviene apparentemente dall'essere stati privati, in qualche modo, dell'accudimento fondamentale all'inizio della nostra esistenza, ancora nell'utero o nel primo anno di vita, creando una profonda ferita di sfiducia. Ciò corrisponde a quello che lo psicologo Erik Erickson ha definito il primo significativo stadio di sviluppo, nel quale apprendiamo la fiducia o la sfiducia di base. Ho il sospetto che la maggior parte di noi abbia qualche profondo trauma originario, legato ai primi momenti di vita, ricacciato nell'inconscio, che genera profonde ansie da separazione. Per me è stata una grande sorpresa scoprire questi aspetti e rendermi conto di quanto profondamente avessero influito sulla mia fiducia. Tutti noi dobbiamo affrontare la realtà esistenziale della nostra solitudine e, con essa, l'imprevedibilità e la precarietà delle cose. Ma i traumi non sanati della nostra infanzia possono rendere molto spaventoso il processo di accettazione e resa a una tale insicurezza.

Me e non-me

Le nostre paure di separazione si manifestano nelle nostre relazioni intime in quello che io chiamo il fenomeno "me e non-me". Durante la fase iniziale di una relazione siamo intrappolati in un illusorio "me". Ciò che intendo dire è che, in qualche modo, noi crediamo e sentiamo di essere una cosa sola con il nostro amante (in psicologia questo è chiamato "simbiosi"). Vediamo e sentiamo le cose nello stesso modo. Abbiamo punti di vista simili sulle cose importanti. Tutto questo può essere rafforzato dalla condivisione di comuni obbiettivi, religioni, guru, politica, perfino preferenze sui film, e così via. Ma con il passare del tempo diventa sempre più difficile mantenere questa illusione. Piccole situazioni ci mostrano che l'altro non è così "me" come pensavamo. Poi arriva la dolorosa sensazione che non siamo così simili nell'anima come credevamo e, fintanto che non siamo in grado di accettare gli aspetti "non-me", possiamo essere assaliti dalla paura di aver commesso un grande sbaglio. Tentiamo di nascondere tutto questo negandolo, ma alla fine diventa evidente che si insinuano sempre più "non-me".

Prendere coscienza dei "non-me" risveglia le paure di abbandono. Ritengo che molte coppie cerchino di nascondere questa consapevolezza perché affrontare l'abbandono e la paura della separazione è doloroso. Quando emergono le percezioni "non-me", cominciamo a dubitare di poter condividere il nostro Sé più profondo con l'altro. Un modo per nascondere le sensazioni "non-me" è semplicemente quello di mantenere la relazione a un livello superficiale. Ciascuno resta coinvolto nella propria vita separata e così non deve mai affrontare questo dolore. Quando si sta insieme c'è più routine che profonda condivisione. Persino la sessualità evita una connessione profonda. Un altro evidente sistema per evitare sensazioni "non-me" è concentrarsi sul tentativo di cambiare l'altra persona. Io mi ci sono impegnato molto. Ho fatto tutto ciò che potevo per indurre le mie partner a meditare di più, a muovere di più i loro corpi, a partecipare di più ai seminari con me e a tutto quello in cui io ero coinvolto. E le mie amanti tentavano di rendermi più ricettivo, più femminile e più disponibile. Non ha funzionato. Il risultato, al contrario, è stato continuo conflitto, incomprensione e dolore.

Allora che cosa facciamo? Solitamente creiamo un qualche tipo di dramma per chiudere la relazione e, cambiando partner, possiamo mantenere l'illusione che un giorno, con la persona giusta, troveremo finalmente qualcuno con cui non ci saranno più sensazioni di "non-me". Ciò non può accadere. L'esperienza del "non-me" è inevitabile, porta alla luce la ferita della separazione e noi la dobbiamo affrontare. Alla fine riconosciamo che in qualche profondo e significativo aspetto siamo differenti. E non sempre siamo in grado di comunicare o di entrare in connessione. È questo che genera le dolorose sensazioni di separazione, non la differenza. Prima o poi ciò si verificherà in ogni relazione profonda e noi dovremo affrontarlo – non soltanto con gli amanti, ma anche con gli amici.

L'accettazione del "non-me" è un importante processo di maturazione, ci porta a tu per tu con il nostro essere soli. Le relazioni spesso ci procurano il primo duro incontro con l'essere soli. Più approfondiamo il rapporto con qualcuno, più le sensazioni di "non-me" possono essere dolorose, perché sono affiancate a momenti di profonda fusione. Dobbiamo fare i conti con le nostre aspettative di trovare qualcuno che sia completamente "me". Dobbiamo svegliarci dal sogno. Fare i conti con le nostre paure di separazione significa pian piano accettare le sensazioni di "non-me". Mantenere aperto il proprio cuore, riconoscendo le differenze e rendendosi conto dell'insicurezza, è una vera e propria meditazione.

L'intensità della paura di separazione in realtà non si manifesta totalmente fino a quando non ci impegniamo sinceramente a mantenere l'intimità con qualcuno. Fino a quando rimaniamo anti-dipendenti, fino a quando manteniamo aperta un'uscita di sicurezza nelle nostre relazioni amorose, non entriamo nello spazio della paura. Ma, perseverando e impegnandoci, entriamo in questo spaventoso spazio e ci confrontiamo con le nostre paure. Il punto importante non è garantire all'altra persona che non la lasceremo mai, questo è impossibile, ma smetterla di fare giochetti per evitare la paura della separazione. Siamo sempre esposti alla possibilità della perdita, in un modo o nell'altro dovremo affrontarla. La sfida dell'amore è restare aperti in ogni caso.

Ho trovato terapeutico per me riconoscere e accettare quanto profonde siano queste paure e quanto facilmente possano essere provocate quando divento vulnerabile. Prima, giudicavo questi sentimenti sia in me sia negli altri, tanto da sviluppare un ego spirituale che li ha repressi. Da quando ho cominciato ad accettare e a lavorare con la paura, riconosco questi sentimenti negli altri pressoché universalmente. Sono arrivato a comprendere che aprirsi a essi è una parte molto importante del mio percorso spirituale, parte del mio ammorbidimento e della mia apertura.

Le paure della fusione e dell'intimità

Pochi giorni fa, sono stato da un'amica che si sta separando dal ragazzo con cui è stata per cinque anni. Lui ha una relazione con una teenager e ha anche cominciato a drogarsi. Lei si tormenta perché è convinta che lui l'abbia lasciata perché troppo vecchia e troppo seria. In verità, lui è terrorizzato dall'intimità e lo sta semplicemente manifestando. Non ha intenzione di affrontare le sue paure, anzi, nemmeno è consapevole di averne. Per lui la relazione è ancora qualcosa legato all'essere "nella propria energia" – quando sorgono problemi, è tempo di allontanarsi. Mi stupisce il fatto che si possa stare in una relazione così a lungo senza aver ancora affrontato le proprie profonde ferite relative al fondersi e al separarsi. Ma è qualcosa che conosco, perché io stesso l'ho fatto. E pensavo persino di essere in una relazione profondamente intima!

Le paure legate all'intimità possono essere molto profonde e inconsce. Inventiamo ogni sorta di stratagemma per evitare di affrontarle. Le nostre precedenti esperienze possono averci reso fobici rispetto al lasciare che un'altra persona ci si avvicini. Quando questo accade, reagiamo e creiamo separazione. Esageratamente, insensatamente e spesso in modo vendicativo. Invece di prendere consapevolezza dei nostri schemi, ci perdiamo in essi. Una volta che abbiamo creato una separazione, piccola o grande che sia, desideriamo riavvicinarci. Attrarre, allontanare, il bambino bisognoso e il bambino ribelle fanno tira e molla. In questa dimensione non guardiamo mai a cosa c'è più nel profondo. Potremmo non affrontare mai realmente la paura.

Quando divenni consapevole della mia anti-dipendenza, mi accorsi che il mio bisogno di "spazio" (una delle parole più sacre per un anti-dipendente) non era reale. Dicendo che avevo bisogno del mio "spazio" non stavo guardando sufficientemente in profondità. Cosa intendevo per "spazio"? Cosa volevo veramente? Ciò che scoprii fu che in fondo stavo cercando di trovare me stesso, non "spazio". Ma prendendomi "spazio" e, sostanzialmente, restando da solo, non stavo per niente avvicinandomi al trovare me stesso. Era necessario che quello stare da solo fosse parte di un sincero impegno volto alla ricerca di me stesso. A causa della vergogna, ci è difficile legittimare di aver bisogno di tempo per trovare noi stessi. Dobbiamo sempre svenderci per amore, e abbiamo paura che se ci prendiamo del tempo per entrare dentro di noi, verremo puniti.

Mi prendevo lo spazio, ma il più delle volte mi sentivo in colpa. Come mai? Perché volevo il permesso per trovare me stesso. Non stavo legittimando questo mio bisogno, o correndo il rischio di incontrare disapprovazione nel farlo. Il senso di colpa creava rabbia e reazione, perché arrivava dalla mia mancanza di chiarezza. Ovviamente, proiettavo tutto ciò sulle mie amanti: erano loro a impedirmi di essere libero, di trovare me stesso o di stare da solo. Quando siamo intrappolati in un qualsiasi tipo di proiezione, arriviamo a convincerci che la responsabilità sia dell'altro e ciò ci lascia ben poco spazio per capire cosa veramente sta accadendo dentro di noi.

C'è una seconda ragione per la quale il nostro compulsivo bisogno di "spazio" non è reale: spesso è un modo per evitare di confrontarci con le nostre paure legate all'intimità. Io non potevo rendermi conto del mio terrore perché non lo stavo affrontando. Fra gli uomini queste sensazioni – la paura di essere controllato, il senso di colpa per il desiderio di stare da solo, la reattività nei confronti delle donne, la falsa autosufficienza – sono molto comuni. Le nostre relazioni con le donne diventano un'inconscia manifestazione della rabbia e della paura di aprirci nuovamente all'energia materna. Il paradosso è che finché ci allontaniamo per paura della dominazione, nulla ci riporta nel nostro potere. Non possiamo riappropriarci del nostro potere fino a quando non ci confrontiamo con le nostre paure.

Per le donne penso che il processo di fusione, sebbene molto più invitante e familiare, porti comunque alla luce la paura di essere dominate. Molte donne sono state profondamente condizionate a essere dipendenti e sottomesse agli uomini. Quando cominciano a superare questo tipo di programmazione, spesso si scatena una forte reazione nei confronti dell'energia paternalistica e protettiva dei loro padri e della cultura maschilista in genere, che ha sminuito e reso infantili le donne. Aprirsi a un uomo riporta la paura di perdere identità e potere, tornando a essere nuovamente sottomesse.

Uscendo dall'isolamento e assumendomi il rischio di rimanere in apertura, ho dovuto affrontare anche sensazioni di vergogna, perché non sapevo come relazionarmi intimamente, e il timore di non avere affatto le capacità per condividere ed esserci emotivamente per qualcuno. Quando uscii dalla negazione e vidi le mie paure, potei anche rendermi conto che l'unica ragione per cui giudicavo la condivisione intima era perché non comprendevo cosa fosse o come si facesse. Non mi erano mai stati dati gli strumenti. Non ero abituato a esporre e condividere le mie sensazioni intime. Non ero nemmeno consapevole di averne. Ero stato condizionato a essere un uomo "d'azione" e sono sempre stato molto bravo in questo. Ho imparato a godere nel fare le cose, ma ho trovato molto più difficile imparare a "essere". La condivisione intima è molto più incentrata sulla condivisione del nostro "essere" che del nostro "fare". Chi non è cresciuto in un ambiente in cui la profonda condivisione intima era una regola (cosa che sospetto valga per la maggior parte di noi), deve imparare un modo completamente nuovo di stare con la gente, di aprirsi e vivere in intimità.

Il processo dell'imparare a fondersi e ad affrontare la paura di perdere noi stessi nell'altro è una grande sfida. Ho notato che aprirmi il più delle volte mi mandava in shock e mi ritrovavo a scivolare nel mio vecchio schema di nascondermi nell'isolamento. Quando scattava lo shock, nonostante il mio desiderio di affrontare le paure, mi tiravo indietro e mi isolavo. Non potevo più dire cosa volevo. Non sapevo se volevo stare da solo oppure con l'altro. Ero troppo scioccato per sentire alcunché. Non ero nemmeno in grado di comunicare cosa stesse succedendo in me. Tuttavia, essere in questo stato di shock, con tutto lo stordimento e la confusione relativi, è una parte importante del processo che ci porta ad aprirci nuovamente.

A un certo punto, mi divenne chiaro che, se volevo amore, avrei dovuto affrontare la mia vergogna e le paure legate all'intimità. In pratica, significava decidere consciamente di restare connesso e di sentire e condividere ciò che avveniva momento dopo momento, continuare a relazionarmi apertamente e onestamente anche quando ogni cellula del mio corpo voleva fuggire via. Alla fine mi resi conto che non avrei mai potuto realmente comprendere cosa fosse a spaventarmi, fino a quando non l'avessi affrontato intenzionalmente. Anche se nemmeno compiere questa scelta consciamente rende facile affrontare queste paure. Riconosco lo schema che mi porta a fuggire di continuo. È proprio di fronte a me. Devo anche fronteggiare le paure e il senso di colpa in merito al prendermi del tempo per stare da solo. Ma quando condivido tutto ciò con la mia amata, sono in grado di comprendere che entrambi nutriamo simili paure. Fondamentalmente, stiamo affrontando le stesse sfide.

Imparare a fondersi

Quando cominciai a esplorare la danza tra il fondersi e il separarsi, pensavo che questa avrebbe opportunamente seguito i criteri del dipendente e dell'anti-dipendente. Con il dipendente che copriva le proprie paure di separazione con la dipendenza, mentre l'anti-dipendente nascondeva le sue paure d'intimità con l'isolamento. Ora mi rendo conto che questa dicotomia è falsa. Tutti noi abbiamo profondamente paura sia della separazione sia della fusione. Questi due atteggiamenti sono soltanto una superficiale protezione delle nostre paure. Quando cominciamo seriamente a esplorare le paure, la nostra identificazione in questi ruoli scompare.

Il dramma tra il dipendente e l'anti-dipendente è solo il primo livello del nostro viaggio. Senza consapevolezza e impegno, restiamo a questo livello inferiore.

Ma la danza dell'apprendere a fondersi e separarsi è a un livello molto più alto. A quel punto, riconosciamo entrambi di dover affrontare profonde ferite legate a fusione e separazione, e ci uniamo per lavorare insieme.

Con questo genere di comprensione, compassione e impegno, la storia può diventare molto differente. Ci uniamo già consapevoli di avere entrambi un cuore profondamente ferito, e dobbiamo muoverci con gentilezza e sensibilità. Anche le più piccole cose stuzzicheranno le ferite di entrambi.

Ci sono alcune fondamentali ragioni che rendono difficoltosa la danza. Prima di tutto, i nostri tempi possono essere differenti. Uno vuole muoversi verso la separazione, mentre l'altro vuole muoversi verso la fusione. Quando ciò accade, il bambino interiore può andar fuori di testa. Emergono le nostre ferite di abbandono, quelle di non essere compresi, rispettati, sostenuti e amati. Quello dei due che vuole separazione si sente schiacciato e controllato, quello che vuole fondersi si sente abbandonato. Fino a che non elaboriamo tutto questo quando accade, proviamo dolore e conflitto. In un'atmosfera di apertura, rispetto e disponibilità all'ascolto e alla

comprensione dell'altro, possiamo lavorare su questo problema dei tempi sfasati, quando si verifica.

Un'altra difficoltà può presentarsi quando uno, o entrambi, non hanno la volontà o non concedono a se stessi di essere totali nella fusione o nella separazione. Ciò crea un'energia
confusa ed equivoca. Lo riconosco molto chiaramente in me
stesso. Ho tuttora sensi di colpa se desidero avere del tempo
per stare da solo. Questo trasmette alla mia amante una vi-
brazione confusa, perché lei può avvertire che non sto concedendo a me stesso lo spazio di cui ho bisogno e comincia a
chiedersi cosa io voglia. Può percepire la mia esitazione e la
mia mancanza di totalità. E ancora, se io non legittimo e non
concedo a me stesso quello spazio per stare da solo, mi carico di risentimento e non sono presente quando stiamo insieme, creando ancora maggiore oscurità. La danza non fluisce
se non ci impegniamo su entrambi gli aspetti – trovare il coraggio di stare da soli quando ne abbiamo bisogno e il coraggio di condividere profondamente quando siamo insieme.

Imparare a separarsi

Un'altra area che necessita amore e sensibilità è il modo
nel quale ci separiamo. È doloroso interrompere un rapporto bruscamente o inspiegabilmente. Per il bambino, è violento. Tutti quanti abbiamo bisogno del nostro spazio, del nostro tempo per stare da soli, per essere creativi, per ricari-
carci, per ritrovare noi stessi. Quando questo bisogno si manifesta, dobbiamo prenderlo in considerazione. Ma nel modo in cui lo facciamo sta tutta la differenza. Se quando ci allontaniamo o prendiamo spazio riusciamo a rimanere sensibili nei confronti dell'altra persona, è effettivamente possibile evitare che la ferita dell'essere abbandonati venga riaperta
(o, quanto meno, non più di tanto). Quando il nostro partner
si separa con garbo e la comunicazione è aperta, è meno probabile che il nostro panico si risvegli, perché comunicando
restiamo connessi.

Per di più, non è compito del nostro partner darci il permesso di andare e prenderci del tempo per noi stessi. Se abbiamo bisogno di questa certezza, non cresceremo mai. Per
compiere questa danza è di aiuto restare consapevoli del fatto che, quando ci prendiamo dello spazio per noi stessi, ria-
cutizziamo nell'altro la ferita da separazione. Lo stesso vale

per noi, e dobbiamo affrontarlo. Fino a quando facciamo ogni cosa "per bene", non dovremo mai fronteggiare la paura che l'altra persona possa vendicarsi, tagliarci fuori, arrabbiarsi, o quant'altro. Queste eventualità risvegliano la nostra paura di essere soli, la nostra ferita da separazione viene provocata. Non c'è modo immaginabile, né sarebbe giusto per la nostra crescita, di proteggerci dal provare queste paure. Dobbiamo invece sollevarle. Se ci aggrappiamo all'idea romantica che l'altro sarà di continuo lì per noi, o che dobbiamo esserlo noi per lui o lei, sabotiamo noi stessi fin dall'inizio.

È di aiuto condividere con il nostro amante o amico le paure riguardo al prendere del tempo e dello spazio per noi stessi. Facciamo in modo che conoscano la nostra storia. Così, per lo meno ci sarà un po' di comprensione per costruire una base di fiducia. È buona cosa anche condividere la nostra ferita dell'essere abbandonati quando l'altra persona si prende spazio e tempo. Una volta che conosciamo ferite e paure l'uno dell'altro, sarà molto più facile essere sensibili al come le provochiamo reciprocamente. Condividere il nostro passato, l'uno con l'altro, è uno dei modi che più ci avvicina. Ciò vale anche per gli amici intimi, non solo per i nostri amanti. Non necessariamente rende tutto più facile quando effettivamente veniamo feriti, ma ci aiuta a ritornare nel cuore.

Ciò che rende questa danza così impegnativa è che le nostre ferite sono profonde e facilmente provocabili. Oltretutto, fin dall'infanzia, ci siamo abituati a essere traditi. Una coppia che ho visto di recente illustra chiaramente questo punto. Lui aveva fatto l'amore con un'altra donna, che tra l'altro è la migliore amica della sua compagna, e non una volta soltanto, ma per diversi mesi. Lei si sta tuttora riprendendo dall'essere stata vittima di un incesto e ha profonde paure e insicurezze riguardo la propria sessualità. Lui aveva già avuto questa relazione anni prima, ma non aveva detto nulla per timore della reazione di lei. Ora stanno tentando di ricostruire la fiducia. Lei è dilaniata tra sentimenti d'amore e di perdono da una parte, e rabbia e desiderio di vendetta dall'altra. Lui si sente alternativamente in colpa e impaziente.

La danza implica la costante condivisione, anche quando sembra che a provocare le nostre ferite sia il più banale degli eventi. Nelle relazioni che stiamo vivendo, facciamo pressione reciprocamente e di continuo nei modi più insignificanti sulla ferita da abbandono/privazione. Ed è facile delegittimare noi stessi o l'altro quando queste saltano fuori. "Oh, non essere sciocco, non devi sentirti in questo modo", oppure "Non riesco a capire perché tu debba sentirti così. Stai esagerando". Se c'è una ferita, c'è e basta. Ed è un'altra possibilità per condividere e avvicinarsi l'un l'altro. Non importa se la provocazione sembri banale o meno. I sentimenti non sono mai insignificanti.

Amore e meditazione

La danza del separarsi e del fondersi copre un intero spettro di conoscenza. Al livello più basso, quello del dramma anti-dipendente/dipendente, siamo ancora intrappolati in fraintendimenti e proiezioni. A un livello più alto, il viaggio insieme diviene quello di due amici sul sentiero della verità, che si insegnano l'un l'altro, partendo dalla propria forza e dalle proprie esperienze, come stare da soli e come fondersi, condividendo il dolore e le paure. Al livello più alto di tutti, abbiamo integrato le parti che avevamo rinnegato e ripudiato e, quando si manifestano, possiamo essere in relazione allo stesso modo con entrambi i processi.

Esercizi: esplorare fusione e separazione

1. Fondersi

Prendetevi un momento per riflettere e magari provate a scrivere le paure che avete in merito al lasciare che qualcuno vi si avvicini. Immaginate che il vostro partner sia seduto di fronte a voi e vi offra la possibilità di avvicinarvi maggiormente.

Questa esplorazione è più intensa con un partner, ma si può fare anche con altri a cui concediamo una certa vicinanza. Osservate cosa emerge rispondendo alle seguenti affermazioni:

Se ti lascio entrare tu...
Se ti mostro chi sono tu...

2. Separarsi

Esplorando l'altra polarità, quali sono le nostre paure associate alla separazione e al lasciar andare? Se osserviamo più attentamente, può darsi che vedremo la cosa diversamente

da come pensavamo. Esploreremo questo aspetto in due modi – come ci si sente a essere quello che si separa e come ci si
sente a essere quello da cui ci si è separati. Il separarsi assu-
me molte forme. A volte quando ci separiamo ci sentiamo sin-
cronizzati, entrambi desiderosi di spazio. Altre volte uno di
noi lo vuole e l'altro no. E queste due esperienze generano ovviamente emozioni del tutto differenti.

Rispondendo a queste domande, immaginate nuovamente di essere seduti di fronte al vostro amante, ma riconoscendo anche che questa situazione si può applicare a chiunque
nella vostra vita.

Riesci a dire quando ti piacerebbe separarti e prenderti del
tempo per te stesso?

Quando desideri prendere dello spazio per te stesso, segui
questa energia o ti incateni a responsabilità e senso di colpa?

Che cosa cerchi quando prendi una distanza emozionale
e fisica?

Trovi che quando stai con qualcuno mantieni sempre una
certa distanza, oppure ci sono volte in cui permetti veramente la fusione?

Quando ti separi, dici qualcosa oppure semplicemente te
ne vai?

Cosa si manifesta in te quando il tuo amato/a ritrae la sua
energia da te senza dire nulla?

È differente quando senti che ti sta lasciando fisicamente
ma è ancora connesso emotivamente?

Capitolo 20

Lasciar andare
Nell'amore e nell'essere soli

Sei sempre in movimento. La realtà
è qui e tu sei sempre in movimento,
perciò non avviene alcun incontro.
Fino a che quell'incontro non avverrà, tu non sarai mai felice. La felicità è quando tu sei in sintonia con
la realtà. La felicità è un'armonia tra
te e il reale. L'infelicità è una disarmonia tra te e il reale. Quindi, se sei
infelice, ricorda, devi esserti allontanato dalla realtà.
Devi seguire la realtà; devi entrare in
profondo accordo con la realtà, in sintonia con essa. Tu devi divenire una
nota nella grande orchestra che la
realtà è. Non lottando, ma arrenden-
doti, sottomettendoti alla realtà, pronto a dissolverti in essa. Questo è l'a-
more – essere pronti a dissolversi nella realtà; essere pronti a fondersi,
amalgamarsi; essere pronti a divenire
una cosa sola con la realtà. Perderai
qualcosa – i tuoi sogni, il tuo ego – perderai quella separazione. Ti dissolve-
rai come una goccia d'acqua, ma non
hai nulla di cui preoccuparti, diverrai
oceano.
Non sarai più quello che sei stato finora – il tuo ego. I tuoi steccati spari-
ranno. Non sarai un'isola, ma parte del
continente. Non perdi nulla perdendo
te stesso, perdi ogni cosa resistendo.

Osho, *The Beloved*

Alla fine del nostro viaggio fuori dalla paura, abbracciando una vita di amore e di meditazione, arriveremo alla sfida
più grande di tutte – lasciar andare. Riconosco che tutte le mie
piccole battaglie, i miei sforzi per controllare le situazioni e

gli altri, sono semplicemente la mia lotta contro l'esistenza. Questi sono i modi con cui io resisto e che mi mostrano quanto lavoro interiore io debba ancora fare. Noi resistiamo a causa delle nostre paure irrisolte.

Per cominciare a lasciar andare le nostre strategie di controllo, dobbiamo aver fiducia – fidarci che l'esistenza provvederà a darci ciò di cui abbiamo bisogno. Per me, questa è la mia meditazione costante, significa aprirmi all'insicurezza, alla paura di non ottenere ciò che desidero e a tutte le paure che ne conseguono. Se lascio andare il mio tentativo di controllare o manipolare l'esterno, devo accettare le mie paure e sentirle. Sto scegliendo consapevolmente di entrarci dentro. Ogni frustrazione, insoddisfazione, disagio o minaccia genera un'immediata reazione nel tentativo di controllare, manipolare o cambiare in qualche modo l'esterno, per far sì che la minaccia svanisca. E ogni volta che ciò accade stiamo nascondendo paura o dolore. Queste piccole situazioni si presentano di continuo nella nostra vita. Non sono banali. Lasciar andare significa spostare l'attenzione all'interno – invece di controllare l'esterno, ascoltiamo cosa è stato provocato al nostro interno.

Le nostre strategie ci allontanano da noi stessi. Ho scoperto che quando scelgo di andare all'interno, paura e dolore non sono più come mi aspettavo fossero. Infatti, paura e dolore sopraggiungono quando perdo me stesso, non quando non ottengo qualcosa che voglio dall'esterno. Accade perché perdo il mio centro. Lentamente, riesco a comprendere che il mio nutrimento non arriva dalla soddisfazione dei miei bisogni e desideri dall'esterno, ma dall'andare dentro, dal ritornare ogni volta a me stesso, dalla pura gioia della scoperta di sé e dal recuperare il mio centro.

Tuttora devo costantemente ricordare a me stesso di abbandonare le mie strategie, il mio essere focalizzato sull'esterno, per ritornare a me stesso. Il mio condizionamento è molto forte e non mi ha mai supportato a trovare nutrimento all'interno. Pochi di noi sono stati supportati ad andare dentro, perché non siamo cresciuti in un'atmosfera di meditazione. La compulsione ad andare fuori è persuasiva perché è automatica. Dobbiamo imparare di nuovo, abituarci ad accogliere questi momenti di disagio e andare dentro con loro.

In questo ultimo capitolo, esaminerò quelli che ho trovato siano i fattori chiave per supportare il nostro viaggio verso il lasciare andare e l'andare dentro.

Spostarsi dalla "posizione del fantino" a quella "di sella"

Nei nostri seminari usiamo una semplice metafora per favorire l'apprendimento del lasciar andare e dell'andare dentro. Quando si presenta una minaccia o una delusione, noi reagiamo. La reazione è per la nostra sopravvivenza, la risposta istintiva alla minaccia. Chiamiamo questo atteggiamento reattivo "la posizione del fantino", perché la nostra energia è in alto e diretta in avanti verso l'obbiettivo di cambiare l'esterno. In antitesi, quando ci siamo messi comodi con noi stessi, dandoci spazio per sentire, osservare e accettare, diciamo che siamo "tornati a sederci sulla sella". In questa posizione siamo seduti in noi stessi, in un certo senso sulla nostra sedia interiore, e spegniamo consapevolmente l'istintivo impulso a reagire. Sedersi sulla sella è un lasciar andare e un andare dentro. Quando diamo a noi stessi questo tipo di spazio, la nostra intelligenza e il nostro intuito hanno il tempo di operare. Diamo spazio al nostro sapere interiore per rispondere alle provocazioni in qualunque modo ritenga appropriato.

Posso osservare da vicino questo meccanismo nelle mie relazioni. Nei momenti in cui mi sento frainteso, o sospetto di essere manipolato o attaccato, oppure quando mi sento abbandonato, è automatico lanciarmi in accuse e liti, o ritirarmi nella mia familiare rassegnazione. Posso effettivamente sentire la spinta a difendermi, ad allontanare o a vendicarmi. Senza consapevolezza, in quei momenti mi sposterei automaticamente nella "posizione del fantino", trascinato dal vecchio istinto di sopravvivenza. Posso percepire l'energia concentrata nel mio plesso solare – l'energia della lotta, della difesa, colpisci o arrenditi. Il mio bambino interiore sta dicendo: "Vedi, è accaduto di nuovo. Nessuno mi capisce, sono completamente solo e se non proteggo me stesso verrò sopraffatto". È un'energia di offesa, rabbia e rassegnazione – un vecchio film basato su traumi dell'infanzia che ho visto e rivisto molte volte.

Non porta nulla alla mia crescita restare nel film del mio condizionamento. Questo è un momento in cui posso correre un rischio e tentare qualcosa di nuovo. Il rischio è quello di interrompere consapevolmente la reazione dal plesso solare e far scendere l'energia nella pancia. Ciò significa lasciar andare il desiderio di cambiare l'esterno, andare dentro e sentire. Dalla sella, nella mia pancia, ho più spazio per riconoscere che la mia ferita da privazione e abbandono è stata provocata, e ho più spazio per continuare a prestare attenzione alla sensazione.

Invece di reagire, all'altra persona dico qualcosa tipo: "Mi sento come se stessimo per farci prendere da un litigio. Non voglio litigare. In effetti mi sento ferito da quanto hai detto, perché...". Oppure: "Ho la sensazione di dovermi proteggere ora, perché ho paura che...". In quei momenti spostiamo effettivamente l'energia dal plesso solare e la portiamo giù, nella pancia. Quando ci esprimiamo da quello spazio, l'altra persona smette di sentirsi attaccata. Facendo quella mossa, ci assumiamo la responsabilità di interrompere la lite. Per litigare bisogna sempre essere almeno in due. Se uno si ferma, si sposta giù nella pancia ed è disposto a essere vulnerabile, lo scontro cessa.

Quando scegliamo di non reagire, invitiamo la vulnerabilità. Infatti, la nostra reazione ha il preciso scopo di non farci sentire impotenti e vulnerabili. Nella relazione, sia con amanti sia con amici, desideriamo sempre che sia l'altra persona a essere vulnerabile per prima. Ci piace restare protetti e al sicuro, aspettando che l'altro faccia il primo passo. Ferisce il nostro orgoglio mostrarci vulnerabili per primi. Preferiamo piuttosto avere ragione e dominare, per dimostrare all'altra persona che dovrebbe sentirsi dispiaciuta e guardare ai propri punti deboli. Lasciar andare questo bisogno di aver ragione e di controllare è profondamente spaventoso. Tuttavia, non possiamo avere amore o meditazione fino a che restiamo aggrappati al desiderio di avere ragione, di controllare o di restare al sicuro.

Risalire dalla provocazione alla ferita

C'è un'altra comprensione che ci aiuta nel processo di spostamento dalla lotta alla vulnerabilità, dal controllo al lasciar andare e andare dentro. Quando la nostra ferita viene stuzzicata, noi possiamo individuare una sequenza di eventi che accadono dentro di noi – dallo stimolo alla reazione. Sotto la reazione c'è la nostra ferita o paura. La provocazione attiva un'aspettativa e l'aspettativa copre la ferita di una depriva-

Ritornando alla fonte

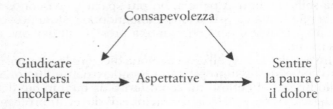

Consapevolezza

Giudicare
chiudersi   ⟶   Aspettative ⟶ Sentire
incolpare   la paura e
                                                      il dolore

zione di vecchia data. Invece di essere coscienti della ferita o di condividerla, noi reagiamo giudicando, accusando o escludendo.

Un piccolo esempio: recentemente ho scritto una e-mail a un mio amico, condividendo alcune circostanze intime e dolorose che stavano accadendo nella mia vita. Per una ragione o l'altra, lui non mi ha risposto per qualche settimana. Durante quel periodo mi sono sentito tagliato fuori e allontanato da lui. Dentro di me, ho cominciato anche a giudicarlo per non essere stato sensibile e per non essere stato all'altezza della mia concezione di amicizia. Il suo non rispondere è stata la provocazione. La mia aspettativa era che quando apro il mio cuore, devo avere una risposta immediata. Dal momento che questa aspettativa non è stata soddisfatta, io ho reagito. La reazione stava nascondendo una vecchia ferita del non essere ascoltato e così ho cominciato a pensare che non ci sarebbe più stato nessuno in grado di ascoltarmi. Ma quanto spesso ci assumiamo l'impegno di risalire alla ferita e di condividerla? Al contrario, reagiamo e ciò genera ancora più dolore e fraintendimento. Come dicevo prima, le nostre aspettative e reazioni sono solo il risultato della nostra privazione.

Quel piccolo bambino interiore ferito nutre aspettative perché sente di avere un grande bisogno di amore. Se riusciamo a identificare le aspettative e a risalire alla ferita da privazione che stanno nascondendo, torniamo seduti sulla sella. Non dobbiamo sbarazzarci dell'aspettativa, non dobbiamo sbarazzarci di nulla, abbiamo solo bisogno di portare consapevolezza a ciò che sta accadendo dentro di noi. Non importa quale sia il fattore scatenante – che si tratti di un amico, di un amante o dell'ambiente circostante, viene messa in moto la stessa sequenza. Ripercorrere la sequenza risalendo dalla provocazione all'aspettativa, alla ferita da privazione, è uno strumento di consapevolezza che possiamo praticare e condividere con chi amiamo e con i nostri amici più intimi, in ogni momento.

Abbracciare le paure sul sentiero della resa

Lasciar andare ci porta di fronte alla nostra vulnerabilità e, quando siamo vulnerabili, ci imbattiamo nelle nostre paure. È utile riconoscere che queste paure appartengono a una parte di noi giovane e regressa, che porta ancora nel corpo memorie di trauma. Percepire questa paura è il primo passo sulla via della resa all'esistenza. Quando abbandoniamo le nostre strategie di sopravvivenza, la paura viene a galla perché tutte queste strategie derivano innanzitutto da paura e da mancanza di fiducia. Di conseguenza, lasciar andare non ha alcun valore fino a quando non accettiamo le nostre paure come parte integrante della nostra ricerca della verità.

Prima di essere più intimo con le mie paure, le respingevo considerandole retrograde, infantili e autoindulgenti. Quando lasciavo andare, ci arrivavo più per rassegnazione che per un'autentica resa. Se mi sentivo impotente, pretendevo che non m'importasse. Ma tutto questo non mi avvicinava a ciò che stava realmente succedendo dentro di me. Un autentico lasciar andare si verifica quando, pur tenendoci immensamente, abbandoniamo il tentativo di cambiare l'esterno. Guardando indietro, posso rendermi conto che ho fatto fronte alla maggior parte dei miei più significativi rifiuti del passato, minimizzando quanto profondamente mi avessero ferito e spaventato. Quando non abbracciamo le nostre paure, noi ci separiamo dalla nostra vulnerabilità che viene così rinnegata. Da questo spazio rinnegato, essa continua a esercitare una potente influenza, ma in modo subdolo. Creiamo una frattura interna tra "il selvaggio" (l'avventuroso esploratore interiore) e la nostra parte vulnerabile (quella che porta con sé le nostre paure, insicurezze, ricettività e tenerezza).

Una persona che ho visto di recente ben rappresenta la doppia polarità che si verifica quando noi rinneghiamo le nostre paure. Era in apprensione perché stava per lasciare l'India e ritornare in Germania per stare con il suo ragazzo, ma dubitava di voler rimanere ancora con lui. "È noioso," mi disse, "non mi sento più sessualmente attratta da lui. Lui non vuole correre rischi e fare cose nuove, non medita e non ha voglia di lavorare su se stesso."

Le chiesi di immaginare che ci fossero due parti di lei. Alla sua sinistra, la sua parte vulnerabile, alla sua destra quella selvaggia. Dalla parte destra, lei continuava a lamentarsi di quanto poco interessante fosse il suo ragazzo e di quanto poco si sentisse sessualmente attratta da lui. Ma quando le chiesi di spostarsi dall'altra parte, ogni cosa cambiò. Cominciò immediatamente a piangere, ed espresse quanto avesse bisogno di lui, quanto si sentisse al sicuro e accudita e come il solo pensiero di stare senza di lui fosse assolutamente terrificante. Esplorando più a fondo, poté vedere che dentro di lei c'era una scissione anche tra il suo essere una ricercatrice e la sua vulnerabilità. Nessuna delle due era particolarmente fiduciosa o sensibile nei confronti dell'altra. La sua relazione rifletteva questa separazione.

Alla fine, quando le chiesi di sedersi tra queste due posizioni, poté più facilmente rendersi conto di questa divisione. Ma fu importante per lei cominciare a integrare queste due parti di sé, divenendo più sensibile ai bisogni e alle peculiarità di ognuna. Con una divisione così radicale dentro di sé, non avrebbe trovato nessuno che potesse soddisfare i bisogni di entrambe, da una parte la bambina ferita, bisognosa di molta protezione e sicurezza e, dall'altra, la ricercatrice con la brama di avventura e di ignoto.

Abbracciare la nostra parte impaurita è un passo cruciale del lavoro sui noi stessi che richiede grande attenzione, pazienza e fiducia. È molto facile scappare nel nostro bambino reattivo, un navigato politico e stratega. Molte situazioni, soprattutto le nostre relazioni intime, possono rispecchiare la grandezza della frattura che abbiamo creato dentro di noi tra la nostra parte che tiene testa ed evita le paure e l'altra che invece le porta con sé.

Giocare al limite

Dobbiamo considerare la nostra vita e ogni suo aspetto, anche le situazioni più banali, come un'opportunità per giocare al limite delle nostre paure. Ogni situazione che affrontiamo e creiamo nella vita ci offre l'opportunità di giocare al limite della paura. Quando non accettiamo queste sfide, le combattiamo. Diventiamo delle vittime, accusiamo gli altri o gli eventi esterni di arrecarci disagio o delusione.

Una coppia che ho visto di recente era in difficoltà perché lei aveva la sensazione che lui fosse irraggiungibile mentre a lui sembrava che lei fosse troppo esigente. Una situazione decisamente comune. Quando esplorammo più in profondità scoprimmo che lui, sebbene molto sicuro di sé e appassionato ricercatore, era terrorizzato dalla propria vulnerabilità. Quando formulai l'ipotesi che la sua parte sensibile fosse proprio il posto in cui aveva bisogno di far crescere e sviluppare coraggio, lui poté accettarlo perché ciò soddisfaceva il suo lato di ricercatore. Allo stesso modo per lei, essere meno esigente quando si sentiva frustrata la portò in contatto con le sue paure di essere deprivata; questo sembrava essere il limite della sua paura, lo spazio nel quale poteva evolversi.

Conclusione

Il nostro condizionamento non ci dà grande supporto per lasciar andare e fidarci. Ci illude facendoci credere nella speranza che qualcuno o qualcosa porterà via il nostro dolore e la nostra paura. Non supporta il sentiero interiore che può portarci a un'autentica guarigione. Non supporta la meditazione. Se vogliamo ritrovare noi stessi e ricostruire la nostra fiducia nell'esistenza, non c'è alternativa allo scoprire negazione e delusioni, entrarci dentro e guardare in faccia paure e dolore. Questa è la via dell'introspezione e della meditazione – abbracciare ciò che la vita ci offre come nutrimento per la crescita – soltanto osservando, sentendo e accettando.

Lasciarci andare nella fiducia implica anche una profonda accettazione della nostra solitudine – non una solitudine frutto di isolamento e paura della vicinanza, ma semplice riconoscimento della sua esistenza. Onestamente, non posso affermare di essere arrivato al punto di accettare la mia solitudine, ma la riconosco. Il solo riconoscerla mi ha aiutato a smettere di tentare di controllare ogni cosa compulsivamente e inconsapevolmente. Lasciar andare è l'unico modo in cui possiamo portare amore nelle nostre vite. Prima di allora, con tutte le nostre strategie di controllo stiamo semplicemente allontanando l'amore – proprio le persone dalle quali ricerchiamo nutrimento e intimità. Lasciar andare è un processo attraverso il quale ci arrendiamo all'ignoto e al mistero, non con sporadici e casuali atti di resa, ma accettando che divenga uno stile di vita per avvicinarci sempre più alla fiducia.

Concludo condividendo una storia che il nostro maestro una volta ci raccontò. Un imperatore cinese, grande amante dell'arte e della pittura, invitò tutti i pittori del suo regno a partecipare a una competizione per stabilire chi fosse l'artista più grande. Come ricompensa promise molte ricchezze e una parte del suo regno. Migliaia di pittori giunsero da ogni dove. Ma un vecchio pittore avvicinò l'imperatore e gli disse che avrebbe partecipato alla competizione soltanto ad alcune condizioni. Prima di tutto, gli ci sarebbero voluti tre anni per completare il dipinto. Secondo, nessuno avrebbe potuto vedere l'opera fino a che non fosse stata completata.

Il re accettò, se pur contrariato, riconoscendo che il vecchio uomo aveva una qualità unica e affascinante. Tutti gli altri pittori finirono i loro lavori entro un mese. Nessuno di essi soddisfò l'imperatore. Nel frattempo, egli attendeva che il vecchio uomo completasse il suo dipinto. Gli aveva concesso una grande sala nel palazzo, sorvegliata da molte guardie per assicurarsi che nessuno entrasse prima che fosse finito. L'imperatore attese tre anni. Quando il lavoro fu ultimato, il pittore invitò l'imperatore a entrare e a vederlo. Il dipinto ricopriva un'intera parete del palazzo e la scena rappresentava un paesaggio. In primo piano c'era una stupenda foresta e, sullo sfondo, imponenti montagne. Nel centro del dipinto c'era un sentiero che, attraverso la foresta, conduceva fino alle montagne, snodandosi gradualmente intorno a esse fino a scomparire dalla vista.

L'imperatore non poteva credere ai suoi occhi. Non aveva mai visto nulla di così bello, così miracoloso, così magico. Dopo un lungo silenzio, pose al pittore una sola domanda.

"Sono molto interessato a questo piccolo sentiero che gira intorno alla foresta, si scorge qualche volta intorno alle montagne e poi sparisce. Dove va a finire?"

Il pittore rispose: "Non c'è modo di saperlo fino a che non lo percorri".

L'imperatore, sopraffatto dalla bellezza e dalla grandiosità di quest'opera d'arte, dimenticò completamente che fosse soltanto un dipinto. Prese l'artista per mano ed entrambi camminarono lungo il sentiero, fino a sparire nelle montagne. Ancora non sono tornati.

Ognuno di noi sta compiendo un lungo – talvolta beato, talvolta molto doloroso – viaggio attraverso la foresta e, passo dopo passo, sta costruendo la propria via su per la montagna. Le nostre lotte di co-dipendenza sono, in un certo qual modo, la foresta oscura. Ma il traguardo finale del nostro viaggio ci porta in alto, in cima alle montagne, oltre il regno del conosciuto e del familiare. La nostra ricerca punta a trovare noi stessi e, nel processo, a condividere un amore profondo con un'altra persona. Il pittore prende ciascuno di noi per mano e gentilmente ci guida su di un sentiero la cui destinazione è sconosciuta e inconoscibile.

Sii di nuovo un bambino e non fuggirai da te stesso. Fuggirai in te stesso – questa è la via di chi medita. L'uomo di mondo fugge da se stesso mentre il ricercatore fugge in se stesso per trovare la sorgente della vita, della consapevolezza. E quando scopre la sorgente, egli non ha scoperto solo la fonte della propria vita, egli ha scoperto la fonte della vita dell'universo, del cosmo intero. Un'immensa celebrazione si risveglia in lui. La vita diviene semplicemente una canzone, una danza, momento dopo momento.
(Osho, *Satyam, Shivam, Sunderam*)

Bibliografia selezionata

Almaas, A-Hameed Ali, *The Diamond Heart Series Books 1, 2 and 3*, Diamond Publications, Berkeley 1986 (tr. it. *Il cuore del diamante*, Edizioni Crisalide, Spigno Saturnina 1999).

—, *The Pear Beyond Price*, Diamond Publications, Berkeley 2000.

Bradshaw, John, *The Family*, Health Communications Inc., Deerfield Beach 1988.

—, *Healing the Shame that Binds You*, Bantam Books, New York 1988.

—, *Homecoming*, Health Communications Inc., Deerfield Beach 1990.

—, *Creating Love*, Bantam Books, New York 1992.

Carter, Forrest, *The Education of Little Tree*, University of New Mexico Press, Albuquerque 1976.

Horney, Karen, *Neurosis and Human Growth*, W.W. Norton, New York 1950 (tr. it. *Nevrosi e sviluppo della personalità*, Astrolabio Ubaldini, Roma 1981).

—, *The Neurotic Person of Our Time*, W.W. Norton, New York 1950.

Kaufman, Gershan, *Shame, The Power of Caring*, Schinkman Books, Rochester 1992.

Mellody, Pia, *Facing Co-Dependency*, Harper, San Francisco 1989.

—, *Breaking Free. A Recovery Workbook for Facing Co-Dependency*, Harper, San Francisco 1989.

—, *Facing Love Addiction*, Harper, San Francisco 1992.

—, *The Intimacy Factor*, Harper, San Francisco 2003.

Miller, Alice, *The Drama of the Gifted Child*, Basic Books, New York 1980 (tr. it. *Il dramma del bambino dotato e la ricerca del vero sé*, Bollati Boringhieri, Torino 2008).

—, *Thou Shalt Not Be Aware*, Meridian Penguin Books, New York 1984.

Osho, *The Path of the Mystic*, Rebel Publications, Köln e Chidvilas Foundation, Scottsdale, 1989.

—, *Beyond Psychology*, Rebel Publications, Köln e Chidvilas Foundation, Scottsdale, 1990.

—, *Satyam, Shivam, Sunderam*, Rebel Publications, Köln e Chidvilas Foundation, Scottsdale, 1990.

Rinpoche, Sogyal, *The Tibetan Book of Living and Dying*, Harper, San Francisco 1992 (tr. it. *Il libro tibetano del vivere e del morire*, Astrolabio Ubaldini, Roma 1994).

Stanford, John, *The Invisible Partners – How the Male and the Female in Each of Us Affects Our Relationships*, Paulist Press, Mahwah 1980.

Stone, Hal e Winkelman, Sidra, *Embracing Ourselves*, Nataraj Publications, Novato 1989.

—, *Embracing Each Other*, Nataraj Publications, Novato 1990.

Indice